浙大学术精品文丛

拉丁教父波爱修斯

胡龙彪 著

商务印书馆
2006年·北京

图书在版编目(CIP)数据

拉丁教父波爱修斯/胡龙彪著.—北京:商务印书馆,2006
(浙大学术精品文丛)
ISBN 7-100-04499-5

I.拉… II.胡… III.波爱修斯—哲学思想—研究 IV.B503.1

中国版本图书馆 CIP 数据核字(2005)第 055432 号

所有权利保留。
未经许可,不得以任何方式使用。

拉丁教父波爱修斯
胡龙彪 著

商 务 印 书 馆 出 版
(北京王府井大街 36 号 邮政编码 100710)
商 务 印 书 馆 发 行
北京民族印刷厂印刷
ISBN 7-100-04499-5/B·645

2006 年 9 月第 1 版	开本 880×1230 1/32
2006 年 9 月北京第 1 次印刷	印张 12 3/4
印数 4 000 册	

定价:21.00 元

波爱修斯像

《浙大学术精品文丛》总序

近代以降，西学东渐，接受西方先进科学技术成为开明人士的共识。杭州知府林启（1839—1900）会同浙江巡抚和地方士绅，积极筹备开设一所以西方科学体系为主要课程的新型学堂。经清廷批复，求是书院于1897年3月在杭州设立（1901年改为浙江大学堂）。这是近代中国最早的几所新型高等学府之一。

求是书院几经变迁，到1928年，成为国立浙江大学。1936年，杰出的气象学家和教育家竺可桢（1890—1974）出任校长，广揽英才，锐意改革，很快使浙江大学实力大增，名满东南。抗日战争期间，全校师生在竺可桢校长的率领下，艰苦跋涉，举校西迁，在贵州遵义、湄潭办学，一时名师云集，被英国著名科技史家李约瑟誉为"东方剑桥"。

浙江大学的人文社会科学研究历史悠久，底蕴深厚，名家辈出。1928年，浙大正式设立文理学院，开设中国语文、外国语文、哲学、心理学、史学与政治学等学科。1936年增设史地学系，1939年，文理学院分为文学院、理学院，1945年成立法学院，后又陆续增加哲学系、人类学系、经济学系等系科和一批文科类研究所。与求是书院同年创建的杭州育英书院，1914年成为之江大学。陈独秀、蔡元培、陈望道、胡适、蒋梦麟、马叙伦、马一浮、郁达夫、夏衍、吴晗、胡乔木、施蛰存、郭绍虞、林汉达、经亨颐、汤用彤、谭其骧、劳乃宣、邵裴子、宋恕、蒋方震、许寿裳、沈尹默、邵飘萍、梅光迪、钱穆、马寅初、张荫麟、张其昀、贺昌群、钱基博、张相、夏承焘、姜亮夫、朱生豪、王季思、严群、许国璋、王佐良、薄冰、方重、裘克安、戚叔含、李浩培、孟宪承、郑晓沧等著名学者曾在这两所学校学习或任教。

1952年全国院系调整，浙江大学一度变为以工科为主的高等学府。它的文学院和理学院的一部分，与之江大学文学院、理学院合并成为浙江师范学院，后演变为杭州大学。它的农学院和医学院则分别发展为浙江农业大学和浙江医科大学。1998年9月，同根同源的原浙江大学、杭州大学、浙江农业大学、浙江医科大学合并成为新的浙江大学，这是新时期中国高校改革的一项重要措施，新浙大是目前国内学科门类最齐全、规模最大的研究型综合性大学之一。

新浙江大学成立后，人文社会科学得到了更大、更好的发展机遇。目前，浙江大学拥有文学、哲学、历史学、语言学、政治学、艺术学、教育学、法学、经济学、管理学等人文社会科学的全部一级学科，门类齐全，实力雄厚。而在人文社会科学与自然科学、技术科学的学科交叉和相互渗透方面，浙江大学更具有明显优势。为了有力推动浙江大学的人文社会科学研究，新世纪之初，学校确立了"强所、精品、名师"的文科发展战略，从机构、成果、队伍三方面加强建设，齐头并进。《浙大学术精品文丛》就是这一发展战略的重要组成部分。

自然科学、人文科学和社会科学共同构成了人类的知识系统，是人类文明的结晶。历史与未来，社会与人生，中国与世界，旧学与新知，继承与创新……时代前进和社会发展为人文社会科学的研究提供了广阔的空间。在经济全球化与文化多元化的时代趋势下,人文社会科学的地位和重要性正日益凸现,每一个有责任感的学者,必将以独立的思考,来回应社会、时代提出的问题。编辑这套《浙大学术精品文丛》,正是为了记录探索的轨迹,采撷思想的花朵。

浙江素称文化之邦,人文荟萃,学脉绵长。自东汉以来,先后出现过王充、王羲之、沈括、陈亮、叶适、王守仁、黄宗羲、章学诚、龚自珍、章太炎、鲁迅等著名思想家、文学家、史学家、科学家,南宋后更形成了"浙江学派",具有富于批判精神、实事求是、敢于创新的鲜明学术传统。浙江大学得地灵人杰之利,在百年发展史上集聚和培育了大量优秀人才,也形成了自己"求是创新"的优良学风。《浙大学术精品文丛》将以探索真理、关注社会历史人生为宗旨,继承优良传统,倡导开拓创新的精神,力求新知趋邃密,旧学转深沉。既推崇具有前瞻性的理论创新之作,也欢迎沉潜精严的专题研究著作,鼓励不同领域、不同学派、不同风格的学术研究工作的同生共存,融会交叉,以推进人文社会科学的健康发展。

《浙大学术精品文丛》是一套开放式的丛书,主要收纳浙江大学学者独立或为主撰写的人文社会科学领域的学术著作。为了反映浙大优良的学术传统,做好学术积累,本丛书出版之初将适当收入一些早年出版、在学界已有定评的优秀著作,但更多的位置将留给研究新著。为保证学术质量,凡收入本丛书者,都经过校内外同行专家的匿名评审。"精品"是我们倡导的方针和努力的目标,是否名实相符,真诚期待学界的检阅和评判。

同样诞生于1897年的商务印书馆向以文化积累和学术建设为己任,盛期曾步入世界出版业的前列,而今仍是在海内外享的盛誉的学术出版重镇。浙江大学和商务印书馆的合作有着悠久的历史。早在1934年,商务印书馆就出版过《国立浙江大学丛书》。值得一提的是,浙大历史上有两位重要人物曾在商务印书馆任职。一是高梦旦(1870—1936),他1901年任刚刚更名的浙江大学堂总教习,次年以留学监督身份率留学生赴日本考察学习。1903年冬他应张元济之邀到商务,与商务共命运达三十余年,曾任编译所国文部部长、编译所所长,主持编写《最新教科书》,倡议成立辞典部,创意编纂《新词典》和《辞源》,为商务印书馆的发展做出了重要贡献。一是老校长竺可桢,他1925—1926年在商务印书馆编译所史地部主持工作,参加了百科词典的编写。在浙江大学努力建设世界一流大学的今天,百年浙大和百年商务二度携手,再续前缘,合作出版《浙大学术精品文丛》,集中展示浙大学人的研究成果。薪火相继,学林重光,愿这套"文丛"伴随新世纪的脚步,不断迈向新的高度!

序

得知浙江大学青年教师胡龙彪的博士论文《拉丁教父波爱修斯》即将由商务印书馆出版，我心头的喜悦不亚于自己出了新书。作为胡龙彪的博士生指导教师，对于这部论文我有指导之劳，无成就之功。它是胡龙彪博士苦读三年以及无穷的后续劳动的结果，是胡龙彪博士对中国学术界的一项奉献。

两年前，我在拙著《教父学研究》一书前言中写过这样一些话："在中国哲学界为数不少的外国哲学研究者中，以主要精力从事西方古代哲学和中世纪哲学的人不多；在中国哲学界为数不多的从事西方古代哲学和中世纪哲学的研究者中，研究教父学或教父哲学的人屈指可数。西方哲学东渐已有近一个世纪的历史，但我们连教父学的概况还没有弄清楚。这就是我国教父学研究的现状。"

我又写道："西方的教父学源远流长，现存典籍汗牛充栋，且不断有新的材料发现，对于这样一座西方文化的库藏我们不去挖掘、清理、学习是没有理由的。诚然，作为个人来说，每个研究者都可以凭着自己学术兴趣、学术基础以及对研究态势的把握去确定自己的研究重点；但从整个国家来说，一个有着近十三亿人口的大国应当有精通西方哲学各个断代哲学的专家。对中国来说，有一百名研究海德格尔的专家都不算多，但若连一个研究托马斯·阿奎那的专家都没有,可能就有点说不过去了。①我们过去强调多年的研究古典与研究现代相结合没有错,但对个人来说,这个强调的侧重点在于方法而不在研究对象。也就是说,我们仍旧需要有一定数量的学者对西方哲学的各个局部进行专门化的研究,而不能停留在一般了解的水平上。"②

胡龙彪博士的这部论文以拉丁教父波爱修斯为研究对象。波爱修斯何许人也?他是公元5世纪的一位百科全书式的思想家,在逻辑学、哲学、神学、数学、文学和音乐等方面都有卓越的贡献。西方学术界称他为"最后一位罗马哲学家"、"经院哲学第一人"、"奥古斯丁之后最伟大的拉丁教父"。选择这样一位西方古代思想家作系统研究,需要兼备在逻辑学和形上学两大领域中进行研究的能力,需要兼顾在波爱修斯思想体系中占据主要地位的逻辑学和形上学两大部分内容,需要克服研究中遇到的资料收集和文本解读的巨大困难,需要突破中国学界传统的评价模式,对波爱修斯做出公允的评价。胡龙彪博士通过艰苦的努力基本实现了论文设计时提出的预期目标。我相信,这部论文的出版,对于中国学者理解古代和中世纪哲学思想的发展线索,深入展开教父哲学思想的研究,将起到积极的推动作用。

教父学研究是一门传统的西方学问,中国学者治这门学问无疑要了解它的基本内容和研究动态,但这绝不意味着我们除了做翻译和介绍工作以外就不能有自己的见解。最近几年,中国高校

---

① 傅乐安先生是我国学者中对托玛斯·阿奎那作了深入细致研究的专家,但他已于1998年不幸病逝。

② 王晓朝:《教父学研究——文化视野下的教父哲学》,河北大学出版社,2003年1月出版,第1页。

的研究生选择教父哲学家做博士论文的呈上升趋势,尽管总人数仍旧不多。胡龙彪博士的这部博士论文继承了中国学界传统评价模式中的合理成分,同时大胆引入新的评价标准,从而在深入研究的基础上实现了理论上的创新。在此意义上,胡龙彪这部论文可以称得上是教父哲学研究的成功之作,其研究方法和研究路径可以供其他研究者参考。

一部成功的博士论文造就了一名学者。胡龙彪的博士论文作为拓荒之作,虽然还有一些不足之处,但其学术价值不容置疑,因而在论文答辩时得到了评阅专家和答辩委员们的充分肯定和高度评价。借此机会我要向这些专家表示感谢,同时期待着胡龙彪今后在这一领域贡献出更加优秀的研究成果来。

王晓朝

2004 年 6 月 11 日

于北京清华园荷清苑寓所

目 录

导 论 …………………………………………………………… 1
第一章 波爱修斯的生平、著作 ……………………………… 7
　第一节 波爱修斯的生平 …………………………………… 7
　　一、坎坷而幸运的童年 …………………………………… 7
　　二、辉煌而短暂的政治生涯 ……………………………… 13
　　三、波爱修斯因何而死 …………………………………… 19
　第二节 波爱修斯的著作 …………………………………… 24
　　一、论自由艺术的著作 …………………………………… 25
　　二、神学论文 ……………………………………………… 27
　　三、《哲学的安慰》 ………………………………………… 31
第二章 伟大的逻辑学家 ……………………………………… 34
　第一节 古代逻辑的发展状况 ……………………………… 35
　　一、亚里士多德的逻辑学 ………………………………… 35
　　二、斯多噶学派的逻辑学 ………………………………… 41
　　三、斯多噶学派之后的古代逻辑学 ……………………… 45
　第二节 波爱修斯对古代逻辑著作的翻译与注释 ………… 54
　　一、波爱修斯与《工具论》的历史 ……………………… 54
　　二、波爱修斯何以只翻译了《工具论》 ………………… 58

第三节　波爱修斯的范畴逻辑 ················· 61
　　一、论划分 ································· 61
　　二、亚里士多德的《范畴篇》的地位和研究对象 ······ 74
　　三、论共相 ································· 78
　　四、论十范畴 ······························· 92

第四节　命题学说 ··························· 96
　　一、语词、思想、影像、语句、命题 ············· 96
　　二、直言命题的性质及它们之间的对当关系 ······ 100
　　三、对谓词的分类 ··························· 105
　　四、模态逻辑 ······························· 107

第五节　假言命题和假言推理 ················· 116
　　一、假言命题的逻辑性质 ····················· 117
　　二、假言三段论 ····························· 122

第六节　波爱修斯对逻辑学的贡献 ············· 128

第三章　通往智慧的四条道路 ··············· 131

第一节　波爱修斯与自由艺术的历史 ··········· 132
　　一、对自由艺术的界定 ······················· 132
　　二、"四艺"著作的历史渊源及在中世纪的影响 ···· 134

第二节　波爱修斯的数论 ····················· 141
　　一、"四艺"研究的起点 ······················· 142
　　二、数的本质 ······························· 145
　　三、数的比例 ······························· 145
　　四、论音乐 ································· 148
　　五、论几何与天文 ··························· 153

第四章　论三位一体 ······················· 158

第一节　三位一体问题的历史沿革 ············· 159

一、《圣经》对三位一体的论述 ………………………… 159
　　　二、特尔图良论三位一体 …………………………………… 161
　　　三、奥古斯丁论三位一体 …………………………………… 163
　第二节　波爱修斯再论三位一体等基督教教义的原因 …… 165
　第三节　波爱修斯的基督论
　　　　　——反尤提克斯和聂斯托利 ………………………… 173
　　　一、本性与位格 ……………………………………………… 173
　　　二、基督只有一个位格 ……………………………………… 185
　　　三、基督既包含两种本性，又以两种本性的形式存在 …… 187
　　　四、基督的人性状态 ………………………………………… 194
　第四节　三位一体是一个上帝而非三个上帝 ……………… 196
　　　一、波爱修斯论三位一体的起因 …………………………… 196
　　　二、圣父、圣子、圣灵指称一个上帝 ……………………… 198
　　　三、圣父、圣子、圣灵是从关系上而不是从实体上指称上帝 …… 201
　　　四、反三一论的种种异端 …………………………………… 206
　第五节　论基督教的一般信仰 ………………………………… 209
　第六节　神学论文在中世纪的影响 …………………………… 217
　　　一、从奥古斯丁到波爱修斯 ………………………………… 217
　　　二、中世纪早期 ……………………………………………… 219
　　　三、12 世纪 ………………………………………………… 223
　　　四、13 世纪 ………………………………………………… 227

第五章　论善恶 ……………………………………………………… 231

　第一节　关于论文 III 的争论 ………………………………… 231
　第二节　（新）柏拉图主义者的善恶观 ………………………… 233
　　　一、柏拉图 …………………………………………………… 234
　　　二、亚里士多德 ……………………………………………… 235

三、新柏拉图主义者 ················· 237
　　　四、奥古斯丁 ····················· 239
　第三节　实体如何因存在而善 ············ 241
　　　一、论证的前提 ··················· 242
　　　二、实体因存在而善 ················ 245
　第四节　论至善 ······················· 251
　　　一、对至善的定义 ················· 251
　　　二、至善在哪里 ··················· 256
　第五节　论恶 ························· 260
　　　一、恶的现象与本质 ················ 260
　　　二、把握命运，弃恶从善 ············· 269

第六章　上帝的预知与人的自由意志 ········· 273
　第一节　对上帝预知问题的逻辑与历史考察 ··· 273
　　　一、埃弗底乌斯的困惑 ·············· 273
　　　二、奥古斯丁的解答 ················ 275
　第二节　上帝的预知与人的自由意志的一致性 ··· 280
　　　一、什么是偶然事件 ················ 280
　　　二、凡理性实体都有自由意志 ········· 285
　　　三、上帝的预知与人的自由意志的一致性 ··· 286
　第三节　波爱修斯的上帝"超时间论"的历史影响 ··· 299
　　　一、奥古斯丁论上帝超时间性 ········· 300
　　　二、中世纪神学家对波爱修斯的上帝超时间论的辩护 ··· 300
　　　三、中世纪神学家对上帝超时间论的否定 ··· 310
　　　四、当代基督教神学家对上帝超时间论的诘难 ··· 314

第七章　《哲学的安慰》的影响 ············· 328
　第一节　《哲学的安慰》在中世纪 ········· 328

一、中世纪早期 ………………………………… 329
　　二、11、12世纪 ………………………………… 338
　第二节 《哲学的安慰》中的哲学和信仰问题 ………… 342
　　一、囚禁中的波爱修斯 ………………………… 342
　　二、对哲学与信仰问题的争论 ………………… 344

结语 ……………………………………………………… 349
附录　波爱修斯年表 ………………………………… 352
参考文献 ……………………………………………… 355
人名、地名对照表 …………………………………… 373
术语译名对照表 ……………………………………… 379
后　记 ………………………………………………… 385

导　论

波爱修斯是欧洲中世纪所谓"黑暗时代"开始时的一位罕见的、百科全书式的思想家，在逻辑学、哲学、神学、数学、文学和音乐等方面都取得了卓越的成就。人们对他的一般评价是：最后一位罗马哲学家，或代表古代哲学精神嫡传的最后一人，经院哲学的第一人，奥古斯丁之后最伟大的拉丁教父，"黑暗时代"少数几位能称得上是逻辑学家的人。

波爱修斯在欧洲思想史上的主要贡献和重要地位表现在：

一、翻译和注释了亚里士多德、波菲利、西塞罗等希腊罗马哲学家的著作，并在其著述中保存了大量的古代哲学思想，使古代文化在"黑暗时代"得以延续，而学术研究也并没有随蛮族的入侵而停止。他的著作直到12世纪后半期，一直是人们了解古代思想尤其是亚里士多德思想的惟一教科书，其中哲学和神学著作也是除西塞罗所译注的《蒂迈欧篇》外人们了解柏拉图思想的另一重要依据。人们盛赞他的著作是拯救古代文明的丰碑。波爱修斯对希腊哲学拉丁化的贡献仅次于西塞罗。

二、是"黑暗时代"最杰出的逻辑学家。波爱修斯的工作树立了逻辑学在学术界的地位，这对逻辑学的发展是至关重要的。他还是一位把逻辑推理能力和理性思辨置于实践之上的教育家。他所谓"西方教育再没有比否定逻辑更危险的事"成为西方文化的传统和训诫。11、12世纪起,西方出现了像安塞伦、托马斯·阿奎那等善于运用逻辑的顶级神学家,与他认为神学家对于发展和应用逻辑学更有着特别的责任、逻辑必须为神学服务有着直接关系。波爱修斯对范畴逻辑的研究和应用达到了他所处时代的顶峰。他是以假言推理为核心的命题逻辑的集大成者,在斯多噶学派之后重新奠定了命题逻辑在整个逻辑学说中的应有地位。对波菲利关于共相的三个问题做出了独到的解释,其研究成果可能是中世纪逻辑学进步的最重要源泉。

三、用逻辑推理和形而上学思辨相结合的方法,研究了基督的本性与位格、上帝何以是三位一体、实体如何因存在而善、何为至善和真正的幸福、上帝的预知与人的自由意志的一致性、天命与命运的一致性等等一系列最重要的基督教神学问题,并先于安塞伦对上帝的存在做了本体论的证明。波爱修斯的研究方法对中世纪神学产生了巨大的影响,开创了理性神学的先河,并为神学研究指引了一个极其有效的方向。他的神学著作的价值经久不衰,成为托马斯·阿奎那等中世纪繁荣时期哲学家注释和辩护的对象。

四、系统地研究了算术、几何、音乐和天文等"自由艺术",形成了一整套关于"数"的理论。《论音乐原理》更是中世纪一部音乐经典,这使他成为中世纪最受尊敬、最有影响的音乐权威。而《哲学的安慰》也是文学史上的不朽篇章。

研究这样一位思想家,无疑有助于发掘中世纪哲学家(神学家)之于古希腊罗马的思想渊源,进一步理解古代和中世纪哲学思想的发展线索,完善教父学研究,为中世纪逻辑或哲学研究开辟新的思路。

以前,中国学者对波爱修斯几乎没有研究,在所有研究古代或中世纪的重要哲学著作中,难觅波爱修斯的踪迹,甚至在有些西方哲学史书中,也对他只字未提。只是到了20世纪80年代初期,恰逢波爱修斯诞生1500周年之际,我国有一两位学者对他的思想作过一些介绍。后来在一些研究基督教哲学史的著作中,波爱修斯的名字的出现频率似乎比过去有所提高。自国内开始重视教父哲学研究以来,有学者已经意识到了波爱修斯对于教父哲学史的重要性,并致力于向国内学术界翻译和介绍其主要著作。最近也有人从美学和诗学的角度研究波爱修斯,这是一个新现象。

国外对波爱修斯的研究保持着一种传统。从他的著作的问世直到今天,各种文字的译本和注释不计其数,研究性的专著也不少。20世纪80年代初,为纪念波爱修斯诞辰1500周年而出版的查德威克的《波爱修斯:音乐,逻辑,神学和哲学的安慰》,以及由吉伯森主编的论文集《波爱修斯生平、思想及其影响》,就是有较大影响的代表性著作。但在拉丁教父中,人们对波爱修斯的研究相对而言仍比较少。

学者们总喜欢把波爱修斯的逻辑思想与哲学思想分离开来,或者说,对其逻辑思想重视不够,特别是较少研究他如何在其他研究中充分发挥逻辑的作用;而在逻辑史研究中,又只局限于他的纯逻辑思想,而把哲学逻辑或范畴逻辑排除在外。这种方式不利于从总体上把握波爱修斯对于逻辑与哲学关系的看法,从而难以全面系统地把握他的思想。因为在波爱修斯看来,逻辑与哲学是不能分开的,甚至逻辑与哲学就是一个问题(他把逻辑作为哲学的一个分支,即理性哲学)。可以说,逻辑、哲学与神学的高度统一是波爱修斯思想的最重要标志。从他著述的年表和实际的研究可以看出,除了最早完成论"四艺"的四篇独立著作外,波爱修斯首先研究了逻辑,然后同时从逻辑和形而上学两个方面研究亚里士多德的范畴理论,再以范畴逻辑为工具,研究基督的本性与位格这一难度极大的问题。他往往是先从逻辑的角度定义一个概念,而后才把它引入神学领域。他接着把主要精力放在了论辩和推理问题上,写了一系列相关的逻辑著作,为接下来讨论三位一体问题服务。他对论辩的研究对后来在《哲学的安慰》中与哲学女神的对话有着很大的帮助。

基于此,本书主要按两条线索研究波爱修斯。第一条线索即研究他的范畴逻辑和命题逻辑,并在对逻辑问题的研究中,说明哪些理论对于哲学和神学研究具有直接作用,波爱修斯将如何应用它们。第二条线索集中研究他的神学和哲学思想,始终把这种研究建立在逻辑的基础上(当然波爱修斯本人也是这么做的)。全书首先致力于展现波爱修斯的基本思想(主要是那些对哲学、神学或逻辑学发展有影响的思想,并不是全貌),特别是他得出这些思想的方法与过程。其次要特别探究那些"具有波爱修斯特色"的关键问题,如共相、关于未来偶然事件的命题的性质、假言三段论、基督论、上帝的永恒性、上帝的预知与人的自由意志等问题,考察这些问题的历史沿革,以及波爱修斯的研究在历史上的地位。展现给读者一位杰出的逻辑学家、伟大的拉丁教父和哲学家,是本书所希望达到的目标。

此外,以下问题是学术界关于波爱修斯最具有争议性的问题:波爱修斯因何而死?波爱修斯曾计划翻译柏拉图和亚里士多德的所有著作,为何最终只译了《工具论》?波爱修斯的假言三段论是否直接来源于斯多噶学派,并且应被看作是斯多噶逻辑的最后成果?归于波爱修斯名下的第四篇神学论文《论天主教的信仰》是否真是他的著作？波爱修斯为何要竭力论证上帝的预知与人的自由意志的一致性，这一理论对中世纪神学乃至现代基督教神学产生了怎样的影响？作为虔诚的天主教徒，波爱修斯面对死亡时，为何以哲学而非救世主基督来安慰心灵？《哲学的安慰》到底是一部赞美上帝的基督教著作，还是仅仅由一位信仰基督教的新柏拉图主义者所写的哲学著作，拟或根本就是一个异教徒反基督教教义的著作？等等。书中结合所掌握的文献和适度的推测，绘出了自己的回答。

本书对波爱修斯关于"四艺"的思想讨论得较少。这并不是因为某些学者所谓的这些著作只是对古人相关著作的翻译和思想的合成，并没有多大价值。实际上，波爱修斯研究自由艺术的著作依然具有独立的意义，他的音乐原理几乎就是整个中世纪音乐理论的主流，而教育课程和教育理念则是中世纪学校教育的指南。但由于这些思想相对于书中所着重探讨的神学和哲学思想具有较大的独立性，因此，本书除了介绍关于"四艺"的著作外，只是简要地论述了其基本思想以及来龙去脉，并未展开研究。

波爱修斯是欧洲思想史上举足轻重的人物。19世纪之前，几乎每一位受过教育的人都熟知他的名字。然而，20世纪以来，情况发生了变化，似乎只有少数研究古典和中世纪思想文化的学者或学生知道波爱修斯，这种情况也发生在许多其他著名思想家身上。学者们显然觉察到了这一变化，因而，最近研究波爱修斯的人多了起来。源于对波爱修斯人格的敬仰，以及他对于欧洲文化发展所作出的巨大贡献，人们希望他像在中世纪那样，成为妇孺皆知的人物。然而，研究波爱修斯并非易事，甚至可以说很难。究其原因，主要不是因为波爱修斯生活年代久远，使用的是古典的拉丁语——当然对许多研究者而言这的确是一个障碍,而是因为波爱修斯所研究的范围是如此之广,包括数学、天文学、音乐、逻辑、修辞、哲学、神学、诗学等等几乎所有知识。对一般学者而言,掌握所有相关知识谈何容易,而知识的缺乏必然会影响研究的深度和广度。这大概是至今没有几位学者对波爱修斯进行过全面研究的原因吧,也是笔者何以把主要笔墨放在波爱修斯的逻辑学说和神哲学思想的逻辑论证上,而只是简单介绍其他思想的原因。

我一生最大的安慰和幸福在于对哲学的所有分支进行全面而深入的探讨。——波爱修斯

无论希腊人的雄辩通过不同的学者带给了我们什么科学和艺术，罗马人总是把使用本土语言的你的著作当作权威。你的著述充满了如此清楚明晰的概念和科学合理的词句，使得任何阅读它们的人都是如此爱不释手。——狄奥多里库斯

第一章 波爱修斯的生平、著作

安尼修斯·曼留斯·塞弗里努斯·波爱修斯（Anicius Manlius Severinus Boethius，480—524 年）是欧洲中世纪所谓"黑暗时代"（Dark Ages）初期的一位罕见的、百科全书式的思想家，在欧洲哲学史上有着特殊的地位。15 世纪意大利人文主义者洛伦佐·瓦拉（Lorenzo Valla，1406—1457 年）称他为"罗马的最后一位哲学家，经院哲学的第一人"。①

第一节 波爱修斯的生平

一、坎坷而幸运的童年

波爱修斯生活在罗马帝国最动荡的时期。帝国分裂为东西两

---

① 汉斯·冯·坎本豪森：《拉丁教父传》，第 279 页。

部分之后,西罗马帝国遭受到了前所未有的内忧外患。奥古斯丁(St. Augustine,354—430年)去世后不久,原来统治北非大部分地区和西班牙的汪达尔人占领了希波(Hippo),匈奴人和法兰克人入侵了高卢和意大利,随后,盎格鲁—撒克森人占领了整个不列颠。476年9月,日耳曼雇佣军首领奥多亚克(Odoacer,476—493年在位)废黜并放逐了西罗马帝国的最后一位皇帝罗慕卢斯·奥古斯图卢斯(Romulus Augustulus,475—476年在位),西罗马帝国灭亡。然而,奥多亚克建立的王朝没有持续多久。493年,东哥特(Ostrogoth)王狄奥多里库斯(Theodoricus,493—526年在位)杀死了奥多亚克,在西罗马帝国的废墟上建立起了以拉文那(Ravenna)为首都的东哥特王国,这个王国直到554年才被拜占庭(Byzantium)帝国所灭。这样的变动使得作为罗马人的波爱修斯一生都要在异族人的统治下度过。

480年,波爱修斯出生于奥多亚克统治下的罗马的一个豪门望族。"他继承了当时的帝王都渴望能有此出生的安尼修斯家族的遗产和荣誉,而他的曼留斯名号更使人相信,他的确是或被假定是一群曾把高卢人逐出太阳神庙,并为了共和国的纪律牺牲他们的儿子的执政官和专制君王的后代。"[①]这种出身使得波爱修斯拥有了跻身社会上层的先天条件。由于波爱修斯在学术上的卓越成就和贡献,意大利人都尊称他为圣塞弗里努斯(Saint Severinus)。然而,波爱修斯的童年却相当不幸。母亲在他很小的时候就离他而去。而他的父亲奥勒留·曼留斯·波爱修斯(Aurelius Manlius Boethius)起初是亚历山大里亚(Alexandria)地方政府的一名行政

---

① 爱德华·吉本:《罗马帝国衰亡史》(下册),第162页。

官员,西罗马帝国灭亡后,他供职于奥多亚克王朝,成为奥多亚克的重臣,两次担任罗马城的首席行政官,位及奥多亚克的副摄政王,并于487年出任罗马执政官。然而,他在担任这一要职后不久(490年)就去世了。波爱修斯过早地失去了双亲。

童年的波爱修斯被托付给德高望重的元老院首领西马库斯(Quintus Aurelius Memmius Symmachus,约440—525年)抚养,成年后与西马库斯的女儿卢斯蒂希娅娜(Rusticiana)结了婚。这是波爱修斯不幸童年的最大幸运,不仅因为他的妻子任劳任怨地侍候了他一生,更主要的是西马库斯对波爱修斯的一生影响很大,波爱修斯把许多著作都献给了他的岳父。据他后来回忆说,西马库斯几乎在各个方面都是自己的老师,他对此十分感激。

西马库斯出生于一位执政官世家,是那位为保存胜利女神塑像而努力奋斗的罗马执政官、演说家西马库斯(Quintus Aurelius Symmachus,约345—约410年)的孙子。根据卡西奥多鲁斯(Flavius Magnus Aurelius Cassiodorus,约490—约583年)①的记载,西马库斯有着超越于其祖先和古人的美德,在他身上体现了基督教的德行和世俗的优良传统的完美结合。西马库斯继承了其祖父

---

① 罗马贵族,政治家和历史学家。因出色的辩才和文学天赋被狄奥多里库斯相中,成为王国议会和政府办公室一名重要官员,曾和波爱修斯长期共事。523年,当波爱修斯被捕后,他开始继任首席行政官一职。533年升任执政官。540年结束政治生涯,退隐到南意大利家族封地上建立一所名为维瓦里翁(Vivarium)的修道院,带领僧侣抄写典籍。他是一位多产的作家,主要著作有书信集《杂录》(Variae)和《论神圣文学与世俗文学》(Institutiones divinarum et humanarum lectionum)等。《杂录》虽出自卡西奥多鲁斯之手,但却是以狄奥多里库斯或东哥特王国政府其他官员的名义发表的,其中相当一部分是政府公文。《论神圣文学与世俗文学》分为两个部分,第一部分引述经文,收集各家手稿,第二部分论述"三科"与"四艺"。这些著作保留了大量的古代文化遗产,我们今天关于波爱修斯的许多介绍都来自卡西奥多鲁斯。

的政治天赋,于485年当选为罗马执政官,是奥多亚克最重要的心腹之一,又是罗马学术界的顶级人物。他精通希腊文,曾写过七卷本的罗马史(已佚),力图再现罗马的辉煌过去,并表达了自己希望恢复古代罗马文明的崇高理想;又是一位杰出的演说家和修辞学家,所著的三卷本的修辞学被当时君士坦丁堡(Constantinple)著名语法学家普里西安(Priscian)大加赞赏,尽管后者有寻求西马库斯政治支持之嫌。人们称赞波爱修斯的辩才与德谟斯提尼斯(Demosthenes,前384—前322年)[1]和西塞罗(Cicero,前106—前43年)相比毫不逊色,也许与西马库斯的教导不无关系。西马库斯对波爱修斯的影响是多方面的,他不仅教导波爱修斯要有善良和正直的品质,而且特别重视对波爱修斯的文化教育,让波爱修斯学习希腊语和希腊文化,使后者成为该领域卓越而罕见的专家。

关于波爱修斯是如何接受正规的哲学训练,又是在哪儿接受教育,至今仍存争议。考证这一问题对于我们理解波爱修斯的思想和文风显然是有意义的。尽管5世纪时期,罗马贵族社会依然主要是接受正统的古典文化教育,但关注的主要是语法、修辞和表面文字,而不是古典文化的思想内涵。[2] 同时,当时希腊文已逐渐被人们淡忘,教皇虽也指派了一些学者(如在狄奥多里库斯王朝服役的卡西奥多鲁斯和西叙亚著名僧侣狄奥尼修斯·埃克西古)去教授希腊文或翻译希腊哲学著作,其目的也仅仅在于方便与东方教会的交往,而且这些人也没有享受应有的待遇。罗马的意大利

---

[1] 古希腊政治家、最伟大的雄辩家。多次在雅典公民大会上发表演讲,号召人们团结起来,反对马其顿的侵略。前330年,雅典政府授予他金冠,所演讲的《金冠辞》被公认为历史上最成功的雄辩艺术杰作。

[2] 参阅迈罗:《古代教育史》,第369—380页。

人普遍认为学习希腊文是一件落伍的事,一些著名的学者也不例外。而哥特人更希望他们的孩子接受传统的日耳曼文化教育。这种气氛非常不利于人们学习古希腊文化。波爱修斯在希腊文化上取得如此成就令人吃惊和敬佩。

作为波爱修斯的监护人,西马库斯对新柏拉图主义(Neoplatonism)哲学有着浓厚的兴趣,而且精通希腊文化,他的朋友也大多和他一样。由于担负着复兴古典文化的重任,西马库斯时刻准备着为古典文化寻找继承人,天资聪颖且极具语言天赋的波爱修斯自然成为首选。西马库斯还受东哥特王国的委托,与东罗马帝国发展友好关系,因此,他和他的家庭、朋友一起始终与东方保持着公开的联系。这也为波爱修斯在东方选择合适的学校,接受纯正的希腊文化教育提供了方便。根据史料,比较确切的看法是,波爱修斯曾在雅典普罗克洛(Proclus,410—485年)主持的新柏拉图学园里学习过。485年普罗克洛去世后,雅典学园日渐衰落,但雅典仍然是当时的文化中心。因为根据卡西奥多鲁斯的记载,狄奥多里库斯曾在一封信中说,波爱修斯不顾路途遥远而坚持在雅典学园学习。[①] 而波爱修斯后来在他的著作中也反复提到了普罗提诺(Plotinus,约204/5—270年)、波菲利(Porphyry,约232—约304年)、扬布利科(Iamblichus,约250—325年)、普罗克洛等人。这些人都是在雅典学园里得到热烈讨论的哲学家。爱德华·吉本也说,"这位罗马学生的理智和虔诚竟然避免了当时充斥(雅典)学园的神秘主义和巫术的污染;不过,他吸收了他的那些已故和未故

[①] 卡西奥多鲁斯:《杂录》,1:45。转引自吉伯森主编:《波爱修斯生平、思想及其影响》,第73页。

的大师们的精神,并模仿了他们的方法,这些人试图将亚里士多德的健全而细致的认识与柏拉图的深邃思想和崇高理想调和起来。"① 然而,随着希腊文化研究中心从雅典开始转到亚历山大里亚,雅典也失去了昔日活跃的学术气氛。对古代哲学和逻辑学有着浓厚兴趣的波爱修斯转到亚历山大里亚,向普罗克洛的一位极富盛名的学生阿莫纽斯(Ammonius,435/45—517/26年)学习亚里士多德的逻辑学,后者自485年以来在亚历山大里亚的教学取得了巨大的成功。我们很难确切地说波爱修斯何时离开雅典去亚历山大里亚,但据沃格尔(C. J. Vogel)的推测,波爱修斯可能在8岁至18岁的时候一直在雅典学习,而从18岁开始就去了亚历山大里亚学习了两年。② 这一时期的学习为波爱修斯翻译和注释亚里士多德的逻辑著作,形成逻辑严谨的思辨能力奠定了坚实的基础。

除西马库斯以外,罗马天主教会副主祭约翰(John, the deacon of Rome)对波爱修斯的一生也产生了极大的影响。约翰是波爱修斯的挚友和精神之父。公元5世纪末至6世纪初是罗马教廷的多事之秋,从498年至506年,教皇西马库斯(Pope Symmachus,498—514年在位)和他的对手劳伦修斯(Laurentius)一直在争夺对教廷的控制权,西马库斯还同时受到了来自其他各方的挑战甚至控告。约翰在宗教界的威望使得他成为双方都争取的重要人物,他也一度在不同派系之间摇摆。但506年,当狄奥多里库斯宣判西马库斯胜诉时,约翰致函教皇,表示服从于他的领导。持续

---

① 爱德华·吉本:《罗马帝国衰亡史》(下册),第162页。
② 参阅雷斯:《波爱修斯》,第9页。

十年的教权争夺并没有降低约翰在罗马宗教界和元老院的地位，重要原因之一是因为约翰有着很高的学术造诣。元老院的许多议员都尊他为老师，向他请教各种学术问题，其中就包括波爱修斯。实际上，波爱修斯的多篇神学论文都是在与约翰探讨基督教的过程中写成的，他在这些文章的开头都明确标明要把它们献给约翰。而约翰也虚心地向波爱修斯请教，在升任罗马教皇（523—526 年在位，称为教皇约翰一世）之后仍是这样。

二、辉煌而短暂的政治生涯

实际上，决定波爱修斯一生命运的最重要的人物是东哥特国王狄奥多里库斯。后者不仅支持波爱修斯著书立说，使他成为学术界的权威，而且给予他显赫的政治地位，让他无论在哥特人那里还是在罗马元老院，都是极其有分量的人物。然而这种辉煌也因为狄奥多里库斯而昙花一现。

狄奥多里库斯是一位胸襟开阔、受人爱戴且极富才华的国王。东哥特王国建立以后，狄王对罗马进行了卓有成效的管理和统治。尽管当时国际环境极其复杂，政治纷争和军事冲突不断，但狄奥多里库斯通过联姻和务实外交，使新生的东哥特王国处于比较安全的状态之中。他的夫人是法兰克国王克洛维（Clovis, King of Franks, 486—511 年在位）的妹妹；而他的妹妹嫁给了汪达尔国王特拉萨蒙德（Thrasamund, King of Vandals, 496—523 年在位）。他有三个女儿，一个嫁给了西哥特国王阿拉里克二世（Alaric II, King of Visigoths, 484—507 年在位），一个嫁给了勃艮第国王贡都巴德（Gondebaud, King of Burgundian, 474—516 年在位）的儿子，另一个女儿嫁给了由东罗马帝国皇帝查士丁一世（Justin I,

518—527年在位)钦定的罗马执政官尤塔里克·希里卡(Eutharic Cillica);他的一个侄女则嫁给了图林根国王(King of Thuringians)。507年,他的女婿西哥特国王阿拉里克在与法兰克王国的战争中被刺后,狄奥多里库斯以他孙子的名义统治西班牙和西哥特高卢地区。事实上,到526年狄王的去世之前,整个西罗马帝国除北非、不列颠岛和高卢的部分地区外,全部为东哥特王国所控制。因此,尽管周边地区战争不断,东哥特王国始终保持着前所未有的安全和稳定。

狄奥多里库斯对罗马人和罗马文化采取了十分宽容的态度。"东哥特王国,在一切日耳曼人所建立的王国中是罗马化最强烈的。"①狄王不仅修复了罗马旧有建筑、古城墙、供水系统,还悉数保留了罗马原有的社会制度、法律、文化、风俗习惯和罗马贵族的私人财产。他吸收罗马人进入国家最高管理层,东哥特王国政府的重要职务,特别是文官,绝大多数都由罗马人担任。他极力推崇东哥特人与罗马人的和睦相处,对压迫与暴行进行严厉惩处,宣传所谓"文明"思想,鼓励东哥特人学习罗马语言,罗马人学习哥特语言。这样,狄奥多里库斯就不仅是东哥特人的国王,而且也被高傲的罗马人当作自己的领袖。500年,当狄奥多里库斯访问罗马时,他受到了元老院、教士和当地人民的盛大欢迎,人们把他当作新的图拉真(Trajan,罗马帝国早期皇帝,约98—117年在位)。一些元老甚至把他当作与拜占庭相抗衡的西罗马帝国传统的支柱,指望依靠他恢复罗马昔日的辉煌。

特别值得一提的是,尽管东哥特人信仰基督教阿里乌斯派

---

① 汤普逊:《中世纪经济社会史》(上册),第148页。

(Arianism),但狄奥多里库斯沿袭日耳曼征服者的传统,在宗教问题上十分审慎而小心。他尊重意大利的正统基督教徒,不采取偏袒东哥特人的宗教政策,宽容一切宗教信仰,不搞任何宗教迫害。为了维持宗教和平与信仰自由,他本人首先退出教会纷争。他还特地接纳一些正统的罗马天主教徒进入王国的高层管理部门工作。历史学家瓦勒西(Anonymus Valesii)是这样评价狄奥多里库斯和他统治下的意大利的:"(这里)充满了快乐,甚至连游客都十分友好。他没有做错一件事。他统治哥特人和意大利人的两个国家,如同他们是一个民族,尽管他本人属于异教的阿里乌斯派……,却没有任何反对天主教信仰的企图。商人因他从各地群集而来,因为这个国家的社会秩序是如此之好,以致人们可以把金银财宝放在乡下,如同放在有城墙的城市。整个意大利没有一扇城门,即使有也无须关闭。人们在晚上从事商务活动就像在白天一样安全。"①5世纪初的拜占庭历史学家普罗库比乌斯(Procobius)认为狄奥多里库斯可以同历史上任何一位伟大的皇帝相媲美,并称赞他达到了智慧和公正的最高峰。狄奥多里库斯的统治很快就赢得了拜占庭帝国的肯定,497年,阿纳斯塔修斯一世(Anastasius I,491—518年在位)授予他勋章和红袍,表示对他的正式承认。

波爱修斯在狄奥多里库斯统治之初是罗马元老院议员,但很快就受到狄王的重用,成为国王的"心腹"。这一方面是由于狄王对罗马贵族的一贯重视,但更主要是他钟情于波爱修斯的超凡才华和高尚品质。狄奥多里库斯统治下的5世纪,古典文化陷入前

---

① 参阅巴雷特:《波爱修斯时代》,第29页。

所未有的颓废状态,特别是5世纪末,更是降到了历史的最低点。许多历史学家认为,与其说是日耳曼人的入侵破坏了古典文明,倒不如说正是罗马的政治没落和思想颓废才让北方蛮族如此轻易地占领意大利。实际上,狄奥多里库斯统治意大利后,不仅没有继续破坏仅存的古典文明,而且还把恢复繁荣的古典文化作为王国的一项重要任务。但"毫不夸张地说,自5世纪中期(以来),除了少数几位专家外,意大利那些最有文化的人,无论女士还是神职人员,都已经不会使用希腊语,因而,关于(希腊)文化本身的概念就深受其害"。① 因此,狄奥多里库斯把倡导学习希腊语作为重振希腊文化的第一步。因为尽管古典文化也通过一些教父著作或教会典籍保留了下来,但它们大多是用希腊文写作的,拉丁译本少之又少。500年,狄王在访问罗马的第六个月时,会见了在罗马学术界已相当有名气的波爱修斯,深为他的学识而折服。他曾这样称赞波爱修斯对罗马文化的贡献:"通过你的翻译,意大利人可以读到音乐家毕达哥拉斯和天文学家托勒密的著作;数学家尼科马库斯和几何学家欧几里得的名字为意大利人所熟知;神学家柏拉图和逻辑学家亚里士多德成为罗马人争论的对象;你还用拉丁语把机械学家阿基米德带回给西西里人。无论希腊人的雄辩通过不同的学者带给了我们什么科学和艺术,罗马人总是把使用本土语言的你的著作当作权威。你的著述充满了如此清楚明晰的概念和科学合理的词句,使得任何阅读你的著作的人都是如此爱不释手。"②

---

① 库塞尔:《晚期拉丁著者及其思想的希腊渊源》,第148页。
② 卡西奥多鲁斯:《杂录》,1:45。转引自帕齐:《波爱修斯传统:论波爱修斯在中世纪文化中的重要性》,第2页。

狄奥多里库斯于是立即重用波爱修斯,以帮助他重振古典文明。其间,狄王又十分欣赏波爱修斯的人品,转而在政治上对他委以重任。他曾任命波爱修斯改革币制;当坎帕尼亚(Campania)出现农业歉收时,又派他去负责减免税收的工作,而他在当地的工作方法立即为其他地区所仿效。504年,狄奥多里库斯请精通音乐的波爱修斯为他的姐夫法兰克国王克洛维选拔一位善弹竖琴的乐师。507年,这位国王又以极其友好的方式,请他认为精通机械和物理的波爱修斯(关于波爱修斯是否具有机械制造的实际技能仍存争议)为他建造两座时钟,一座是水力钟(water clock),一座是日晷钟(sundial clock),作为礼物送给勃艮第国王。这两件事看似小事,却是狄奥多里库斯重视传统文化的极好体现,也是他务实外交、与邻国交好的一种手段。按照狄王自己的话,给克洛维请乐师是为了讨好这位人面兽心的国王;而如果这位勃艮第国王每日看到送给他的(时钟)礼物时,认为这是一件令人惊奇的东西,那对他们来说就是一笔巨大的财富。既然狄王对这两件事如此重视,也就说明他对波爱修斯的重视,亦是波爱修斯政治地位的体现。510年,波爱修斯终于被提拔为执政官。此后,他一直是狄王的亲信。522年,波爱修斯的两个儿子弗拉维乌斯·西马库斯(Flavius Symmachus)和弗拉维乌斯·波爱修斯(Flavius Boethius)被一起推选为执政官,这对波爱修斯来说,更是至高无上的荣誉,因为类似的事情仅在狄奥多修斯一世(Flavius Theodosius I, 378—395年在位)统治时有过一次先例。同年9月,波爱修斯又被任命为王国议会和政府的首席行政官(magister officiorum),负责协调政府各部门的工作,安排其他议员和外国使节与国王的会见,并统领皇家卫队和兵工厂,掌管邮政,收发情报,还兼有司法职能。波爱修斯负责的工作部门因而成为国家最重要的职能部门,他和国王保持着最密切的联系,达到其政治生涯的最辉煌时刻。

与岳父一样,波爱修斯也是一位出色的政治家。他一生大部分时间都在从事政治活动,其最重要的著作都与政治有关。当时许多人怀疑流淌着罗马贵族血液的波爱修斯能否效忠于一位异族国王。波爱修斯自己亦曾多次提到过对政治没有兴趣。但作为元老院议员,他应该维护罗马人的权利,还应该尽力保留和继承罗马文化。波爱修斯深知,要做到这一切,不加入狄奥多里库斯政府是很难实现的。他后来在狱中回忆说,他接受王国议会和政府的首席行政官,不是因为这一职位给他带来的荣耀,而是因为他要反对政府中那些贪婪的哥特人和暴虐的元老院议员。此外,狄奥多里库斯的个人品质、精明强干及其对整个意大利的宽容政策,也使得这位极重人品的罗马人对国王并不持敌视态度,这可能也是波爱修斯参加东哥特王国政府的原因之一。尽管他的政绩不凡,但谈不上对国王忠心耿耿。狄王虽想尽种种办法,包括封给他各种常人不可及的荣誉和头衔,始终不能真正赢得他的心。对波爱修斯来说,罗马仍是罗马人的罗马,他所做的一切仅仅是为罗马人服务。

波爱修斯政治上的辉煌只持续了很短时间。523年8月,波爱修斯被控以阴谋叛国罪,所有财产被没收,被囚禁在距罗马五百英里之外的帕维亚(Pavia)监狱。524年10月23日,[①]当局以极

---

① 关于处死波爱修斯的时间历来存在争议。距离波爱修斯最近的编年史家和阿文提克主教马里乌斯(Marius,?—601年)很确定地指出,根据意大利年历,波爱修斯死于524年。我们倾向于这一说法。但具体月份和日期仍未能统一。我们认为波爱修斯研究专家约翰·马修斯(参阅吉伯森主编:《波爱修斯生平、思想及其影响》,第16页。)和威尔·杜兰(参阅《世界文明史》之《信仰的时代》,上卷,第141页。)所考证的10月23日是最接近的日期。他们所根据的是中世纪晚期的一份帕维亚年历的记载。

其残忍的方式将他处死。

三、波爱修斯因何而死

关于波爱修斯的死因,历来有不同的说法。从他在《哲学的安慰》中所作的诚挚辩白可知,他确实没有参加过企图颠覆东哥特王国的活动,指控他犯有阴谋叛国罪实为诬陷。其实,这只是处死波爱修斯的一个借口,他的死是政治阴谋所致,根本原因则是民族矛盾和宗教纷争。

519 年前后,东哥特王国已经面临亡国的危机。北非汪达尔人在王国的边境上进行骚扰,屠杀或驱散东哥特人。法兰克人入侵毗邻的勃艮第王国,对东哥特王国构成极大威胁。在国内,由于狄奥多里库斯长期以来对罗马人的绥靖政策,不仅使他受到了东哥特人的反对和孤立,而且使得罗马人的自由与独立活动愈演愈烈。"他们滥用了所获得的特权,竟至率领他们的武装农奴和奴隶的队伍,互相战斗,互相越界来抢夺土地,最后他们还和查士丁尼携手,而毁灭了这个王国。"[①]519 年,一颗彗星在意大利上空流连达两个星期之久,在拉文那、罗马和整个东罗马帝国都清晰可见。人们以为马上就要发生巨大的灾难,纷纷议论起国家的未来。迷信的狄奥多里库斯担心这是改朝换代的征兆,开始变得极为恐惧和多疑。523 年,拜占庭皇帝查士丁一世发布谕旨,下令将所有摩尼教(Manichaeans)信徒逐出帝国,并禁止异教徒担任文武官职——包括除哥特人外的所有阿里乌斯派信徒。狄奥多里库斯怀疑查士丁一世正在暗中策划颠覆东哥特政府,试图重新统一意大

---

① 爱德华·吉本:《罗马帝国衰亡史》(下册),第 148 页。

利。如同惊弓之鸟的东哥特国王以为罗马人都在与他为敌，于是宁可相信谗言而不愿倾听元老院议员的正确意见。而此时，70高龄的狄奥多里库斯的家庭也遭受了一系列不幸。他没有儿子，按照哥特人的习俗，王位的继承很是问题。而他希望成为王位继承人的女婿希里卡刚刚去世。作为勃艮第王位继承人的他的外孙塞格里克(Segeric)被其生父所杀，这直接导致了东哥特王国与勃艮第王国的交战。而他的妹妹——汪达尔王后阿马拉弗里达(Amalafrida)——则被新任国王西尔得里克(Hilderic)投进监狱。这一连串突如其来的事件对狄奥多里库斯的打击是巨大的，因为这同时预示着他所建立起来的皇室外交的瓦解。

正当此内忧外患之际，一封署名阿尔比努斯(Albinus)的发往君士坦丁堡的信被截获，信中有请求拜占庭皇帝帮助收回意大利的话。曾与阿尔比努斯有过一些过节的大臣西普里安(Cyprian)指责阿尔比努斯与东罗马皇帝查士丁一世交往过密，有谋反推翻东哥特王国的图谋。虽然阿尔比努斯断然否认，但国王还是相信了西普里安的话。于是，阿尔比努斯被判犯有叛国罪。阿尔比努斯是罗马元老院功勋卓越的资深议员，493年就当选为罗马执政官，500至503年又四次当选为执政官，随后又被派往拜占庭，参加由教皇霍尔米斯达斯(Pope Hormisdas, 514—523年在位)主持的为促进东西方教会统一而进行的谈判。波爱修斯深知这一点，他相信阿尔比努斯是清白的。于是顶住压力，毅然为其辩护：对阿尔比努斯的控告绝对是错误的；如果阿尔比努斯有罪，那么元老院所有议员包括我也必然都犯有同样的罪行。与波爱修斯私交不错的狄奥多里库斯开始犹豫不决起来。但西普里安及其同伙欧庇利奥(Opilio，西普里安的弟弟)、巴西尔(Basil，欧庇利奥的岳父)和高登提乌斯(Gaudentius,欧庇利奥在生意上的合作伙伴)出于各自目的,又把矛头指向了波爱修斯,联名控告阿尔比努斯事件是由波爱修斯一手策划的。西普里安早就对波爱修斯的政治地位以及国王的宠爱十分嫉妒,在波爱修斯担任王国议会和政府的首席行政官期间,曾多次与波爱修斯发生矛盾。阿尔比努斯事件发生后,西普里安认为报复波爱修斯的时机已经成熟,乃伪造了很多文件,包括伪造波爱修斯在阿尔比努斯的信中的签名,以及写给东罗马帝国皇帝以希望罗马自由的信件,以此证明波爱修斯在元老院的非法行为和叛国阴谋。巴西尔则出于另一目的。他曾在王国议会工作,但后因劣行被解职。因经商而债台高筑的巴西尔希望通过控告波爱修斯而得到一大笔赏金去偿还债务。欧庇利奥和高登提乌斯由于经济诈骗(这在当时是十分严重的罪状)而被捕,狄奥多里库斯下令将两人流放非洲。两人于是去拉文那天主教会寻求避难。但国王警告他们,如果不在指定日期离开意大利,就要在他们的面颊上刺上金印,强行放逐。阿尔比努斯事件为他们赢来了转机。通过对波爱修斯的正式指控,国王赦免了他们。

尽管狄奥多里库斯不知道阿尔比努斯和波爱修斯有没有真正参与叛国,谁是主谋,但他相信"不管正确与否,其间必有一项为他自己政府成员所参与的阴谋"。[①] 波爱修斯很快就被判处与阿尔比努斯相同的罪名。国王剥夺了他的申辩权,因为他了解波爱修斯,知道他虽然极有可能没有参加类似的活动,但处死他和阿尔比努斯可以杀一儆百,威慑罗马人,安抚东哥特人。而西普里安和欧庇利奥也确实在波爱修斯被捕后赢来了辉煌的政治生涯,会说哥

---

① 罗素:《西方哲学史》(上卷),第454页。

特语的西普里安先是被提拔为国家的财政大臣,后又接任了波爱修斯王国议会和政府的首席行政官的职务,狄奥多里库斯标榜他为忠贞效国的典范。国王这样做的目的无非是希望以此来激励人们举报阴谋叛国者和忠于东哥特王国。

元老院的大部分议员都深知对阿尔比努斯事件的处理是狄奥多里库斯的政治策略和手段,一些近臣明知这是误判,但都不敢进言。狱中的波爱修斯受到种种残酷的折磨,狱卒受国王的指使逼迫波爱修斯供出其他阴谋反叛的同案犯。在没有得到任何有价值的线索后,他们秘密处死了波爱修斯。由于害怕罗马教会的报复,波爱修斯的尸体被藏匿起来。随后,又秘密地埋葬于监狱附近的一个天主教堂。

对波爱修斯的处决直接影响到他家人的安危,他的妻子和两个儿子不敢也不允许为他收尸。波爱修斯的岳父西马库斯由于在他被捕后公开支持波爱修斯,并为他的无辜喊冤,国王害怕西马库斯试图谋反,也被抓了起来,关进了帕维亚监狱。525年,这位功勋卓越的元老院议员遭受了波爱修斯同样的命运。狄奥多里库斯的疑惧似乎仍未消去,他索性实行恐怖和高压政策。他派罗马教皇约翰一世(前述的罗马天主教会副主祭,523年当选罗马教皇)去君士坦丁堡与查士丁一世谈判,希望后者收回剿灭异教徒的谕旨。教皇受到了非常礼遇,谈判却毫无结果。由于约翰早在担任罗马天主教会副主祭时就与波爱修斯过从甚密,后者曾把反异端教派、为正统教义辩护的若干篇论文(Tractate II, III, V)敬献给了他,狄奥多里库斯于是又怀疑教皇是在有意叛逆,遂把他打下监狱,526年5月18日,约翰一世愤懑而死。

历史学家认为,处死波爱修斯和西马库斯是狄奥多里库斯所犯下的第一个也是最严重的一个错误,因为它使罗马贵族和东哥特政权之间产生了深深的裂痕,激发了罗马人原本深藏于内心的民族感情,导致东哥特王国迅速走向崩溃。据说,狄奥多里库斯自己也懊悔不已,精神高度恐惧而紧张,不久就身患重病,梦中经常看见波爱修斯在向他伸冤和西马库斯愤怒的脸庞。526年8月30日,这位曾显赫一世并受到东哥特人和罗马人深深爱戴的伟大国王在拉文那郁郁而终。

人们把波爱修斯的死看作是一位正统天主教徒的殉教。不过,据后人考证,这很有可能是由于人们把他与一位来自科隆的名字同为塞弗里努斯(Severinus of Cologne)的受阿里乌斯派迫害的殉道士混淆的缘故。事实上,波爱修斯并不能称为殉道士,他的死与宗教信仰并没有直接关系,甚至他自己也认为他是"因更有教养与理智、(追求)正义与自由、对蛮族人统治下的古老的罗马人(所持)的正直的态度而死的"。①

波爱修斯死后名望骤增。721年,伦巴底国王卢特普兰德(Luitprand)把他的遗骨迁到帕维亚西尔多鲁的圣比特罗教堂(Church of San Pietro in Cieldoro),这里安葬着许多深受人们爱戴和尊敬的哲学家和教师。996年,萨克森王朝(Saxon)国王奥托三世(Otto III,983—1002年在位)下诏,将波爱修斯的遗骨迁入圣彼得大教堂内的豪华陵墓。教皇西尔威斯特二世(Sylvester II,999—1003年在位)②还为他写了墓志铭。人们至今仍把当年囚禁

---

① 汉斯·冯·坎本豪森:《拉丁教父传》,第299页。
② 俗名吉尔伯特(Gerbert of Aurillac,约945—1003年),法国僧侣、数学家、天文学家和逻辑学家,972年起在兰斯(Rheims)天主教学校任教,991年任大主教,999年晋升为罗马教皇。曾研究过西塞罗、马里乌斯·维克多里努、波爱修斯的著作,主张辩证法是探求真理的途径。

波爱修斯的帕维亚砖塔视为圣物,并永远怀念这位杰出的罗马人。

第二节 波爱修斯的著作

波爱修斯年轻时就宣称,他毕生的事业在于知识和理性领域。他说,我一生最大的安慰和幸福在于"对哲学①的所有分支进行全面、深入的探讨"。② 作为东哥特王国政府的一名高级官员,波爱修斯却注重著书立说。他是那个时代最伟大的思想家,写下了大量的著作。他向罗马和拉丁世界传播古代文化和知识,对希腊哲学拉丁化所作的贡献仅次于西塞罗。人们惊叹波爱修斯短短一生竟能写出如此多的著作。究其原因,主要有三:

一是波爱修斯极其崇尚理性,他希望通过他的著述重新唤起罗马人从希腊人那里继承来的科学精神。由于长期的政治动乱,罗马贵族已经失去了往日特权,他们当然希望保存和延续古希腊罗马传统文化,从中找回失落已久的尊严。这种情感倾向在意大利被外族人统治后更加强烈。波爱修斯便是这些最后的罗马人的杰出代表。"他立足于古代的人文、理性和宗教传统,对它们的信仰程度要远远超过北非教父奥古斯丁。"③这样,希腊哲学和科学就成为波爱修斯大部分思想的根源。

二是波爱修斯的高贵出身使得他不用像当时几乎每一位罗马

---

① 波爱修斯把哲学看成是知识的总汇,分为实践的哲学和思辨(或神学)的哲学。前者包括伦理学、政治学、经济学,后者包括自然哲学(或生理学)、数学和神学。

② 波爱修斯:《假言三段论》。转引自汉斯·冯·坎本豪森:《拉丁教父传》,第282页。

③ 汉斯·冯·坎本豪森:《拉丁教父传》,第279页。

人那样,耗尽精力去追求甚至比他们的生命还重要的财富、社会地位和功名利禄,他有足够的时间去研读卷帙浩繁的古代著作。

三是得益于狄奥多里库斯统治下罗马三十三年的和平与繁荣,以及国王对波爱修斯著书立说的支持和一个清静而宽松的环境。事实上,波爱修斯的绝大多数著作都是在当选为罗马执政官之后完成的。据他自己回忆,他基本上是在没有干扰的情况下进行写作的。

波爱修斯的著作可以分为三大类:一类是学习哲学所必备的知识,包括逻辑和其他所谓关于自由艺术(liberal arts)的著作;另一类是神学著作,主要是五篇论述三位一体等重要神学问题的论文;最后是他的主要代表作——哲学著作《哲学的安慰》。

一、论自由艺术的著作

自由艺术相当于今天的人文科学。不同时期对自由艺术的界定并不相同。从波爱修斯开始,自由艺术被固定为逻辑学、语法学、修辞学以及算术、音乐、几何学、天文学等七门。正是波爱修斯把这七门学问明确地区分为两类,其中逻辑学、语法学、修辞学称为"三科"(trivium),用于处理语言问题,为精确阐述和论证已有知识提供方法。算术、音乐、几何学、天文学称为"四艺"(quadrivium),用于处理数的问题,为哲学研究服务。

关于"三科",波爱修斯主要研究了逻辑。他把逻辑排在三科之首,认为逻辑比语法和修辞更加基本,逻辑上不成立的东西就谈不上语法和修辞。但他并非不重视后两者,相反,人们普遍认为波爱修斯著作的文采与西塞罗相比,有过之而无不及。波爱修斯的逻辑著作分为三部分:一部分是对亚里士多德和波菲利逻辑著作的翻译，一部分是对这些著作的注释，一部分是他继承和发展古代逻辑而撰写的独立的著作。

波爱修斯的逻辑译作和注释是：波菲利的《亚里士多德〈范畴篇〉导论》(Isagoge)及其注释两篇；①《范畴篇》(Categories)及其注释；《解释篇》(De Interpretatione)及其注释两篇。此外，还有《前分析篇》(Prior Analytics)及其注释；《后分析篇》(Posterior Analytics)及其注释；②《论辩篇》(Topics)及其注释；《辨谬篇》(De Sophistici Elenchis)。前三篇的注释和《后分析篇》的译本均已佚失。以上是亚里士多德《工具论》全篇。波爱修斯还对西塞罗的《论题

---

① 新柏拉图主义者波菲利曾写了《亚里士多德〈范畴篇〉导论》(Isagoge)。波爱修斯两次对该著作了注释。第一次是注释由马里乌斯·维克多里努所翻译的，大约作于505年。但波爱修斯认为维克多里努没有真正理解波菲利的注释进而亚里士多德的思想，对"种"与"属"这一对重要范畴的解释也是错误的。主要原因可能是他采用的是一个蹩脚的希腊文原本。波爱修斯不满意这个译本，于是自己翻译了《亚里士多德〈范畴篇〉导论》，并对之进行了注释，大约作于507—509年。第二篇注释更有影响。

② 关于波爱修斯是否翻译和注释过《后分析篇》长期存有争议。许多学者认为，第一个用拉丁文译注希腊原本《后分析篇》的是12世纪最重要的翻译家威尼斯的詹姆士(James of Venice)，而不是波爱修斯。根据的是著名中世纪思想史家米尼－巴罗洛(L. Minio-Paluello)于1952年对《后分析篇》拉丁译文风格的考证。米尼－巴罗洛认为，归于波爱修斯名下的《前分析篇》、《论辩篇》和《辨谬篇》文风一致，并且与众不同，可以肯定都是波爱修斯所译；但《后分析篇》风格与此迥异，倒是和威尼斯的詹姆士对亚里士多德其他著作的翻译风格完全相同。我们认为，米尼－巴罗洛所考证的《后分析篇》残篇确系詹姆士的作品，大约作于1125—1150年，但不可据此断定波爱修斯没有译注《后分析篇》。一是因为波爱修斯对亚里士多德的三段论研究颇深，而《后分析篇》中相当一部分是论述三段论的结构和推理的有效性的，在内容上与《前分析篇》具有互补性，波爱修斯不可能只翻译后者，而忽略前者；二是他在对西塞罗《论题篇》的注释中，十分明确地提到了对亚氏的《前分析篇》和《后分析篇》的翻译(参阅波爱修斯：《西塞罗〈论题篇〉注释》第32页)；三是曾有一个对13世纪《辨谬篇》的一注释本的注解援引了波爱修斯对《后分析篇》的注释(参阅埃伯森：《波爱修斯论亚里士多德的〈后分析篇〉》)，该注解具有较大的可信度。据此基本可以断定，波爱修斯确实完成了《工具论》全篇的翻译和注释，不过《后分析篇》的译本已佚。

篇》进行了注释。

除了翻译和诠释古代逻辑学著作,波爱修斯还撰写了一系列具有独到见解的逻辑学论文,它们是:《论划分》(De Divisione);《论直言三段论》(De Syllogismis Categoricis);《直言三段论导论》(Introductio ad Syllogismos Categoricos),该论文未完成;《论假言三段论》(De Hypotheticis Syllogismis);以及《论论题区分》(De Topicis Differentiis)。波爱修斯虽然对定义有些研究,但没有写过专门的著作或论文,许多学者归为波爱修斯的《论定义》(De Definitione)实际上是马里乌斯·维克多里努(Marius Victorinus,300—363年)的著作。

波爱修斯还对"四艺"进行了深入的探究,大约在503年,写出了《论算术原理》(De Institutione Arithmetica)、《论音乐原理》(De Institutione Musica)、《论几何学》(De Geometria)和《论天文学》(De Astronomia)。关于自由艺术的著作是波爱修斯最早完成的著作,因为他认为要学好哲学和神学,必须首先掌握自由艺术。这些著作为波爱修斯赢得了在学术上的名声,狄奥多里库斯也正是通过这些著作了解到波爱修斯的才学,特别是在音乐和机械方面的特长。

二、神学论文

波爱修斯是继圣奥古斯丁之后用新柏拉图主义理论解释"三位一体"、"道成肉身"、"至善"、"上帝的永恒性"等基本教义问题的最重要的教父,"重要性仅次于奥古斯丁"。[①] 他发展和补充了以

---

① 瓦伦、奥波伊尔:《新天主教百科全书》,第11卷,第1104页。

往教父学没有涉及或涉及未深的问题,使基督教教义得以完成。他和奥古斯丁一起被认为是"教父学的最后界标"。[①] 波爱修斯之后的两个半世纪,哲学好像突然间消失了,欧洲文化进入了最黑暗的时代;而波爱修斯的著作成为惟一一盏明灯,照亮了整个拉丁世界。一直到9世纪的约翰·斯科特·厄里根纳(John Scotus Erigena,约 810—877 年)和 11 世纪的圣安塞伦(St. Anselmus,1033—1109 年)出现后,哲学才开始复苏。

波爱修斯论基督教教义的著作主要是《哲学的安慰》(De Consolatione Philosophiae)及论上帝的神学论文五篇(Tractates 或 Opuscula Sacra)。这些论文是波爱修斯在与东方神学家讨论三位一体问题、反对异端教派的过程中写的。它们是:

I.《三位一体是一个上帝而不是三个上帝》(Trinitas Unus Deus ac Non Tres Dii 或 De Trinitate);

II.《圣父、圣子、圣灵是否从实体上指称上帝》(Utrum Pater et Filius et Spiritus Sanctus de Divinitate Substantialiter Praedicentur);

III.《实体如何因存在而善,而不因实体性的善而善?》(Quomodo Substantiae in eo Quod Sint Bonae Sint cum Non Sint Substantialia Bona);

IV.《论天主教的信仰》(De Fide Catholica);

V.《反尤提克斯派和聂斯托利派》(Contra Eutychen et Nestorium)。

五篇论文的先后顺序是有争议的。上述排列是一种传统顺

---

① 里瑟主编:《读者文学指南》,第 4 卷,第 71 页。

序,根据的是卡西奥多鲁斯对波爱修斯关于"三位一体"问题的介绍。现代学者根据论文所涉及的历史事件及内容上的相互关系推定,最先完成的是论文 V,然后是 II 和 I,最后是 III 和 IV。①

《反尤提克斯派和聂斯托利派》大约写于 512 年。波爱修斯通过逻辑分析的方法,驳斥了泛滥一时的基督教异端教派聂斯托利派和尤提克斯派的教义,认为聂斯托利派的基督二性二位说和尤提克斯派的基督一性论(Monophysitism)都是荒谬的。批判异端教派的目的在于维护基督教正统教义,为查尔西登公教会议(Council of Chalcedon,451 年召开)再次确认的"三位一体"和基督二性说辩护。这一思想构成了《三位一体是一个上帝而不是三个上帝》和《圣父、圣子、圣灵是否从实体上指称上帝》的主要内容。因此,这两篇论文中得出的结论可以视为《反尤提克斯派和聂斯托利派》一文的最后结论。

《三位一体是一个上帝而不是三个上帝》和《圣父、圣子、圣灵是否从实体上指称上帝》这两篇论文写于 519—523 年。从内容上看,《圣父、圣子、圣灵是否从实体上指称上帝》写在《三位一体是一个上帝而不是三个上帝》之前。因为后者的第五章实际上是对《圣父、圣子、圣灵是否从实体上指称上帝》的主题的进一步论述和发展。

波爱修斯在这两篇论文中,运用亚里士多德的逻辑方法证明上帝是圣父、圣子、圣灵的统一体。值得一提的是,波爱修斯对人们在论述"三位一体"等神学问题时经常应用的一些亚里士多德主

---

① 参阅迈尔:《波爱修斯的神学论文》。见吉伯森主编:《波爱修斯生平、思想及其影响》,第 207—211 页。

义（Aristotelianism）的范畴有着自己的看法："当这些范畴被应用于关于上帝的论述时，其含义就完全改变了。"①而正是由于概念混淆或错误，才导致种种异端邪说。所以，波爱修斯有意使用一些新的或不为人们所熟悉的概念，而对于易混淆的概念，如"本性"（natura）、"位格"（persona），则首先定义，然后才把它引入神学领域。

《实体如何因存在而善，而不因实体性的善而善？》（以下简称《实体如何因存在而善》）有着更多的理性分析。波爱修斯在其中严格区分了范畴 esse（可译为"单纯存在"）与 id quod est（可译为"是这个"），并按照柏拉图主义的原则，规定了其基本含义："单纯存在"是纯形式，"是这个"则是对纯形式的分有。这是一组论述"三位一体"问题的关键范畴。托马斯·阿奎那（Thomas Aquinas, 1224/5—1274 年）后来把二者之区别发展为 essence（可译为"本质"）与 existence（可译为"存在物"）的区别。②

《论天主教的信仰》对基督教教义作了全面的论述，驳斥了阿里乌斯派、撒伯流斯派（Sabellianism）和摩尼教。其目的在于鼓动人们信仰天主教。但该篇论文在风格上与其他四篇有很大的不同，全文充满教条式的说教，少有理性论辩，以致有的学者怀疑它是伪作。

波爱修斯在上述论文中，充分实现了他早年在《亚里士多德〈范畴篇〉导论》注释（第一篇）中所说的"哲学就是追寻上帝"③的

---

① 波爱修斯：《论三位一体》，第 4 章。见洛布古典丛书：《波爱修斯》，第 17 页。
② 参阅吉尔松：《圣托马斯·阿奎那的基督教哲学》，第 1 部分，第 1 章。
③ 米涅（Migne, A., 死于 1875 年），《教父学全集》，第 64 卷，10D—11A。转引自瓦伦、奥波伊尔：《新天主教百科全书》，第 2 卷，波爱修斯词条。

心愿,用哲学的理性思维解释神学问题。"尽管其内容基本上是奥古斯丁主义的,但波爱修斯所使用的术语和论证方法均不同于奥古斯丁,……他第一次应用亚里士多德主义的形式逻辑理论为基督教神学服务。"①第一次使用了"神学"(theologia)一词,说明他已把"追寻上帝"作为一门学问或科学。这与奥古斯丁及其以前的教父的信仰主义有了根本区别。开创了中世纪理性神学的先河。波爱修斯因此被称为经院哲学的第一人。他的神学论文是拉丁教父学的重要组成部分,成为中世纪神学家注释和研究的经典。最先注释这些神学论文的是加罗林王朝(Carolingian)哲学家欧塞尔的雷米吉乌斯(Remigius of Auxerre,约841—908年)。随后,夏特尔(Chartres)的经院学者和托马斯也对波爱修斯的神学论文进行了注释。有人甚至认为,在神学上,"波爱修斯是托马斯的理论先驱"。②

三、《哲学的安慰》

《哲学的安慰》是波爱修斯的最后一部著作,是他被判叛国罪后于监狱中写成的。这既是一部论述神学和哲学问题的巨著,又是文学史上的不朽篇章。

该著从形式上看是典型的新柏拉图主义的,然而作者仅仅是用新柏拉图主义的哲学语言表达基督教的神学内容。波爱修斯采用散文与诗歌交替的形式和对话的方式,描述了他与代表理性的哲学女神一起探讨人生与信仰的过程。全书共分五卷。第一卷,

---

① 埃利亚特主编:《宗教百科全书》,第2卷,波爱修斯词条。
② 斯图尔特、兰德:《波爱修斯的一生》。见洛布古典丛书:《波爱修斯》,第 xii 页。

描述自己的境遇和愤懑不平的心情;第二卷,指出世俗的幸福的不可靠;第三卷,讨论最高的幸福和至善;第四卷,论恶的本质;第五卷,论天命与人的自由意志的关系。全书以善恶问题为中心,然后在证明人有自由选择的意志之后,劝诫人们弃恶扬善,向上帝复归。

波爱修斯通过严密的哲学思辨告诉人们,单纯信仰只能带来种种困惑,应该去追求智慧,凭借理性建立信仰。不要沉迷于世俗的名利与享受,因为这是一切痛苦和疑虑之源,只会使人产生更多永无满足的欲望,"真正的幸福与上帝在一起"[①]。至于恶,他继承了新柏拉图主义者普罗提诺的"缺乏说",认为恶是善的完满性的缺乏与背离,这同时意味着至善的存在。不存在自然的恶,恶只是一种现象。无人有意为恶;但由于人的认识能力与上帝的认识能力相比存在差距,却总是按照自己对善的理解去追求至善,因而导致种种背离至善的恶果。惟一的办法就是信仰上帝,赞美上帝,让自己的心灵与上帝靠近,这样就会得到至善,而彻底与恶划清界限。因此,人们完全可以把握自己的命运,弃恶从善。这一思想显然有别于奥古斯丁的不能给人带来半点希望的原罪说。关于上帝的预知(天命)与人的自由意志之间的关系,波爱修斯也做了不同于奥古斯丁的预定论的回答(有的神学家把波爱修斯的观点称为预知论)。他认为,生活在时间中的人"存在于现在,来自过去,走向未来……(因而)不可能同时拥有生活的全部过程,未来尚未把握,而过去已经过去。一天一天的生活只不过是流动变迁的时刻。

---

① 波爱修斯:《哲学的安慰》,第3卷,第10章。见洛布古典丛书:《波爱修斯》,第277页。

因此,时间中的一切东西……尽管没有开端和结束,并且它的生命在无限的时间中延展,但都不能称之为真正的永恒"。① 而上帝处在"永恒的现在"(eternal present)中,是超越时间的,对他来说,人世间过去、现在、未来所发生的一切都是眼前的东西,上帝的预知就是规定这些东西,即规定整个世界的秩序。但上帝并不预定或规定时间中的一切具体事物和现象的具体进程,世界存在着很多偶然性的东西,而这些偶然性的东西是人们可以通过自由意志来选择的。因此,人的自由选择与上帝的预知并无矛盾。人们有选择向善的自由。

波爱修斯的著作不仅保存了大量的古代思想文化,他本人的思想也对中世纪哲学和神学的发展产生了深远的影响。特别是从10到12世纪,整个学术界似乎都是在讨论波爱修斯本人的思想,或者由他提及的古代哲学流传下来的问题,人们甚至毫不吝惜地把这一时期称为波爱修斯时代(Boethian Age),同从12世纪开始的亚里士多德主义复兴时代相提并论。②

---

① 波爱修斯:《哲学的安慰》,第5卷,第6章。见洛布古典丛书:《波爱修斯》,第423页。
② 爱德华兹主编:《哲学百科全书》,波爱修斯词条。

西方教育再没有比否定逻辑更危险的事。那些拒绝逻辑的人必定会犯错误,只有理性才能发现永恒的真理。——波爱修斯

波爱修斯的辛劳给了逻辑学五百年的生命:哪一位逻辑学家能说他的工作达到了如此高的成就?哪一位逻辑学家还能指望得到比这更高的评价?——乔纳森·巴内斯

第二章 伟大的逻辑学家

尽管波爱修斯反复强调逻辑学的重要性,但他显然无意成为一位逻辑学家,他研究逻辑的惟一目的就是为其神学论证服务。然而,逻辑学是一门系统性和连续性很强的理论,波爱修斯不可能对古代逻辑断章取义而能使对逻辑学并不熟悉的罗马人理解其思想。因此,他必须首先展现逻辑学的全部内容,特别是那些对哲学和神学论证极为重要,而他自己又多次使用的理论。这样,在波爱修斯的全部著作中,逻辑著作占了很大比例。从某种意义上说,波爱修斯是惟一一位既精通逻辑,又将逻辑充分运用于神学和哲学思辨的古代拉丁教父。他对亚里士多德的《工具论》进行了翻译、注释和全面而深入的研究,在模态逻辑以及以假言推理为核心的命题逻辑方面有独到的见解,他还创造了大量的逻辑术语,有些一直沿用至今。所有这些使他成为"黑暗时代"少数几位能称得上逻辑学家的人,在西方逻辑史上占有重要地位,是晚期罗马逻辑学说

的顶峰,中世纪逻辑学进步的最重要源泉。

第一节 古代逻辑的发展状况

对亚里士多德逻辑学的发现、发展、注释是自亚里士多德创立逻辑学之后逻辑学研究的一个重要主题。这种研究吸引了每一时代几乎所有的杰出思想家,并且深入到了包括哲学、神学、修辞学、语法学、诗学等在内的几乎所有学科领域。特别是在罗马晚期和中世纪早期,亚里士多德是哲学真理的最主要权威之一,因而这种倾向表现得尤为明显。这一时期在逻辑学甚至某些哲学问题上取得的重要贡献,很多都直接来源于对亚里士多德逻辑学的注释。波爱修斯便是这些注释家中最卓越的代表。由于这种研究具有前后一脉相承性,因此,考察波爱修斯的逻辑思想以及他对逻辑学所做的贡献,必须首先考察波爱修斯之前古代逻辑学的发展状况。本书不打算考察这一时期的所有逻辑学家,而只考察那些对逻辑学的发展有着重要的促进作用,并且对波爱修斯的逻辑研究产生过重要影响的逻辑学家。

一、亚里士多德的逻辑学

学者们普遍认为,逻辑学起源于古希腊,亚里士多德是逻辑学的主要创始人。他所著的《范畴篇》(Categories)、《解释篇》(De Interpretatione)、《前分析篇》(Prior Analytics)、《后分析篇》(Posterior Analytics)、《论辩篇》(Topics)和《辨谬篇》(De Sophistici Elenchis)被其弟子汇编成为亚里士多德逻辑学的标志性著作《工具论》(Organon)。此外,他在《形而上学》等著作中也论述了逻辑问题。但亚里士多德并没有使用"逻辑"一词,而是使用"分析"或"分析学"(analytica)表示关于推理的理论。西塞罗最早使用"逻辑"(logica)一词,但"其意义与其说是逻辑的,不如说是论辩的"。① "'逻辑'一词直到亚弗洛底细亚的亚历山大使用它为止大约五百年的时间内并没有获得它的现代意义(即研究推理及其有效性标准的科学——引者注)。但是以后称为逻辑的这个研究领域是由《工具论》的内容决定了的。"②

《工具论》研究的并不全是现代意义上的纯逻辑问题,或者说,除纯逻辑问题外,它还研究哲学(形而上学)问题。当然,其中大多数哲学问题在相当程度上可以看作是哲学逻辑问题。而现代意义的逻辑学除了研究纯逻辑之外,也研究诸如亚里士多德在《工具论》中所研究的那些哲学逻辑问题。

《工具论》中为人公认最早完成的著作《范畴篇》,是《工具论》诸篇中最具有"哲学性"的一篇,其许多理论实质上是形而上学的,而既非纯逻辑、又非哲学逻辑的。人们把它作为逻辑著作,其实只是按照一种传统习惯。但正因为人们一直把它作为逻辑著作,在对它的解释中,或多或少地掺杂进了逻辑问题,因而,它曾对逻辑学产生了重大的影响,有些影响并非积极的(如把非必然得出的东西当作逻辑)。因此,有必要对《范畴篇》的内容做一简要述评。

《工具论》的其他篇目都直接或间接地与论证或推理有关,惟有《范畴篇》与此无关。亚里士多德在《范畴篇》中,主要考察了十类范畴:实体(如"人")、数量(如"两肘长")、性质(如"白色的")、关

---

① 罗斯:《亚里士多德》,第23页。
② 威廉·涅尔、玛莎·涅尔:《逻辑学的发展》,第31页。

系(如"大于")、何地(如"在市场")、何时(如"昨天")、所处(如"坐着")、所有(如"穿鞋的")、活动(如"分割")和遭受(如"被分割")等。他认为用这十类范畴足以表述一切事物;人类的语言尽管丰富多彩,但也逃不出这十类范畴。

亚里士多德对这些范畴做了区分。他认为,实体是最核心和最基本的范畴,其他范畴都是对它的属性的描述。他又区分了第一实体和第二实体:"实体,在其最严格、最原始、最根本的意义上说,是既不述说一个主体,也不存在于一个主体之中,如'个别的人'、'个别的马'。而人们所说的第二实体,是指作为种(species)而包含第一实体的东西,就像属(genera)包含种一样,如某个具体的人被包含在'人'这个种之中,而'人'这个种又被包含在'动物'这个属之中。所以,这些就称为第二实体,如'人'这个种,'动物'这个属。"①这就是说,作为种的"人"和作为属的"动物",尽管能述说某一个主体——如"苏格拉底是人",但并不存在于主体之中,因此,它们不是真正的实体。再如"语法知识",尽管并不述说一个主体,但存在于心灵这种主体之中,也不是实体。"知识"不但存在于心灵这一主体之中,且述说"语法"这一主体,因而也不是实体。只有诸如个别的人、个别的马这类实体,既不可以用于述说主体(即只能作为谓词),也不存在于主体之中,才是真正的实体,即第一实体。因此,第一实体就是个别的具体事物,第二实体就是个别的具体事物的属和种。只有第一实体才是独立存在的,而属于其他范畴的东西都不是能独立存在的,因而第二实体也是不能独立存在的。第一实体和第二实体的区分实质上就是个别与一般的区分,

---

① 亚里士多德:《范畴篇》,2a,10—15。

殊相（particulars）与共相（universals）的区分。在这个问题上，亚里士多德明确反对柏拉图把共相说成是可以分离的独立存在的实体的观点。他认为，没有个别的实体，就没有它们的属和种，"如果第一实体不存在，那么其他一切都不可能存在"。① 亚里士多德关于个别与一般的关系，是以后的注释家所着重关注的问题之一。

但亚里士多德的《范畴篇》有两个令人困惑的地方。一是他是否区分了用语和用语所表达的东西，或语词和一般的事物之间的差别；二是他是否只研究了谓词，还是研究了包括主词在内的一般词项。这些都是不清楚的。② 我们这里所关心的是第一个问题：亚里士多德似乎注意到了两者的区别，即某一个符号究竟是指称一个语词，还是指称某个实体，所以他有时在某个记号的前面加上中性冠词（现代逻辑学家一般通过对语词加引号的方式对两种不同用法做出区分），来说明该记号仅代表这个语词，但他没有一贯这么做，没有明确指出两者的区别及其必要性。例如，他只用一个希腊记号 anthropos 去指称人、"人"字和人性，实际上，表达作为第二实体的属和种的那些记号，究竟是指称某个语词、某个概念还是某个事物，亚里士多德基本上都没有说明。这种含糊给中世纪共相理论的研究造成了极大的困难，也带来了巨大的分歧（参阅本章第三节）。

《范畴篇》是亚里士多德《工具论》中十分流行的一篇，波菲利写了著名的《〈范畴篇〉导论》，波爱修斯翻译了《范畴篇》，对它进行了注释，并两次注释了波菲利所写的导论。

---

① 亚里士多德：《范畴篇》，2b，5。
② 参阅威廉·涅尔、玛莎·涅尔：《逻辑学的发展》，第34页。

《解释篇》也是为中世纪思想家们所普遍关注的一篇论文,波爱修斯翻译了它,还分别为不同层次的读者做了两篇注释。《解释篇》主要研究命题及其命题之间的对当关系。亚里士多德首先考察了命题、语句、语词、声音之间的关系。他认为,一个语句可以分析为名词和动词。"名词是因约定俗成而具有某种意义的与时间无关的声音。……(但)声音本身并非名词,只是在它作为一种符号时,才成为名词。"① 动词与名词不同,"动词是不仅具有某种特殊意义而且还与时间有关的词"。② 因为"动词表示的只是由其他事物所述说的某种情况,例如,由主项所述说的某种情况,或在主项中被述说的某种情况"。③ 至于语句和命题之间的关系,亚里士多德认为,语句是一连串有意义的声音,即语句都是有意义的,但"并非任何语句都是命题,只有那些自身或者是真实的或者是虚假的语句才是命题"。④ 也就是说,一个语句要成为命题,必须具有真假,而且二者只居其一。然后,他对命题进行了两种分类。第一类是肯定命题和否定命题,第二类是全称命题、特称命题和单称命题。前者是按命题的质所做的划分,后者是按命题的量所做的划分。亚里士多德对命题的真假以及命题之间的真假关系进行了分析。特别是他在《形而上学》中,对命题的真假做了"符合论"的定义,这对逻辑真理论产生了重要的影响。他认为,如果一个命题断定存在者存在或不存在者不存在,那么,这一命题就是真的;如果一个命题断定存在者不存在或不存在者存在,那么,这一命题就是

---

① 亚里士多德:《解释篇》,16a,20—30。
② 同上,16b,6。
③ 同上,16b,11—12。
④ 同上,17a,1—5。

假的。① 他又指出，如果一个命题所断定的相结合的东西实际上也是结合的，或相分开的东西实际上也是分开的，那么，该命题就是真的；如果一个命题所断定的对象与实际情况是相反的，那么，这一命题就是假的。②

在《解释篇》中，亚里士多德还特别分析了关于未来事件的模态命题的真假，并且在《前分析篇》中继续讨论了模态命题三段论。③ 关于未来事件的模态命题的真假不仅是纯逻辑问题，而且是形而上学问题。这一问题激起了后世哲学家和逻辑学家的深入研究，特别是对中世纪神学家论证上帝的预知与人的自由意志的一致性产生了重要的影响。

《工具论》的其他篇目属于纯逻辑研究。其中《前分析篇》研究三段论，这是亚里士多德对逻辑史最具有影响性的著作，至今仍是传统逻辑的主要内容。《后分析篇》的大部分研究证明理论，也研究了定义、演绎方法等问题。《论辩篇》研究论辩的推理，以"寻求一种方法，通过它，我们就能从普遍接受所提出的任何问题来进行推理；并且，当我们自己提出论证时，不至于说出自相矛盾的话"。④ 亚里士多德在《论辩篇》中提出了著名的"四谓词理论"（即关于定义、固有属性、属和偶性四谓词的性质、特征和用法的理论），该理论对亚氏之后的哲学家和逻辑学家研究共相问题产生了巨大的影响。《辨谬篇》分析谬误和诡辩，并提出反驳的方法。中世纪早期，只有波爱修斯翻译和注释了这后四篇论文。但这些译

---

① 参阅亚里士多德：《形而上学》，1011b，25—30。
② 参阅同上，1051b，1—5。
③ 参阅亚里士多德：《前分析篇》，第1卷，第13—22章。
④ 亚里士多德：《论辩篇》，100a，20—22。

本和注释均已佚失,直到12世纪才被人们发现,因而亚里士多德的这些论文对中世纪早期的哲学和逻辑学并无直接影响。

二、斯多噶学派的逻辑学

亚里士多德的逻辑学主要研究简单命题(主要是直言命题)及其推理,属于谓词逻辑,而缺乏对复合命题的研究,即没有对命题逻辑的研究,这使得他的逻辑学具有很大的局限性。对传统命题逻辑做全面而深入的研究是从斯多噶学派(Stoics)开始的。

在斯多噶学派之前,有一个著名的逻辑学派麦加拉学派(Megarians),其学术活动比亚里士多德还早100年左右。麦加拉学派对逻辑学的最大贡献是发现和研究了悖论以及条件句的性质。对条件句的研究是命题逻辑的一个必不可少的环节,所以,人们一般认为,古典命题逻辑理论是由麦加拉和斯多噶两个学派共同建立起来的。但命题逻辑的实质和核心理论从斯多噶学派开始才有了专门的研究。该学派是从麦加拉学派直接发展过来的。其创始人芝诺(Zeno of Citium,约前336—前264年)是麦加拉学者斯蒂波(Stilpo,前370—前290年)的学生,主要代表还有克林塞斯(Cleanthes,前313—前232年)、克里西普(Chrysippus,约前280—前207年)等。

斯多噶学派不仅延续了亚里士多德逻辑学的研究思路,而且把握了亚氏逻辑的研究方法,他们还"研究了亚里士多德所没有研究的内容,因此在逻辑领域取得了既符合亚里士多德的精神,又与亚里士多德的三段论不同的杰出成就"。[①] 斯多噶学派的逻辑学

---

① 王路:《逻辑的观念》,第91页。

说对波爱修斯产生了重大的影响,以至于许多逻辑学家把波爱修斯的命题逻辑理论看作是斯多噶学派命题逻辑的最后结论。

哲学史上,关于逻辑学的性质或者说逻辑学在哲学中的地位一直存有争议,这种争议集中体现在亚里士多德学派和斯多噶学派所持的不同观点。

亚里士多德及其弟子们认为,逻辑学是一种求真的工具。这一工具独立于任何一门具体科学,但对任何具体科学而言都必不可少。因为任何科学说到底都是为了寻求真理,去除谬误,而逻辑为寻求真理、去除谬误提供了一种普遍有效的方法。人们追寻真理所使用的最主要的逻辑工具就是推理,因此,亚里士多德《工具论》的绝大部分内容都是关于推理的。由于他没有使用"逻辑"一词,因此,对推理的定义同时也可看作是对逻辑的定义。他对推理是这样定义的:"推理是一种论证,其中有些被设定为前提,另外的判断则必然地由它们发生。"①"一个三段论是一种论证,其中只要确定某些论断,某些异于它们的事物便可以必然地从如此确定的论断中推出。所谓'如此确定的论断',我的意思是指结论通过它们而得出的东西,就是说,不需要其他任何词项就可以得出必然的结论。"②这就是说,亚里士多德认为逻辑学的研究对象应撇开任何具体的内容,仅仅研究那些"必然地得出"的东西,这种东西就是形式推演。亚里士多德同时还把逻辑学同修辞学区分开来,因为修辞学所研究的东西并不是"必然地得出"的东西。

斯多噶学派则认为,逻辑不仅是一种寻求真理的工具,而且也

---

① 亚里士多德:《论辩篇》,100a,25—27。
② 亚里士多德:《前分析篇》,24b,19—22。

是哲学的一个组成部分。他们认为哲学是企图产生关于人和神的事物的知识的艺术实践:"哲学有三部分:物理学、伦理学和逻辑学。当考察宇宙同它所包含的东西时,便是物理学;从事考虑人的生活时,便是伦理学;当考虑到理性时,便是逻辑学,或者也叫做论辩术。"①他们认为对哲学的这种分类可以在亚里士多德的《论辩篇》中找到依据。② 斯多噶学派还特别指出了逻辑学同物理学、伦理学等其他哲学分支之间的关系。对此,第欧根尼·拉尔修(Diogenes Laertius,3 世纪初)是这样记载的:"斯多噶学派把哲学比作一个动物,把逻辑学比作骨骼与腱,自然哲学(即物理学——引者注)比作有肉的部分,伦理哲学比作灵魂。他们还把哲学比作鸡蛋,称逻辑学为蛋壳,伦理学为蛋白,自然哲学为蛋黄。也拿肥沃的田地作比,逻辑学是围绕田地的篱笆,伦理学是果实,自然哲学则是土壤或果树。……他们中有一些人说,(逻辑学、物理学和伦理学)任何一部分也不被认为比别一部分优越,它们乃是联结着并且不可分地统一在一起,因此他们把这三部分全部结合起来讨论。但是另外一些人则把逻辑学放在第一位,自然哲学第二位,伦理学第三位。"③可见,逻辑学是哲学各分支中一个极其重要的组成部分。斯多噶学派的这种逻辑观对波爱修斯产生了直接的影响,后者在逻辑学上所取得的伟大成就,在相当大程度上正是在这一思路下取得的。

特别值得注意的是,虽然斯多噶学派认为逻辑学属于哲学,但他们并不认为逻辑学的研究对象也像其他哲学分支那样宽泛。第

---

① 北京大学哲学系外国哲学史教研室编:《古希腊罗马哲学》,第 371 页。
② 参阅亚里士多德:《论辩篇》,第 1 卷,第 14 章。
③ 北京大学哲学系外国哲学史教研室编:《古希腊罗马哲学》,第 371 页。

欧根尼·拉尔修指出:"(斯多噶学派)有人说逻辑的部分正好可以再分成两门学科,即修辞学和论辩术。有些人还加上研究定义的部分以及关于规则或标准的部分;可是有些人却不要关于定义的那部分。他们认为研究规则或标准的部分是发现真理的一种方法,因为他们在那里面解释了我们所有的各种不同的知觉。同样,关于定义的那部分被认为是认识真理的方法,因为我们是用一般概念来认知事物的。还有,他们认为修辞学是把所阐述的道理讲得更加优美的科学;论辩术则是通过问答把道理讲得正确的科学,因此,他们把它定义为是关于真、假及既不真又不假的科学。"[①]这就是说,除了包括修辞学外,斯多噶学派与亚里士多德学派所定义的逻辑学的研究对象是完全一样的,特别是斯多噶学派也强调逻辑是关于真的科学,是发现真理的一种方法。因此,斯多噶学派的逻辑与亚里士多德学派的逻辑的基本精神是一致的,"……斯多噶学派的逻辑思想体现了亚里士多德说的'必然地得出',他们提供的推理模式也满足了'必然地得出'这个要求。"[②]实际上,斯多噶学派逻辑(甚至整个逻辑学史)所取得的成就正是因为遵循了亚里士多德所指出的"必然地得出"的正确方向才取得的。

斯多噶学派在逻辑学上所取得的最大成就是他们以形式的方法研究了复合命题推理,即命题逻辑。提出了五个重要的推理规则:

(1)如果第一,那么第二;第一;所以第二。

(2)如果第一,那么第二;并非第二;所以并非第一。

[①] 北京大学哲学系外国哲学史教研室编:《古希腊罗马哲学》,第372页。
[②] 王路:《逻辑的观念》,第90页。

(3)并非既是第一,又第二;第一;所以并非第二。
(4)或者第一,或者第二;第一;所以并非第二。
(5)或者第一,或者第二;并非第一;所以第二。

尽管上述推理有些并非恒成立(指推理 4 必须在两个选言支不相容的情况下才成立),但其主要意义不在于这些规则是否正确有效,而在于它提供了一种形式化的方法,使一种推理不依赖于任何具体内容,这正是"必然地得出"的要求。斯多噶学派还研究了命题联结词之间的相互定义性和实质蕴涵。

斯多噶学派在逻辑学上所取得的巨大成就,使得他们在公元前最后两个世纪和公元后一世纪之间处于统治地位,其势头盖过了亚里士多德。

三、斯多噶学派之后的古代逻辑学

这里所述的古代逻辑是指波爱修斯之前的逻辑学,即通称的古罗马逻辑学。古罗马逻辑是古希腊逻辑的继承和发展,但与古希腊逻辑相比,古罗马逻辑在纯逻辑理论上并无多少创新,主要是翻译、注释和传播古希腊逻辑,特别是对亚里士多德和斯多噶学派的逻辑学进行了细化、补充。在众多的逻辑学家中,对波爱修斯乃至整个中世纪逻辑思想产生较大影响的首推西塞罗、亚历山大、波菲利和马里乌斯·维克多里努。

西塞罗是公认的对希腊哲学拉丁化做出最大贡献的哲学家,也是第一位致力于把古希腊逻辑翻译成拉丁文的罗马逻辑学家。他创造了大量的对应于古希腊逻辑术语的拉丁文术语,这被认为是西塞罗对逻辑学所做出的最伟大的贡献。从逻辑思想发展史上看,制定确切的逻辑术语起着至关重要有时甚至是决定性的作用。

特别是在当时,拉丁语占统治地位,是惟一的典范语言,其他语言都被认为是脱离规范的。人们也很自然要求把拉丁语作为研究和表述逻辑的惟一合法语言。而拉丁语作为逻辑术语,具有丰富的确定和区分各种细微的逻辑含义的语词,而其他语言只能通过描述来表达这些细微的逻辑含义,这是相当困难的,甚至是做不到的。[①] 因此,西塞罗的拉丁化工作就显得尤为迫切和重要。

西塞罗最有影响的逻辑著作是《论题篇》(Topica)。这是一本为他的朋友法学家特雷巴提乌斯(Trebatius)而作的著作。特雷巴提乌斯对亚里士多德《论辩篇》一书很感兴趣,但与同时代的其他学者一样,因亚里士多德的著作极其简洁抽象并晦涩难懂而对其思想内容一知半解,于是求助于西塞罗。据说西塞罗在赴希腊的旅途中想起了这件事,但手边又无亚里士多德的原著,只好凭记忆记下了这本书。从内容上看,西塞罗的《论题篇》并不是亚里士多德《论辩篇》的翻版,而有很大的差异。西塞罗不像亚里士多德那样指导人们用一种严密的逻辑理论(即四谓词理论)去进行论辩。

从2世纪开始,注释亚里士多德的著作成为学术活动最紧迫的任务之一。因为亚氏著作的艰涩使之少有人问津,这直接影响了人们对古希腊哲学的理解。2世纪末3世纪初,在普罗提诺学园系统学习过亚里士多德著作的阿弗罗迪西亚斯的亚历山大(Alexander of Aphrodisias,约200年)成为注释亚里士多德逻辑著作的最权威最准确的逻辑学家。他注释了亚里士多德的《前分析篇》

[①] 参阅波波夫、斯佳日金:《逻辑思想发展史——从古希腊罗马到文艺复兴时期》,第183页。

第一卷、《论辩篇》第八卷和《辨谬篇》，重新阐述了亚氏的三段论，特别是认为亚里士多德的三段论之所以有效，并不是因为推理的实际内容，而是因为推理的形式结构。他的注释被后世逻辑学家作为研究亚里士多德逻辑的原始资料，波爱修斯在其著作中介绍并引述了亚历山大的思想，从而使其逻辑著作在中世纪产生了深远的影响。

波菲利是本书所要着重介绍的古罗马逻辑学家，因为他的著作特别是《亚里士多德〈范畴篇〉导论》(Isagoge)对中世纪逻辑学甚至哲学的发展产生了决定性的作用，成为不可或缺的教科书，也对波爱修斯研究亚里士多德的逻辑学和其哲学逻辑思想的形成产生了重要影响。

在波菲利时代，由于新柏拉图主义者日益重视对亚里士多德逻辑著作的研究，特别是在新柏拉图主义思想研究的集中地普罗提诺学园更是成为必修课，因而亚氏逻辑的地位在拉丁世界得到了空前的提升。但由于亚里士多德不承认柏拉图思想最核心的东西——"相论"(Theory of Ideas)，即不承认共相是客观实存的东西，而仅仅认为共相即属和种是对个体事物的一种划分，他的思想和柏拉图的思想被认为是两种不同甚至是对立的体系，因而在新柏拉图学园学习和研究亚里士多德的思想就很自然地存在困难和障碍。但考虑到亚里士多德在思想史上的崇高地位，因而对其不可能一概排斥，这样一来，调和两大体系就成为新柏拉图主义者学术研究的最重要任务之一。他们的方法之一就是忽略亚里士多德范畴论的形而上学成分，把它限制在逻辑的层面，并把亚氏逻辑学从他的形而上学思想体系中分离出来。但由于亚氏在其《范畴篇》和《解释篇》中所论述的逻辑思想很难与其形而上学思想完全分割开来,新柏拉图主义者不得不在其逻辑研究中,不断加入对亚里士多德在上述两篇著作中所涉及的形而上学思想的讨论。基于其特殊的出发点,这种研究不可避免会造成对亚氏理论的误解和前后矛盾的解释。波菲利便是这些新柏拉图主义者中对亚里士多德逻辑学研究得最深入的哲学家。

波菲利对亚氏逻辑有着浓厚的兴趣,他对亚里士多德的《范畴篇》和《解释篇》都进行了注释,并且写出了著名的《亚里士多德〈范畴篇〉导论》(以下简称《导论》),作为研究亚氏逻辑学的导言。波菲利撰写上述论文的直接原因来自他的一位名为克里绍里奥斯(Chrysaorios)的求助,后者因难于理解亚里士多德的《范畴篇》而请求波菲利给他解释。

波菲利在《导论》中,提出了关于共相本质的三个问题,但他没有得出结论(下文将详述)。他还从外延的角度详细地论述了属、种、种差(differentia)、固有属性和偶性,特别是增加了不在亚里士多德"四谓词"之列的"种"(亚氏是把"种"作为主词)作为说明的概念。波菲利论述了以上五个基本概念在定义、划分、证明过程中的应用,成为中世纪著名的"五旌学说"的直接来源。而他的《导论》也因而被中世纪哲学家称为《论五旌》(De Quinque Vocibus)。

为了明确概念之间的关系,波菲利还提出了关于概念二分法的树形图,对亚里士多德的共相问题做了纯逻辑的分析,这就是著名的"波菲利树"(Porphyrian Tree)。波菲利树以亚里士多德范畴论的最基本的范畴"实体"作为划分对象:"实体本身是一个属,属的下面是有形体,有形体之下是有生命的形体,其下是动物。动物之下是有理性动物,有理性的动物之下是人。而位于人之下的是苏格拉底、柏拉图和其他单个的人。实体是最一般的(the most generic)属,它也仅仅是属(即没有比其更高的属——引者注)。人是最特殊的(the most specific)种,它也仅仅是种(即没有比其更低的种——引者注)。而有形体既是实体的种,又是有生命的形体的属。"[1]杜米特留(Dumitriu, A.)根据上述思想,把波菲利树通过下图表示出来:[2]

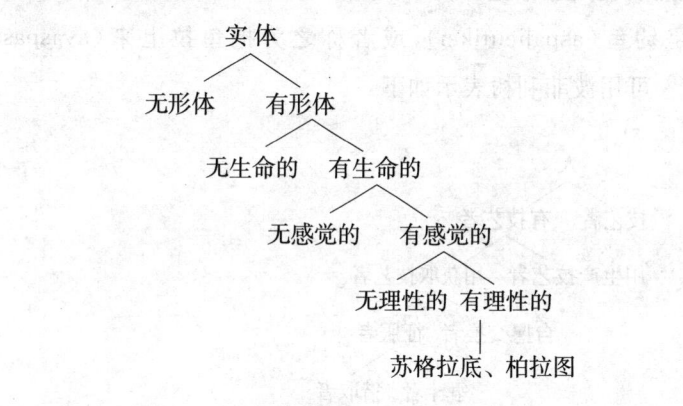

```
            实体
          ／    ＼
       无形体    有形体
              ／    ＼
          无生命的    有生命的
                  ／    ＼
              无感觉的    有感觉的
                      ／    ＼
                  无理性的    有理性的
                              │
                          苏格拉底、柏拉图
```

波菲利树可以在柏拉图的著作中找到渊源。柏拉图在其《智者篇》(Sophist)中,就是使用概念的二分法,对钓鱼者进行定义的。他认为钓鱼者绝不是没有技艺的人,而是有技艺的人。技艺又有两种,即生产的或创造的技艺和获取的技艺。获取的技艺又可再分为两部分:自愿交换和征服。征服也要分两类,明的称为争斗,暗的称为猎取。而猎取又分为猎取无生命的东西和猎取有生命的东西,即猎取动物。猎取动物不外乎猎取陆地动物,以及猎取会游泳的动物,或称为猎取水栖动物。后者分为打野禽(如鸟类)和打鱼。打鱼又可根据是用筐、网、陷阱、鱼篮或其他类似的东西

---

[1] 转引自波亨斯基:《形式逻辑史》,第135页。
[2] 参阅杜米特留:《逻辑史》,第二卷,第298页。

进行捕捉,还是用鱼钩或三齿鱼叉来打击分为围捕和钩捕。而在夜间火把下钩捕鱼称为火渔或夜渔,在白天捕鱼称为钩鱼。钩鱼中,用三齿鱼叉钩取的,称之为叉鱼,而在使用鱼钩的时候,鱼钩并没有像鱼叉那样打到鱼身体的任何部分,而只有鱼头和鱼嘴触及鱼钩,然后就用鱼竿把鱼从下往上拉起来,这种捕鱼方式的正确名称就是钓鱼(aspalieutikei),或者称之为把鱼拉上来(avaspasthai)。① 可用波菲利树表示如下:

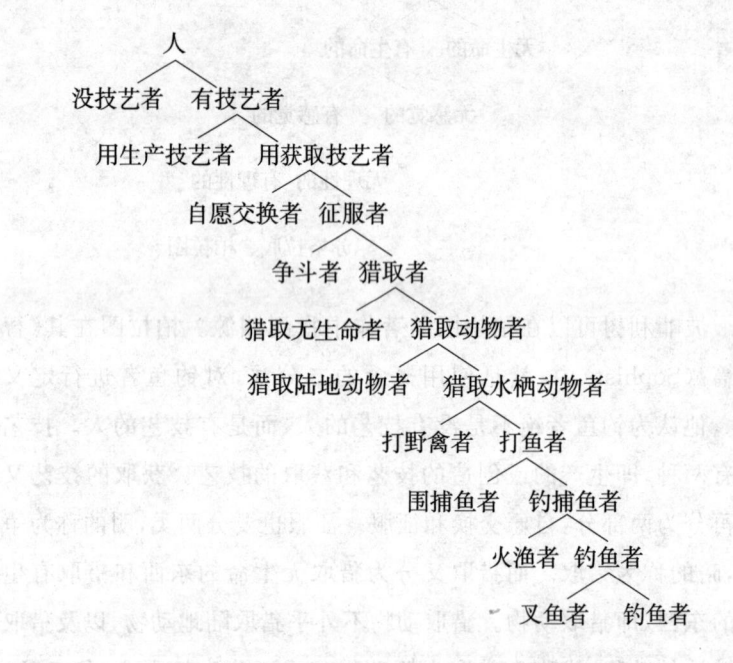

```
                    人
              ┌─────┴─────┐
           没技艺者      有技艺者
                    ┌─────┴─────┐
                用生产技艺者  用获取技艺者
                        ┌─────┴─────┐
                    自愿交换者    征服者
                            ┌─────┴─────┐
                         争斗者       猎取者
                                ┌─────┴─────┐
                            猎取无生命者  猎取动物者
                                    ┌─────┴─────┐
                                猎取陆地动物者 猎取水栖动物者
                                        ┌─────┴─────┐
                                     打野禽者      打鱼者
                                            ┌─────┴─────┐
                                         围捕鱼者    钓捕鱼者
                                                ┌─────┴─────┐
                                             火渔者      钓鱼者
                                                    ┌─────┴─────┐
                                                 叉鱼者      钓鱼者
```

波菲利树是柏拉图的概念二分法在逻辑学领域的第一次明确

---

① 参阅柏拉图:《智者篇》,219A—221C。见柏拉图:《柏拉图全集》,第三卷,第6—9页。

的应用,这实际上是波菲利对逻辑学的最大贡献之一。他指出:"属和种是不同的,因为属包含着它的种,种是包含在其属之中,而不是包含它的属。因为属比种指称更多的事物。"①就是说,属和种之间的关系应从外延上严格地区分开来。显然,"波菲利树已经包含了外延的观点,在逻辑史上这是第一次明确的表述,它有十分重要的意义,因为它使概念可以进入演算,可以说,这是类演算和逻辑形式化的开端。……波菲利借属种以及在此基础上的类包含关系建立起其概念分类体系,这是它接受斯多噶的一个观点。相反,亚氏以及经院学派的观点则大为逊色了,因为他们的思想总是离不开内涵的问题,而且多少带有形而上学的倾向。"②从内涵向外延过渡是逻辑学发展的关键所在。波菲利树有着重要的实用价值,它可以把概念之间的复杂关系直观地显示出来,中世纪和近现代仍有不少学者应用这一方法去明晰概念的种属关系。波爱修斯就是按波菲利树的分析方法,沿着外延逻辑的道路对实体进行了分类,以说明并非所有实体都有位格,而只有有理性的单个实体才有位格(本书将详述)。这是波菲利树的一次十分著名的应用。

公元4世纪,亚里士多德的《范畴篇》、《解释篇》和波菲利的《亚里士多德〈范畴篇〉导论》被来自北非的修辞学家马里乌斯·维克多里努翻译成拉丁文。维克多里努实际上是第一位真正用拉丁文翻译古代逻辑著作的哲学家。他还注释了西塞罗的《论发明》(De Inventione)、《论题篇》和亚氏的《范畴篇》等著作。此外,他还著述了《语法知识》(Ars Grammatica),以及《论定义》(De Definitione)和《论

---

① 转引自波亨斯基:《形式逻辑史》,第135页。
② 郑文辉:《欧美逻辑学说史》,第157页。

假言三段论》(De Hypotheticis Syllogismis)两篇独立的逻辑著作。

维克多里努对波爱修斯有着特殊的影响。波爱修斯在翻译和注释亚里士多德的逻辑学时，曾希望维氏的译本和注释能给他一些帮助，例如，他在第一次注释波菲利的《导论》时就参照了维克多里努的拉丁文译本。但后来他发现该著大多是对波菲利思想和亚氏逻辑的曲解。因此，在研究亚里士多德的逻辑学时，他也不再过多地关注维克多里努的拉丁文译本和注释。

维克多里努在逻辑学上的主要成就来自于他的《论定义》，这一著作通过波爱修斯而保存下来。但波爱修斯对该著与对维氏的其他著作一样评价很低，他认为文中所论述的15种定义方法过于注重修辞、论辩，而不是逻辑。中世纪的人们大多也不把它作为逻辑著作，而是把它作为培训演说家的必修著作。但从逻辑史看，这一著作是有其积极的意义。

维克多里努是圣杰罗姆(St. Jerome，约349—420年)的老师，对奥古斯丁的著述也产生了影响。355年前后，他正式皈依了基督教，这在罗马社会引起了轰动。奥古斯丁就曾在其《忏悔录》(8.2—8.5)中描述过该事件。维氏还写过一些神学论文，但都已失传。"这些事实使他后来被公认为古代世界学问的权威。正是由于这些事实，而不是由于学说的新奇，使他在逻辑史上占有地位。"[①]

奥古斯丁是这里所要介绍的最后一位涉足古代逻辑学的思想家。他不属于泛指的古罗马逻辑学家，在逻辑史上也不被经常提到，因为他没有成型的逻辑思想。但奥古斯丁对于中世纪逻辑的发展仍然有着不可忽略的贡献，表现在以下两个方面：

---

① 威廉·涅尔、玛莎·涅尔：《逻辑学的发展》，第242页。

第一,奥古斯丁重视逻辑,特别是重视逻辑在神学研究中的地位。虽然奥古斯丁被称为信仰主义神学的典型代表,但他并没有把信仰同逻辑与理性对立起来。他只不过认为,信仰应该"以赞同的态度思想"①,也就是说,信仰的东西仍然要借助于理性和逻辑,只不过理性和逻辑证明不是用来反驳信仰,而是用来支持信仰。因为人的理性来自上帝的恩典,而人之所以能用理性去认识真理,也是因为上帝对人们心灵"光照"的结果,上帝的光照带给人们进行理性认识活动的规则与方法。奥古斯丁认为,信仰的东西不可离开理性,因为在信仰之前,必须有一定的理解,否则,将不会"赞同",而信仰之后,亦需要理性加深这种信仰。他自称他的这一立场来自于维克多里努。这说明,他已开始调和哲学与神学、逻辑与神学的关系,尽管在其神学著作中并没有像波爱修斯那样大量使用逻辑技术。奥古斯丁的《论三位一体》就是一篇典型的借助于逻辑去思考上帝本性的巨著。中世纪著名思想家阿尔琴(Alcuin,约735—804年)在其主要著作《论信仰》(De Fide)中说:"圣奥古斯丁在其论三位一体的著作中,认为逻辑方法具有第一重要性:他向我们显示,关于三位一体的最基本的问题,只有通过亚里士多德的精妙的范畴理论才能得到解决。"②或许正是由于教父哲学最大代表奥古斯丁的这一倡议,诸如波爱修斯、圣安塞伦、托马斯·阿奎那等中世纪的顶级神学家们,才主张逻辑是神学研究的必备工具,逻辑能够、应该而且必须用来澄清神学教义。结果逻辑研究在神

---

① 奥古斯丁:《论圣徒的归宿》,第 5 章。转引自赵敦华:《基督教哲学 1500 年》,第 143 页。
② 转引自吉伯森:《波爱修斯的神学论文在中世纪》。见吉伯森主编:《波爱修斯生平、思想及其影响》,第 215 页。

学的"庇护"下不但没有中断,反而得到了不断的发展。

　　第二,中世纪归于奥古斯丁名下的逻辑著作(或具有逻辑意义的著作)有两本,一本是《论辩术原理》(De Dialectica),另一本是《论十范畴》(De Decem Categoriis)。其中后一本著作的作者实际上不是奥古斯丁,而是一位信奉注释家特米斯修斯(Themistius,317—388年)的拉丁学者。不过由于中世纪的人们一直把他当作奥古斯丁的著作,因而对研究亚里士多德哲学和神学的关系产生了重要影响。《论辩术原理》已被确定为奥古斯丁的作品。这是一部研究语义学的著作。奥古斯丁把语词分为简单语词和复合语词,主要研究简单语词,如这类语词如何获得其意义,如何避免歧义等。此外他还研究了命题的真与假。他的这种研究沿袭了斯多噶学派语义学研究的传统。涅尔认为该著"可以推动中世纪逻辑学家再一次为自己拟定斯多噶学派关于命题内容的理论"。[①]

第二节　波爱修斯对古代逻辑著作的翻译与注释

一、波爱修斯与《工具论》的历史

　　波爱修斯曾在《解释篇》的第二篇注释的一开始,宣布要翻译和注释他所能找到的柏拉图和亚里士多德的全部著作和柏拉图的全部对话,藉以向人们证明这两位哲学家的思想并无根本冲突,在基本概念和其他关键问题上是一致的。但这一宏愿并未实现,他

---

① 威廉·涅尔、玛莎·涅尔:《逻辑学的发展》,第243页。

最终只翻译和注释了亚里士多德的逻辑著作《工具论》。此外,在翻译《工具论》之前,波爱修斯首先翻译了波菲利的《亚里士多德〈范畴篇〉导论》。这就是他的全部译作。

关于波爱修斯翻译亚里士多德以及其他古代逻辑学家著作的次序,波爱修斯逻辑问题研究专家萨穆埃尔·布兰得(Samuel Brandt)和阿瑟·迈克金雷(Arthur P. McKinlay)用不同方法和标准,得出了相同的结论。他们认为波爱修斯是按如下的次序翻译并注释古代逻辑著作的:首先是波菲利的《亚里士多德〈范畴篇〉导论》(509/510年),然后是亚里士多德的《范畴篇》(510年)、《解释篇》(510年)、《前分析篇》、《后分析篇》、《论辩篇》、《辨谬篇》(513—514年)。[①] 从现存波爱修斯著作手稿标示的年代以及著作的上下文看,布兰得和迈克金雷的结论无疑是正确的。

波爱修斯翻译亚里士多德逻辑著作的次序恰好与普遍认同的亚氏《工具论》的标准篇目及各篇的次序一致。这显然不是一种巧合,说明波爱修斯在翻译亚氏逻辑著作之前已对它的内容有了足够的了解。虽然亚里士多德的弟子逍遥学派哲学家安得罗尼库斯(Andronicus,约前1世纪)在公元前40年左右就已编定《工具论》的篇目及其次序,但特别强调亚里士多德哲学整体次序的波爱修斯不可能不对此提出异议。因为安得罗尼库斯编纂《工具论》时,逻辑研究与非逻辑研究之间并没有明确的界限,因此他所编定的篇目和次序并没有作为权威被人们一致接受。更重要的是,安得罗尼库斯的编辑本后来失散了,连生活在公元2世纪的传记作家

[①] 参阅索伦森:《论波爱修斯与〈工具论〉历史》。见福尔曼、格鲁贝主编:《波爱修斯》,第128页。

第欧根尼·拉尔修也没有见到该文本,因此,在500年后的波爱修斯时代要想找到它就更难了,波爱修斯的著作中只字未提安氏的名字就是明证。"波菲利论辩的措辞显示出他不仅不知道,而且也没有思考过《工具论》的固定次序。"[①]波菲利之后,虽然扬布利科、西里亚努(Syrianus,？—437年)、普罗克洛以及与波爱修斯同时代的阿莫纽斯等新柏拉图主义者都注释过《工具论》的部分篇目,但他们更关心形而上学问题,对亚氏逻辑缺乏系统的了解,很难想象他们会去研究这一问题。实际上,"公元500年前,《工具论》是否真有其文(或者这些著作的固定的篇目次序)从未得到证实"。[②]罗斯甚至认为,"工具"一词直到6世纪才用于亚里士多德逻辑著作的汇编。[③]而《工具论》各篇以及《工具论》和其他著作之间在内容上也多有重复现象。决定只翻译亚氏逻辑著作的波爱修斯是知道这一点的。而他是当时惟一(至少是最主要)精通亚氏逻辑的人,没有任何别人的东西在宏观把握亚氏逻辑上具有较高的参考价值,他必须凭借自己的判断做出决定。至于他把最受争议的《范畴篇》(因为该文在相当大的程度上是一篇哲学论文)归为逻辑著作,恐怕与他主张逻辑既是工具、又是哲学的一部分有关。

我们认为,波爱修斯按照上述次序全文翻译亚氏的六篇逻辑著作,很可能是基于以下考虑:亚里士多德按如此次序撰写其逻辑著作是有道理的,符合逻辑学的特征和当时逻辑学的状况。因为亚里士多德主张逻辑是工具,特别是哲学研究的工具,而逻辑问题

---

① 索伦森:《论波爱修斯与〈工具论〉历史》。见福尔曼、格鲁贝主编:《波爱修斯》,第130页。
② 同上,第127页。
③ 参阅罗斯:《亚里士多德》,第23页,注释6。

主要来自哲学问题,许多逻辑问题是人们在哲学研究中发现的。因此,亚里士多德在撰写逻辑著作时力图体现逻辑学的这一特征,即首先从哲学(形而上学)研究中引申出逻辑问题。因此,开始的研究就会既是逻辑的,又是形而上学的,并且应作为逻辑研究的序言,而著作的开始阶段就既像逻辑著作,又像哲学著作。由此看来,把《范畴篇》、《解释篇》作为逻辑著作,并把它们(特别是前者)作为《工具论》的绪论就是理所当然的。波爱修斯认为,"任何想学习逻辑的人都必须首先阅读《范畴篇》,因为整个逻辑都是关于由命题组成的三段论的本质的,而命题由语词构成,这就是为什么知道语词意味着什么对于科学研究具有第一重要性"。[①] 逻辑研究的第二阶段主要是纯逻辑的研究,这就是《前分析篇》和《后分析篇》。最后应是对逻辑的应用研究,这就是研究论辩、证明、辨谬和反驳等的《论辩篇》、《辨谬篇》。波爱修斯明确指出,"对逻辑推理而言,《前分析篇》必须既在《后分析篇》之前,又在《论辩篇》之前,《解释篇》必须在《前分析篇》之前,而《范畴篇》逻辑地位于《解释篇》之前。"[②] 波菲利的《导论》则是《工具论》的导论。我们的结论是,波爱修斯之前许多哲学家都研究了亚里士多德的逻辑著作,但他们只是研究了著作本身,并没有对其篇目和次序加以深入地考证,波爱修斯是专门研究过该问题的第一人。他希望通过其解释,把《工具论》的篇目和各篇的次序固定下来。因此,萨穆埃尔·布兰得所谓的波爱修斯仅仅是根据他所获得的希腊文原本来确定

---

① 波爱修斯:《亚里士多德〈范畴篇〉注释》,I. 转引自麦克因纳尼:《波爱修斯与阿奎那》,第 41 页。

② 索伦森:《论波爱修斯与〈工具论〉历史》。见福尔曼、格鲁贝主编:《波爱修斯》,第 128—129 页。

《工具论》的篇目及次序的观点,[①]是值得怀疑的。

除了翻译这些著作外,波爱修斯还对它们进行了注释,其注释基本上是与翻译同时进行的。这些注释是:《亚里士多德〈范畴篇〉导论》注释两篇,《范畴篇》注释一篇,《解释篇》注释两篇,《前分析篇》注释一篇,《后分析篇》注释一篇,《论辩篇》注释一篇,《辨谬篇》注释一篇,西塞罗《论题篇》注释一篇。考虑到亚里士多德逻辑著作行文简洁且晦涩难懂,波爱修斯曾计划将它们的每一篇都注释两遍:第一遍注释仅限于展现其基本思想,是为初学者而作;第二遍注释则要发掘其深层思想和隐含意义,主要针对高级读者。但后来只有《解释篇》注释实现了这一点。

波爱修斯译注的《范畴篇》和《解释篇》是中世纪早期的逻辑学教科书,后来人们称为"旧逻辑"(logica vetus)。12世纪之前,这是人们了解和研究古代逻辑的惟一材料。《前分析篇》、《后分析篇》、《论辩篇》及《辨谬篇》四篇的译作与注释直到12世纪才被人们发现,因而称之为"新逻辑"(logica novellus)。

二、波爱修斯何以只翻译了《工具论》

极其崇尚柏拉图和亚里士多德等古代哲学家的思想,并视他们的著作为自己思想来源的波爱修斯何以只翻译了亚里士多德的《工具论》,这是一个人们在过去很少探究的问题。但这一问题并非无足轻重,因为它关系到是否正确地理解了波爱修斯的思想。

不少人认为,柏拉图和亚里士多德的著作卷帙浩繁,政务繁忙

[①] 索伦森:《论波爱修斯与〈工具论〉历史》。见福尔曼、格鲁贝主编:《波爱修斯》,第128页。

的波爱修斯从开始著述(约503年)到英年早逝只有20年的时间,因此没能完成这一艰巨工作在所难免。但实际上,这不仅仅是"时间问题"。波爱修斯在翻译完《工具论》后,又写了许多其他著作;这时他也还没有遇到政治上的麻烦。这就表明,他有足够的时间和精力去翻译既定的其他著作。波爱修斯早先的目的之一是要证明柏拉图和亚里士多德的思想没有根本分歧,因为在新柏拉图主义者看来,"柏拉图和亚里士多德是哲学真理的权威,人们应该以崇敬的方式接受他们的形而上学信仰。这意味着如果他们的思想看起来存在着分歧或对立,(对于其崇拜者来说)那将是不幸的"。[①] 例如,在波菲利之前,柏拉图主义者阿提库斯(Tiberius Claudius Herodes Atticus,101—177年)坚持要区分柏拉图和亚里士多德,但尤西庇乌斯(Eusebius Pamphili of Caesarea,约260—339年)却站出来为阿提库斯所面临的尴尬辩解。他在注释阿提库斯的著作时,援引后者的话,认为凡在那些柏拉图同亚里士多德有分歧之处,柏拉图都与《圣经》不谋而合。[②] 但在学术上从不感情用事的波爱修斯后来还是发现了两位哲学家在很多方面都是有矛盾的,有些甚至是根本性的。然而,鉴于其宗教背景和当时的学术状况,他仍不得不秉承新柏拉图主义的传统,调和这些矛盾。这种情况极大地限制了波爱修斯去完成既定目标。他的思想较多地倾向于柏拉图主义,而在方法上则主要采用亚里士多德主义。在向拉丁世界介绍柏拉图和亚里士多德的时候,为了不损害两位大师在人们心目中的崇高形象,至少不损害两者之一(因为对

---

① 查德威克:《〈波爱修斯生平、思想及其影响〉导论》。见吉伯森主编:《波爱修斯生平、思想及其影响》,第5页。
② 参阅查德威克:《波爱修斯:音乐,逻辑,神学和哲学的安慰》,第134页。

于互相矛盾的思想,必然会择其一而弃另一),波爱修斯就采取了回避的办法,即只翻译亚里士多德的逻辑著作,并且在对这些著作的注释中,最大可能地避开其中所包含的形而上学思想——因为逻辑的东西可以独立于任何形而上学学说,在纯逻辑中,柏拉图学说和亚里士多德学说不存在分歧。

13世纪初,曾有迹象表明波爱修斯还翻译了亚里士多德的《形而上学》、《物理学》、《论灵魂》,[①]但这种迹象并不充分,而从上述情况看,这种可能性基本可以排除。

除了翻译亚里士多德的《工具论》全六篇外,波爱修斯还翻译了波菲利的《导论》。《导论》实际上是波爱修斯所翻译的第一篇著作。此前,维克多里努曾翻译过该著,但该译本没有保存下来。我们是根据卡西奥多鲁斯的记载,特别是根据波爱修斯在他对《导论》的第一篇注释中的引用而得知的。在这篇注释中,波爱修斯承认维克多里努极富修辞意义的华丽文本,但认为他对发展亚里士多德逻辑学没有起到积极作用,因为其译本有许多错误,特别是对"种"与"属"这一对重要范畴的解释也是错误的,尽管有些是作为修辞学家不太容易避免的典型错误。这表明他没有真正理解波菲利的注释,进而也没有理解亚里士多德的逻辑。波爱修斯推测主要原因可能是维克多里努采用的是一个蹩脚的希腊文原本。波爱修斯不满意这个译本,于是重新翻译了波菲利的《导论》。他在翻译中参照了维氏的译本,但主要根据的是波菲利本人的希腊文本。我们今天很难分清波爱修斯的译本何处援引了维氏译本,何处直接译自波菲利。这一译本没有夹插任何评注,因而波爱修斯随后

[①] 参阅麦克基昂编译:《中世纪哲学著作选》,第1卷,第66页。

又对他自己的译本进行了注释。

波爱修斯对古代逻辑著作的翻译极其注重原作者的本义,因此他的译本基本上是逐字逐句的。他希望同时代以及后世的学者不要因为他的译本而对这些伟大的逻辑学家的思想有所误解。

波爱修斯没有翻译柏拉图的任何对话。从他所处的时代开始,直到12世纪,整个拉丁世界所能看到的柏拉图的作品只有西塞罗所翻译的《蒂迈欧篇》(Timaeus),①人们主要是通过拉丁教父的著作去理解柏拉图。而波爱修斯所翻译和注释的亚里士多德的著作,几乎成为中世纪初期人们了解亚氏思想的惟一材料来源。②尽管如此,波爱修斯还是专门写了一篇文章,以证明柏拉图和亚里士多德基本思想的一致。

第三节 波爱修斯的范畴逻辑

波爱修斯的范畴逻辑思想集中体现在他的《论划分》、《导论》的第二篇注释、《范畴篇》注释三部著作中。《论划分》是作为他的范畴逻辑学说的导论和预备理论,而两篇注释主要用来回答波菲利在《导论》中所提出的三个问题。

一、论划分

波爱修斯的范畴逻辑学说首先表现在他对划分问题的研究,这体现在其第一本重要的逻辑著作《论划分》(De Divisione)中。

---

① 参阅查德威克:《波爱修斯:音乐,逻辑,神学和哲学的安慰》,第140—141页。
② 参阅 W.C.丹皮尔:《科学史及其与哲学和宗教的关系》(上册),第117页。

此书写在对波菲利《导论》的注释之前,大约完成于504—505年。他自称写这本书的主要目的在于让读者学到一些关于属、种、种差、固有属性、偶性五谓词的实用知识,特别是如何把属划分为种,从而更加深入地理解亚里士多德和波菲利的范畴学说。因此,他要把这本书写成理解范畴学说的导论和逻辑基础。

1. 什么是划分

波爱修斯首先界定了什么是划分。他认为划分是一个多义词,它具有如下四种不同类型:

[1]把一个属划分为不同的种。

[2]把一个整体划分为不同的部分。

[3]把一个语词划分为不同的意义。

[4]关于偶性的划分。它又分为三种:(1)把一个实体(或作为主体subject的实体)划分为不同的偶性;(2)把一个偶性划分为不同的实体(或作为主体subject的实体);(3)把一个偶性划分为不同的偶性。

然后他对这些不同类型的划分一一做了分析。

划分[1]如把动物分为有理性的和无理性的,有理性的动物又可分为有死的和不朽的。再如,可把颜色分为白色的、黑色的和不白不黑的。这种划分具有一个明显的特征,即一个属划分后所得的种必须至少有两个,或者更多,但不能无限多。

划分[2]如把房子分为屋顶、墙和地基,或把人分为灵魂和肉体,或由加图、维吉尔、西塞罗组成"人"这一整体。这种划分的特点是被划分的整体由划分后的部分组成。

划分[3]如同一语词"狗"既可指称会叫的四足动物狗,又可指称笨重的海狗。这种划分还发生在一个同一语句有多重含义的时候。波爱修斯这里所区分的实际上是语词与概念、语句与命题。同一语词可以表达不同概念,同一语句也可以表达不同命题。

划分[4]都与偶性有关。(1)是说,当我们说有些人是白色的,有些人是黑色的,有些人是适中色的时,白色、黑色、适中色并不是人的种,而只是人的偶性,"人"也不是这些颜色的属,而只是它们的主体。这就是把一个实体分为不同的偶性,即按实体的偶性对它们进行区分。当我们追寻事物时,这些事物或者存在于灵魂中,或者存在于肉体中,而我们所追寻的实际上只是灵魂或肉体的偶性,而不是其属,灵魂和肉体也不是这些事物的种,而是它们的主体。这就是把一个偶性分为不同的实体,即按偶性所处的不同主体对它们进行的划分。(2)就属于这种划分。(3)是将偶性按其更低一层次的偶性对它进行分类。例如,在白色的事物中,有些很坚硬,比如珍珠,有些是液体的,比如牛奶。而液体、白色和坚硬都是偶性,因此,当把白色分为坚硬的和液体的时,即是把偶性划分为偶性。

波爱修斯认为,与前三种划分相比,第四种划分显然不同。前三种划分都是对固有属性的划分,而第四种划分只是对偶性的划分,即前者的划分标准是固有属性,后者的划分标准是偶性。但前三种划分之间也存在着差别:

划分[1]与划分[3]的区别是:语词很自然地指称不同的意义,属只是指称不同的事物,而不是意义;属相对于种更加普遍是从本质上看,而语词只是在意义上比其划分子项[①]更加普遍,即具有更

---

① 母项与子项是"逻辑划分"的正式术语,只有被划分的东西与划分后所得的东西之间是属种关系,才可以称为母项与子项的关系,这里只是为了述说的方便而在非严格的意义上使用这一对概念,其实语词和它所指称的概念之间并非属种关系,因而也不是严格意义上的母项与子项的关系。

多的意义;语词划分的子项只是从母项那里得到相同的名字,而属的划分的子项不仅从母项那里得到相同的名字,而且得到相同的定义,即相同的固有属性(但非其自身的偶性,自身的偶性就是所谓的种差);对语词所指称的意义的划分在不同地并不完全相同,因为同一意义在不同地可有其不同的名字。因此对语词的划分是基于不同习俗、传统以及不同的命名,而对属的划分是基于其本质,因而在所有地方都是相同的。

波爱修斯这一说明有两点是有意义的。其一,语词自然指称意义,但属并不自然地指称意义,而是指称事物;其二,对语词所指称意义的划分是不定的,因为不同地区有不同的语言习俗,而对属的划分是确定的,因为它涉及的是本质。任何一种对各地来说都是相同的东西必须涉及本质,而哲学是涉及本质的东西,因此,它可以撇开对语词本身的研究,把它留给语法学家。这一点显然有助于波爱修斯理解何以亚里士多德在《范畴篇》中着重讨论的是作为最高的属的范畴如何指称具体事物,而不是对范畴本身进行语言学研究。

需要特别指出的是,尽管很难说波爱修斯第一个注意到并论述过语词与概念之间并非一一对应,同一语词可以有多种涵义,可以指称不同的概念,但他的确是第一个把这第三种类型的划分同其他类型的划分严格区分开来,并把这一逻辑问题引申到神学思辨和论证的哲学家。他在论述对于他的基督论极其重要的两个概念"本性"与"位格"时,就指出拉丁人对神的位格的错误理解极有可能来自对希腊语词 prosopon 的错误理解,即不知道 prosopon 既可以指称假面具,又可以指称具有理性本性的单个实体,而是认为它仅仅具有前一种意义,因而导致基督论的异端。(参见第四章

第三节)

划分[1]与划分[2]的区别在于:属是从性质上被划分为种,整体是从数量上被划分为部分;从本质上看,属在种之前,而整体在其部分之后;属是种的质料(matter),而部分是整体的质料;种都与属相同,而部分并不总与整体相同。

波爱修斯认为属是种的质料,这一点对于他论证三位一体问题是十分重要的。既然一个属的所有种都有相同的质料,而这些种之间显然是存在差别的,因此,其差别肯定不是因为质料的原因,而是因为形式的原因,因为一切事物都只由形式和质料构成。这就是说,一事物之所以成其为该事物而不是别的什么东西,不是因为构成它的质料,而是因为其与众不同的形式,"种差是形式",[1]形式上相同的事物就是本质相同的事物,实际上就是同一事物,质料的差别不会给事物带来什么。因此,既然上帝是纯形式的实体,而纯形式只有一个,因而,只有一个上帝,而不可能是三个上帝。上帝没有任何质料,即使有,也不会影响上帝只有一个这一本质。(参阅第四章第四节)

种都与属相同,而部分并不总与整体相同,它们并不总是整体的种。波爱修斯的这一观点具有重要的逻辑意义,这实际上是真正逻辑意义上的"划分"与一般的"分解"之区别。把属分为若干种,这种划分是真正逻辑意义上的划分,即划分的母项是一个属,子项是一个种,母项与子项是属种关系,类与分子的关系,凡母项所具有的性质都必然为子项所具有。这就是波爱修斯所说的种都

---

[1] 波爱修斯:《论划分》,3a。见克里斯曼、斯汤普:《剑桥中世纪哲学著作》,第1卷,第19页。

与属相同的逻辑含义。而由加图、维吉尔、西塞罗组成一个整体的"人",实际上是一个集合概念,即由所有人构成的一个集合体,而不是一个"类",因而"人"不是作为属的普遍概念,加图、维吉尔、西塞罗也不是它的种。这种"划分"并不是真正逻辑意义上的划分,而是"分解",即整体分为部分,集合体分为个体,整体或集合体所具有的性质并不必然为部分或个体所具有,整体与部分之间的差别也正在于各部分相结合而形成的那些东西,并不必然为每一部分所具有。例如,当说人是由古猿进化而来时,并不能说加图、维吉尔、西塞罗是由古猿进化而来,他们并不具有作为集合体的"人"的这种意义上的性质。再如,把人分为头、手、躯干和脚,把一本书分为若干行,把一行分为若干语词,把语词分为音节,把音节分为字母等等,也都属于这种类型的划分。这就是他所说的部分并不总与整体相同的逻辑含义。必须把"分解"同逻辑意义上的"划分"区别开来。否则在进行定义时,就很难避免逻辑错误。

划分[2]与划分[3]的区别是比较简单的:整体由部分构成,而语词并不由它指称的事物构成。这就是为什么一个整体在它的部分被拿走后将不复存在,而语词在它所指称的事物的一部分被拿走后依然存在。

2. 如何对属进行正确的划分

在以上的四种划分中,波爱修斯特别强调的就是第一种类型的划分,即把属分为种。他认为这是真正的划分。

要理解如何对属进行正确的划分,就必须首先理解何为属、种、种差、固有属性和偶性,以及它们之间的关系。波爱修斯在其整个逻辑理论中,都十分重视对这五谓词的研究。在后来对波菲利的《导论》所做的两篇注释中,他还特别提到了研究这一问题的重要性。他说,亚里士多德试图用十个属(即十范畴)去指称一切事物,但由于这些属都是最高的属,即没有任何其他的属可以置于其上,因此,纷繁复杂的事物都是这十个属的种;这些属是通过种差来区分的;由种差区分的事物必然具有其固有属性,而固有属性显然与偶性是不同的。因此,对十范畴的理解实质上转向了对属、种、种差、固有属性和偶性五谓词的理解(亚里士多德把种差与属并列,当作同一种谓词,因为他认为种差具有类的属性)。"的确,我们必须首先理解何为属,才能理解亚里士多德置于其他事物之前的十个范畴;而关于种的知识对于理解任何属的种是什么是极有价值的。因为如果我们懂得种是什么,就不会被错误所牵累,就不会引起混乱。事实上,由于缺乏关于种的知识,我们常常把数量的种置于关系之中,并把某些第一属的种置于其他的属之下。为避免这种现象发生,必须事先知道种的本质是什么。……毫无疑问,关于种差的知识是最重要的。因为如果看不到种差,我们谁能把性质从实体中区分出来,或者对其他的属做出区分?如果不知种差为何物,那么又怎能区分它们的种差?……并且由于种差预示着种,因此,如果不知道种差,也就不知道种。"①固有属性和偶性同样也是重要的。固有属性对于定义有特别重要的作用,要定义一种事物,首先得说出它的固有属性;而在十个范畴中,除实体外,其他九个都是关于偶性的。此外,五谓词理论对于划分和证明也是极其重要的。他还认为,对五谓词的研究并不仅仅具有逻辑意义,"关于这五种东西(指上述五谓词——引者注)的知识对我们

---

① 波爱修斯:《波菲利的〈导论〉注释》(第2篇)。见麦克基昂编译:《中世纪哲学著作选》,第1卷,第78—79页。

来说是根本性的,也是流向哲学各个部分的多方面的源泉。"①因此,研究属、种、种差、固有属性和偶性这五种谓词的本质及其相互关系,不仅具有"必要性",而且具有"实用性"。

他首先对属、种、种差进行了定义。"属就是指称一个以上具有不同种(这些种是从它们是什么的角度进行区分)的事物的东西。而种则是那些我们收集起来置于属之下的东西;(通过或者因为)种差,我们把一个事物同另一个事物区别开来"。② 属是用于回答一个事物是什么的问题的,如"人是什么?",正确的回答是"人是动物","动物"就是人的属。种差是用于回答一个事物属何种类型的,如"人是动物中的哪种类型?",正确的回答是"有理性的","有理性"就是人与其他动物区别开来的种差。他认为,对一个属的划分有两种情况,既可把它划分为种差,也可划分为种,前者如把"动物"划分为"有理性的"和"无理性的",后者如把"动物"划分为"有理性的动物"和"无理性的动物",而正确的划分应是把属划分为种。属、种、种差三者之间的关系是,种差与适当的属相结合,形成种。应当看到,尽管波爱修斯对属、种、种差之间的关系的论述是正确的,但对各自的定义是不恰当的,或者说,是不严格的。从逻辑上看,犯了循环定义的错误。也就是说,他用种去定义属,又用属去定义种,走了一个循环,作为一般说明是可以的,但作为定义则是不允许的,而波爱修斯正是把它作为定义。当然,从他的定义可以得出另一个重要结论,这就是属与种处在互为依存的关系之中,属是相对于种的,种也是相对于属的。这一结论显然有利

---

① 弗里曼特勒:《信仰的时代》,第66页。
② 波爱修斯:《论划分》,3a。见克里斯曼、斯汤普:《剑桥中世纪哲学著作》,第1卷,第19页。

于去说明定义。

在属、种、种差三者中,波爱修斯最看重种差。因为种差既是定义的重要环节,又是对属进行划分的重要环节。种差有两种情形,有些是涉及本性的(per se),有些是涉及偶性的(per accidens)。涉及偶性的种差既不适合于对属的划分,也不适合于定义。因为"既然定义是由若干划分结合而成(例如,他举了一个定义的例子:'人是有死且有理性的动物'——引者注),那么划分和定义本质上就可能是处理相同的问题"。① 对属的划分必须基于其本性(如前所述),只有涉及本性的种差才适用于它,因此,只有涉及本性的种差才适用于定义。这样,波爱修斯就从对属的划分应根据其本性,进到了对事物的定义也应体现其本性。因此,首要任务就是把涉及本性的种差从涉及偶性的种差中区别开来:如果一个种差可以实际上或者在思想中从任何主体中分离出来,那么,这一种差就是涉及偶性的种差,前者如"某人坐着",后者如"某人有一双明亮的眼睛",因为即使是同一个人,也完全可以有时坐着,有时站着,而一个没有明亮的眼睛的人,他也仍然是人,即仍然具有人的本质属性。反之,如果一个种差即使只在思想中从某个种中分离出来,这个种都将被破坏,那么,这一种差就是涉及本性的种差。如"有理性"、"有死的"对于人来说,就是涉及本性的种差,一个没有理性或不朽的东西就不能称为人。波爱修斯还给对属进行划分的标准做了规定:划分一个属的种差必须是对立的,如对动物的划分标准应是"有理性"和"无理性",而不能是"有理性"和"四

---

① 波爱修斯:《论划分》,3a。见克里斯曼、斯汤普:《剑桥中世纪哲学著作》,第1卷,第19页。

足的"。这里实际上是说,划分子项应当互不相容,划分标准应当同一。

波爱修斯还研究了一些互相对立的范畴在对属的划分和定义中的应用。如肯定与否定、占有与缺乏。他说,必须用肯定的形式述说一个种,因为种标志着存在,而否定意味着不存在。只有在不能给出一个种的名字时,才能使用否定,如"不白不黑","非质数"。而且,在使用否定时,必须先说出肯定,因为如果不先说出肯定的东西,人们就无法理解否定的东西,例如,如果不知道有限,就不知道无限,不知道相等,就不知道不相等,不知道善,就不知道恶(恶在他看来是善的缺乏),不知道确定,就不知道不确定,等等。波爱修斯这里涉及的实质上是定义的规则问题。标明一个种或对一个范畴(负范畴除外)进行定义,必须使用肯定的形式,这是一条重要的逻辑规则。早在巴门尼德(Parmenides,前515/539?—?)那里,他就进行过类似的陈述:"一条路是,〔它〕是(着重号为引者所加,下同),〔它〕不可能不是,这是确信的道路(因为它通向真理);另一条路是,〔它〕不是,〔它〕必然不是,我告诉你,这是完全走不通的死路,因为你认识不了不是的东西,这是做不到的,也不能说出它来。"①巴门尼德的意思是说,探求真理实质上就是去揭示事物的特有属性或本质属性,就是去正面探求事物"是"什么或"不可能不是"什么,而非事物"不是"什么或"必然不是"什么。后者与所探求的事物及其本质之间是一种不相容的关系,不属同一论域,其范围极其广泛。正如巴门尼德所说,这是一条完全走不通的死路。

---

① 巴门尼德:《残篇第二》,中译文引自汪子嵩、王太庆:《关于"存在"和"是"》。见《复旦学报》社会科学版,2000年,第1期,第26页。

亚里士多德也认为,为了通过划分去建立定义,首先要记住的一点就是"选择说明'是什么'的各种属性",①即必须把种"是什么"或种的本质的属性作为种的标志,去对事物下定义。

波爱修斯还从多个方面说明了划分属时的注意事项。例如,不可以把一个属划分为处于相互关系中的互相对立的种,因为处于相互关系中的东西不可离开对方而独立存在,需要依赖对方才能认清自身的本质。要构造正确的划分,还必须注意属的层次。例如"实体"是最高的属,不可能有更高的属置于其上;"形体"是中间的属;"动物"是最低的属,在它的下面没有任何其他的属;"人"只是一个种,而不是属。因此,可以把"实体"划分为"有形体的"和"无形体的",而不能直接划分为"有生命的"和"无生命的",因为后者只是"形体"的种差,而不是"实体"的种差。这正如亚里士多德所说的对一个属进行划分时,要把属及其种按先后顺序排列,而不能跳跃进行。② 从逻辑划分的角度上看,亚里士多德和波爱修斯所论述的就是"不能越级划分"的规则:划分应按照概念间的属种关系,逐级进行,使子项是母项最邻近的种,子项之间是互不相容的关系。波爱修斯还认为,划分所得到的种既不能比属多,又不能比属少,以免各个种互相转化。这就是划分规则所规定的不能犯"划分不全"(种之和小于属)或"多出子项"(种之和大于属)的错误,否则就容易导致"子项相容"。他还简要介绍了多级划分和连续划分。

波爱修斯对划分的论述尽管保持着亚里士多德主义的传统

---

① 亚里士多德:《后分析篇》,97a,25。
② 参阅亚里士多德:《后分析篇》,第2卷,第13章。

(他自己也是这么认为的),但对划分作出精细的逻辑分析则是他的功劳,这对传统逻辑理论体系的发展和定型不能不说是有贡献的,对于中世纪人们理解亚里士多德的范畴逻辑学说更有着不可替代的作用。

3. 论定义

波爱修斯与同时代的其他哲学家相比,最大的不同在于他特别重视对逻辑规则的研究。逻辑学最主要的任务就是建构和研究思维规则,对逻辑规则进行严密的解释和分析,是作为逻辑学家最基本的标志和素养。这就是何以人们把波爱修斯看作是他所处时代乃至前后几百年间,极少数几位可以称得上是逻辑学家的人,而在其后的四五百年里,并没有像他这样的真正意义上的逻辑学家。

除了对定义以及它与划分的关系做一般性的介绍外,波爱修斯还专门研究了定义的规则和方法。他说:"我们不仅要学会在定义中应用种差,而且要对定义本身的艺术有深入的理解。我不打算考虑是否一切定义都是可以证明的,或者一个定义是怎样通过证明而得到的,也不打算研究亚里士多德在《后分析篇》(II 10, 93b29—94a19——原著者)中精确处理的关于定义的任何问题。我只想对定义的规则做详细的分析。"①

这些定义规则和方法是:

(1) 定义只可用于"中间事物"。波爱修斯这里所说的定义是指"属加种差定义",即被定义项等于其邻近的属加上种差。这种

---

① 波爱修斯:《论划分》,4a。见克里斯曼、斯汤普:《剑桥中世纪哲学著作》,第1卷,第28页。

定义既不适合于最高属的事物,因为没有比它更高的属,也不适合于个体事物,因为没有特定的种差。只有那些既有比它更高的属,又可以指称其他属或其他种或个体事物的事物,即中间事物,才可运用属加种差定义。

(2) 种差加上被定义项(即付诸定义的那个种)的属必须恰好等于被定义项。当对一个种进行定义时,首先找到它的属,然后找出这个属的种差,再把种差和属结合起来,看种差加上属是否等于要定义的那个种。如果不相等,就要对原来的种差进行调整,或者找出一个范围更大的种差,或者找出一个范围更小的种差,直到新的种差加上属正好等于被定义的种。这一规则是为了避免犯逻辑规则所说的"定义过宽"或"定义过窄"的错误。尽管波爱修斯强调他自己不再重复亚里士多德所研究的关于定义的问题,但我们还是发现他所论述的的确就是亚氏的如何从划分获得正确的定义。亚里士多德希望通过划分得到一个关于最低的种的完全定义,他认为,"在定义过程中,如果我们从属跳到其非最邻近的种差,我们就会发现这个种差及其并列物并未穷尽整个属;……如果我们时刻想着划分属的问题,我们就不会遗漏种的定义所需要的任何中间种差。"[①]可见,亚里士多德是通过寻找一个属的最邻近的种差的办法,去构造一个种的完全的定义。

在从划分和定义的角度对属与种进行了一般的逻辑分析之后,波爱修斯转而研究属与种即共相的本质问题。在此之前,他还首先论述了亚里士多德《范畴篇》的地位和研究对象。

---

① 罗斯:《亚里士多德》,第58页。

二、亚里士多德的《范畴篇》的地位和研究对象

波爱修斯在《范畴篇》注释的一开始,仍按照一般注释的惯例,指出了亚里士多德的这篇论文在整个《工具论》中的重要地位和研究目的:"任何想学习逻辑的人都必须首先阅读《范畴篇》,因为整个逻辑都是关于由命题组成的三段论的本质的,而命题由语词构成,这就是为什么知道语词意谓着什么对于科学的意义具有第一重要性。"[①]因而,把《范畴篇》作为《工具论》的绪论就是理所当然的事情。为此他首先研究了亚里士多德范畴的意义。

他认为,研究三段论应从研究命题开始。命题不仅是三段论的前提或结论,也是真与假的主体,而命题由词项构成,因此,必须首先研究词项在命题中所充当的角色——主词还是谓词。词项是指称事物的,因此,研究词项的意义就是研究对事物的定义。这样,《范畴篇》又应是定义理论的一部分。

亚里士多德在《范畴篇》中涉及语词和语词的指谓之间的关系,但亚氏所区分的到底是语词和语词表示的东西,还是语词和语词所指称的事物之间的关系,即他使用的记号到底是指称语词,还是事物,我们不得而知。由于希腊语词本身的复杂性、歧义性和灵活性,亚氏本人并没有做这种严格的区分。威廉·涅尔、玛莎·涅尔指出:"在符号和符号表示的东西,语词和在非常广泛的意义上的事物之间,亚里士多德是否作了区分,这是不清楚的。这是自古以来注释家们曾经探索的一个问题。"[②]他还说:"亚里士多德几乎

---

① 波爱修斯:《亚里士多德〈范畴篇〉注释》,I. 转引自麦克因纳尼:《波爱修斯与阿奎那》,第41页。

② 威廉·涅尔、玛莎·涅尔:《逻辑学的发展》,第34页。

确实不知道这种使得他的注释家焦头烂额的歧义性质。他几乎确实没有向自己提出过这个问题:'记号 ανθρωπος 究竟是代表希腊字 ανθρωπος(人)呢,还是代表某种语言之外的实体?'……我们可以自问:'亚里士多德是否在说'人'是述说个体,或者人性是述说个体的'?但是,亚里士多德只用一个记号,即 ανθρωπος 来代替三个记号,'人'、'人字'和'人性'"。①

其实,希腊语言的这种缺陷在几乎任何一部希腊著作中都可能会遇到,例如在柏拉图那里。这在很大程度上是后世对希腊哲学家思想的理解产生分歧的原因。亚里士多德著作中的这种情况使得后来的注释家在翻译和理解他的思想时都存在困难。波菲利在《导论》中研究过这一问题。而波爱修斯在很多场合都是首先用不同的拉丁语词去对应同一个希腊语词,最著名的就是他在论三位一体时对希腊语词 ousia 和 prosopon 的翻译(参阅本书第四章第三节)。

波爱修斯在《范畴篇》注释的一开始试图解决亚里士多德《范畴篇》所带来的这一困惑的问题。以下这段话代表了他在这个问题上的主张:

只有人类才能给关于我们的事物指派以名字(nomina),这些名字主要是对事物本质的适当的合成。因而,就发生了这种情况:他对心灵所能把握的每一事物都指派一个名字。例如,他把这个物体叫"人",那个物体叫"石头",这个物东西叫"树木",那个东西叫"颜色"。任何从自己那里产生另一个事物的东西都叫做"父亲",用自己身上的东西去度量长度,称之为"两呎"或"三呎",对其

---

① 威廉·涅尔、玛莎·涅尔:《逻辑学的发展》,第35—36页。

他事物也采用同样的办法。一旦有了名字,他就把注意力转到这些(表示名字的)语词的属性(proprietas)和变格(figuram)上,并且把那些能够在不同情况下屈折变形的语词称为"名词",而把可以按不同时态进行分类的语词称为"动词"。这样,首先就是给具有理性和感觉的对象指派名字;这第一指派名字(the first imposition of the name)正是一个事物的名字,例如,当某一事物称为人,那么,"人"这一语词就是一个名字,第二指派名字要考虑的不是语词的意义,而是其变格,也就是说,它可以根据情况而变形,通过此来考察名字的属性和形式。因此,第一指派名字是根据(表示这一名字的)该语词的意义,而第二指派名字是由另一些名字来表示这个(第一次指派的)名字。①

按照波爱修斯的意思,名字作为一种记号有两种意义,一是用来指称一个事物,即对一个事物进行命名,亦即逻辑学所谓的语用学问题;一是用来指称另一个名字,用以表达语词的属性与变格,即逻辑学所谓的语义学问题。波爱修斯认为后者实际上是语法学家所关心的问题,而逻辑学家应关心的是第一个问题。他把逻辑学家同语法学家、修辞学家区分开来。他在对波菲利《导论》的第一篇注释中说,逻辑学家研究属、种、种差、固有属性和偶性,虽然这些研究对于语法学家和修辞学家同样有用,但他们所关心的问题并不相同。逻辑学家同语法学家之间的区别正如自然哲学家同数学家之间的区别一样:自然哲学家在研究线时,要考虑线的本质,而数学家忽略这一点,因此,逻辑学家应研究语言的本质,这就

---

① 参阅波爱修斯:《亚里士多德〈范畴篇〉注释》,I。转引自麦克因纳尼:《波爱修斯与阿奎那》,第43—44页。

要研究语言具有指称具体事物的特性,而语法学家可以忽略这一点。同样,逻辑学家可以忽略研究语词的变格,而语法学家不可不去研究它。

基于此,波爱修斯认为,亚里士多德的《范畴篇》所关心的显然就是十范畴与它们所指称的事物之间的关系。他说:"这本书(指《范畴篇》——引者注)是讨论事物的第一指派名字和指称事物的语词,不是讨论它们(如何)根据某种属性和变格而形成,而是讨论它们的意义。"①"因此,我们称十范畴是语词所指称的无限事物的属,但既然所有语词都指称事物——这些事物作为语词的指称对象被语词所指称,那么,语词也必然指称事物的属。因此,在结束对这本书的意图的讨论时,我们要说,这本书是探讨第一语词(the first words)在其所能指称的范围内(如何)指称事物的最高的属(the first genera)。"②

这说明波爱修斯已经注意到了亚里士多德《范畴篇》所引起的分歧:极其注重亚里士多德逻辑思想的亚历山大认为,表示十范畴的十个语词并不是对事物的区分,而仅仅是语词的区分,即这十个记号表示的仅仅是语词。在波菲利看来,十范畴都是终极的属,因此,这十个语词是对属的区分,表达的是思想、概念。扬布利科持一种折衷主义的立场,认为十范畴既表示语词,又表示思想,也表示事物。显然,波爱修斯的观点与波菲利的相近。根据他的理解,记号的确既能表示语词,又能表示事物,正如亚里士多德本人举例说:"'人'能述说作为主体的某个具体的人(指记号'人'能表述具

---

① 参阅波爱修斯:《亚里士多德〈范畴篇〉注释》,I. 转引自麦克因纳尼:《波爱修斯与阿奎那》,第44页。

② 同上,第45页。

体事物——引者注),也能表述其名称(指记号'人'能表述一个名字——引者注)。"①但《范畴篇》是一篇逻辑著作或哲学著作,不是语法著作,所关心的不是十范畴在语词上的特征和区分,不是研究这些语词的形式和变格,而是去研究这些范畴怎样对它们所指称的具体事物进行分类;但由于具体事物是无限的,因此,也不可能直接去研究范畴所指称的事物,而只能研究这些无限事物的有限的属,即作为共相的十范畴。这就是为什么亚里士多德只是研究作为事物的属的范畴的原因。

三、论共相

无论从逻辑史还是从哲学史看,共相问题都是逻辑学和哲学研究的根本问题之一。即使有的哲学家没有明确去研究这一问题,但在他们的全部思想中,都很难完全置该问题于不顾。柏拉图和亚里士多德就代表了古代哲学家在共相本质问题上两种截然不同的观点,以至于构成了柏拉图主义和亚里士多德主义分野的最深刻根源。

柏拉图认为,共相不仅是独立自存的,而且先于具体事物而存在,是一切具体事物的源泉。亚里士多德虽然也认为最接近个体事物的属先于个体事物而存在,因为个体事物的属就是它的形式或它的本质,但这种属(其实就是属概念)不是存在于个体事物之外,实际上,一切共相都不存在于具体事物之外。因此,亚里士多德实质上否定了共相的自存性,从而否定了柏拉图共相理论的根基。

---

① 亚里士多德:《范畴篇》2a,20—21。

波菲利在其《导论》中和其他新柏拉图主义者一样,拒绝对亚里士多德的共相问题作形而上学的分析。他一开始就指出:"关于属和种,目前我谢绝讨论以下这些问题:它们是不是自存的,还是它们仅仅存在于可理解之中?或者如果它们存在,那么它们到底是有形体,还是无形体的?它们是否可以从可感事物之中分离出来,或者它们仅仅存在于可感事物之中,并依赖于可感事物?这些问题都是很深奥的问题,需要下苦功夫才能研究。"①亚里士多德否认共相是自存的,柏拉图则认为共相是先于可感事物而独立自存东西,对这一问题的回答无论如何都必须在柏拉图主义和亚里士多德主义之间做出选择,这显然与波菲利调和二者之间矛盾的初衷相违背,因而他避免对这一问题做形而上学的分析。他是这样说的:"我放过这些比较高级的问题,以免由于无节制地将它们灌输到读者的心中,而搅乱了读者的开端和最初的努力。但是,……为了不致使读者完全忽视,或使读者以为在他所说的东西之外再也没有隐藏着更多的东西,因此就把……(这些)搁置不论的问题提出来。这样,……(我)就不会以含糊的、完成的方式来处理这些问题,从而在读者面前散布混乱;而随着知识的增进,读者就可能理解那些应当加以深入研究的东西。"②但正由于波菲利没有明确回答这一问题,这一任务就很自然地落在了中世纪哲学家的身上。他们或者猜测波菲利的原意,或者给出自己的解释。而这些解释大多是从形而上学的角度做出的。波爱修斯在对《导论》所做的两篇注释中,就试图回答波菲利的这一问题。其中第二篇

---

① 波爱修斯:《波菲利的〈导论〉注释》(第2篇)。见麦克基昂编译:《中世纪哲学著作选》,第1卷,第91页。
② 同上。

注释代表了他在这个问题上的基本观点。

针对波菲利等人以所谓的共相问题是最高深的哲学问题,需要下大功夫才能研究为由,把这一问题束之高阁,波爱修斯在第二篇注释的开首就指出,人与其他可感事物(如树、动物)不同的地方在于,人不仅有感觉、有判断力,而且有理性,因而既可以理解当下的事物,又可以理解未知的东西,既可以理解单个事物,又能在思想中形成对所有事物的概念,进而理解事物的本质。因此,理解共相的本质问题完全可能。①

波爱修斯继续从逻辑学的性质出发,批评了波菲利等人撇开亚里士多德逻辑理论中的哲学问题的做法,以证明研究共相的本质不仅可能,而且十分必要。他认为,把逻辑作为哲学的一部分与把逻辑仅仅看作是哲学(以及其他科学)研究的工具是两种截然对立的观点。波菲利认为逻辑仅仅是一门工具,逻辑问题可以独立于哲学(形而上学)问题,哲学可以不去研究它,他之所以未在《导论》中从哲学的角度回答这三个问题,是因为他认为自己仅仅在研究逻辑问题。波爱修斯则认为,逻辑尽管是工具,但也是哲学的一部分,即也是哲学问题。因此,在对亚里士多德的《范畴篇》进行研究时,就很难完全撇开其中所引起的哲学问题而单纯停留在逻辑的层面,必须从两个角度加以研究。而《范畴篇》本身就既是逻辑著作,又是哲学著作。其中所涉及的哲学问题也是亚氏研究范畴逻辑的一部分。

波爱修斯证明了何以逻辑既是一门工具(当然也是哲学研究

---

① 参阅波爱修斯:《波菲利的〈导论〉注释》(第2篇)。见麦克基昂编译:《中世纪哲学著作选》,第1卷,第71—74页。

的工具),又是哲学的一部分,因而也是哲学研究的开始。他把哲学分为三部分:实践哲学、思辨哲学和理性哲学。实践哲学如道德哲学,思辨哲学如伦理学,而理性哲学就是逻辑学。他驳斥了那种认为逻辑学不是哲学的一部分的观点。后者认为,"逻辑学没有类似于思辨哲学和理性哲学那样的目标。……思辨哲学产生出关于事物的知识,实践哲学旨在完善道德和风俗,二者互不涉及。而逻辑的结论不是绝对的,它来自于思辨哲学和实践哲学,并以某种方式与它们捆绑在一起。因为逻辑原理中哪一个具有其独立的价值?哪一个不是用于考察事物?而知道一个论证怎样得出结论,知道何者为真,何者类似于真的,其目的不过如下:推理的知识或者应用于关于事物的知识,或者应用于发现那些带来快乐的东西,并指导这种道德实践。因此,既然思辨哲学和实践哲学都有其独有的确定的目标,而逻辑学只是应用于它们,很明显逻辑就只是工具,而不是哲学的一部分"。① 波爱修斯反驳说,逻辑学并非不能同时既是工具,又是哲学的一部分。"既然逻辑学有其自身的目标,而且这一目标只为哲学所思辨,它就应被看作哲学的一部分,既然逻辑学这一只为哲学所思辨的目标有助于哲学的其余部分,我们就不应否定它是哲学的工具,而逻辑的目标正是对推理的发现与判定。……逻辑原理是哲学的一部分,是因为只有哲学才是它的主人,逻辑又是工具,是因为正是通过它去追寻哲学真理。"② 如果不知道怎样获得哲学真理,也就不可能获得真理,因此,逻辑研究又是哲学研究的开始。他还把逻辑和哲学的关系比做手与身

---

① 参阅波爱修斯:《波菲利的〈导论〉注释》(第2篇)。见麦克基昂编译:《中世纪哲学著作选》,第1卷,第76页。
② 参阅同上,第77页。

体、眼睛与身体的关系,手是拿东西的工具,眼睛是看东西的工具,而手与眼睛都是身体的一部分。这样,波爱修斯就从逻辑与哲学之间不可分割的关系,证明了逻辑研究与哲学研究之间也具有不可分割的关系。尽管并非每一哲学问题都是逻辑问题,但毫无疑问,每一逻辑问题都是哲学问题,因此,作为逻辑问题的共相问题也同时是哲学问题。波菲利等人把两者分割开来的观点是不适当的,特别是由于他们撇开了共相问题中的哲学问题,因而也就不能真正发挥逻辑学作为工具的作用。因为既然这一哲学问题是由于逻辑问题而起,那么,逻辑这一工具就应该能够发挥其指导作用,就极有可能能够在逻辑框架内解决这一哲学问题。

这一结论对于逻辑学的发展有着不可低估的作用。因为逻辑学在古代乃至中世纪都不是一门完全独立的学科,很少有只研究逻辑的逻辑学家,只是由于哲学家和神学家们涉足于逻辑学研究,才使他们同时也是逻辑学家。如果认为逻辑学不能给人带来具有独立意义的知识,而只是一门工具,甚至并非不可或缺的工具,那么,对于逻辑学在学术界的地位,以及人们对它的兴趣,都是一个巨大的打击。反之,把逻辑学作为哲学的一部分,并进而在中世纪作为神学研究的一部分,就会使得几乎每一位有影响的哲学家或神学家,都参与到逻辑学的研究中去,都把逻辑作为自己哲学研究的一个不可分割的部分,作为人类知识体系的一个必不可少的环节。作为中世纪思想研究的权威性人物,波爱修斯的这一观点是有指导意义的。这也许是中世纪逻辑学进步的源泉和动力之一。

基于前述原因,波爱修斯把对共相本质问题(关于共相的哲学问题)的研究作为他自己哲学研究和逻辑研究的首要问题。他说:

"尽管这些问题是有难度的,以至于波菲利当初都拒绝解答它们,我却要把它们拣起来,我既不会给读者的心灵留下困惑,也不会在那些与我承担的任务无关的事情上耗费时间和精力。"[①]他从本体论和认识论的双重角度研究了共相的本质,以及共相同个体事物之间的关系。

波爱修斯首先证明了属与种并非独立自存的,也并非仅存于理智和思想之中。他构造了如下推理:[②]

(1)属与种或者是作为实体而存在,或者仅仅存于思想之中,或者不仅存在于思想之中,而且存在于事物的实际之中。(公理)

(2)属与种不可能作为实体而存在。(待证明)

(3)属与种不可能仅仅存于思想之中。(待证明)

(4)每一观念或者是照事物本身构成,或者不是照事物本身构成。(公理)

(5)如果属与种这一观念不是照事物本身而构成,那么,这一观念就是虚假的。(待证明)

(6)属与种这一观念并非绝对的虚假。(待证明)

(7)如果属与种这一观念与大家所理解的事物一样(即是照事物本身而构成),那么,它们就不仅存在于理智之中,而且存在于事物的实际之中。(待证明)

从上述推理看,有两个命题序列可以推出其结论。第一序列:

假定上述7个命题都是真的。那么,由(1)和(2)可知(选言推理的否定肯定式):

---

① 波爱修斯:《波菲利〈导论〉注释》(第2篇)。见麦克基昂编译:《中世纪哲学著作选》,第1卷,第93页。
② 同上,第90—95页。

(8)属与种或者仅仅存在于思想之中,或者不仅存在于思想之中,而且存在于事物的实际之中。

由(5)和(6)可知(假言推理的否定后件式):

(9)属与种的观念并非不是照事物本身构成的。

由(4)和(9)可以推出(选言推理的否定肯定式):

(10)属与种的观念是照事物本身构成的。

由(7)和(10)可以推出(假言推理的肯定前件式):

(11)属与种的观念不仅存在于理智之中,而且存在于事物的实际之中。

命题(11)就是波爱修斯所得出的最后结论。

第二命题序列是由命题(1)(2)和(3)直接推出结论(选言推理的否定肯定式):

属与种的观念不仅存在于理智之中,而且存在于事物的实际之中。

在以上推理过程中,波爱修斯把(1)和(4)作为不证自明的公理,而其他命题都是经过严格证明为真的命题。因此,他的结论是完全有效的。

他首先证明了命题(2):"属和种都不可能是一。这是基于以下考虑。因为当任何事物同时为许多事物所共有时,它就不可能是一;事实上,那为许多事物所共有的事物必定是多,尤其是当一个相同的事物同时完全存在于许多事物之中时(更是这样)。事实上,无论有多少种,在它们的全部之中,都只有一个属,并非单个的种分有属的某个部分,而是每一种都同时分有属的全部。由此可以推出,整个属同时处于许多个体事物之中,因此,它就不可能是一;事实上也不可能发生这种情况:它同时完整地处于许多事物之中,而它自己在数量上仍然是一。"①波爱修斯的意思是说,由于多个种同时完整而非部分地分有一个属,因此,处在每一个种中的属都是一个完整的属,而且这些属都是同一个属,因为每一种分有的都是这同一个属。因此,同一个属同时存在于不同的事物之中,这样的属要作为实体存在显然是不可能的。因为,"一切事物之所以是存在的,就是因为它是一"。② 属不是一,因而它就是不存在的,"就是绝对的无。"③同理可证,种也是不存在的,也是绝对的无。他进一步指出:"如果有属与种,但它们在数量上是多,而不是一,那么,它们就不会是终极的属,会有另外一个(更高层次的)属凌驾于其上,而该属用它单个的名字的那个语词包含那些属与种的多样性。"④但这个属仍然不是最高层次的属,在其上仍然有更高层次的属,这一过程是没有穷尽的,必须无限地进行下去,因此,也不存在终极的、最高的、单纯的属。因此,只要属与种是多而不是一,它们就是"绝对的不存在"。⑤

需要指出的是,波爱修斯所谓属与种"绝对的无"或"绝对的不存在",只是否定它们作为"是这个"的事物的存在,或者说,作为个别实体的客观存在,也就是否定它们在本体论意义上的存在。但不是否定它们在思想或观念中的存在,即没有否定它们在认识论意义上的存在。他接下来就证明了属与种的这种存在。

首先,并非每一照事物而构成的观念都是虚假的,只有那些仅

---

① 波爱修斯:《波菲利的〈导论〉注释》(第2篇)。见麦克基昂编译:《中世纪哲学著作选》,第1卷,第93页。
② 同上。
③ 同上。
④ 同上。
⑤ 同上,第94页。

凭理智,把为自然所不容许连接的东西组合连接起来的观念才是虚假的,例如,将马与人连接起来的半人半马的怪物的观念就是典型的虚假观念。其次,心灵可以分析、抽象有形体或无形体的事物,发现它们的相似性,从而形成属与种的观念。"既然属和种都是思想,因而,其相似性是从它们处于其中的个体事物中收集起来的,正如人类的相似性是从互不相同的个别人中收集起来,而这一相似性被心灵思考并且确已感知出来,从而形成属;进而,当这些各有差别的种的相似性被思考,并且这一相似性不能在这些种之外,或者在这些个别种之外存在时,就形成了属。因此,属和种是在个体事物之中,但它们被思考为共相;并且,种必须被看作不外是个体事物的诸多实质性的相似性集合而成的思想,而属必须被看作是种的相似性集合而成的思想。"①波爱修斯认为,属和种的观念是用区分、抽象、假设的方法,从存在的事物中逻辑地得出的观念,这种观念的原型就是客观存在于事物间的相似性。从这个意义上看,属和种的观念就不仅存在于思想之中,而且也存在于个体事物之中。因此,它们不仅不是虚假的,而且只有这种观念,才能揭示事物的真正特性。这样,波爱修斯就证明了上述命题(3)(5)(他通过证明命题"每一非虚假的关于事物的属与种的观念都是照事物本身而构成的",来证明命题"如果属与种这一观念不是照事物本身而构成,那么,这一观念就是虚假的",这两个命题是等值的)(6)和(7),从而逻辑地推出了他希望得到的结论。

波爱修斯最后论述了属和种的两种存在形式——观念存在形

---

① 波爱修斯:《波菲利的〈导论〉注释》(第2篇)。见麦克基昂编译:《中世纪哲学著作选》,第1卷,第93页,第97页。

式和客观存在形式——的不同之处。他认为,属与种是心灵从个体事物中发现的无形的东西,但一旦心灵发现了这些东西,它就会把它们从个体事物中分离出来,把它们看作是独立存在的东西,并对它们加以注视和思考。这就是说,从个体事物中发现的属与种的观念可以离开事物而存在于思想之中,并成为思想理解和思考的对象,这就是属与种的观念存在形式。但这属与种仅仅是作为观念才独立存在的,一旦离开了思想领域,就只能在个体事物之中去寻找它们的原型,也就是说,离开了思想领域,它们就不是独立存在的,而仅仅是"与形体混杂在一起"。他举了一个非常著名的例子:人们可以用心灵来抓住"线",形成"线"的观念,并作为思考的对象,从这一点看,好像线存在于形体之外,但这只是"线"的观念存在于形体之外,而线是存在于形体之中的东西,即它靠那个形体而保有其存在,如果硬要把它从形体中分离出来,那么,它就绝不会存在,"因为有谁曾用任何感官感知过一条与形体分离的线呢?"[①]因此,属与种这类共相是靠散布在众多具体事物之中才得以存在,并被人的感官所感知的。这就是属与种的客观存在形式。

波爱修斯用一段标志性的语句,概括了他对共相问题的看法:"这种相似性(指属和种——引者注),当它是在个体事物中时,它是可感的,当它是在共相中时,它是可理解的;同样地,当它被感知时,它是留在个体事物之中,当它被理解时,它就成为共相。因此,它们潜存在于可感事物之中,但不依其形体就可被理解。"[②]

传统观点认为,波爱修斯的共相学说反映了亚里士多德的论

[①] 波爱修斯:《波菲利的〈导论〉注释》(第2篇)。见麦克基昂编译:《中世纪哲学著作选》,第1卷,第96页。

[②] 同上,第93页,第97页。

点,是对后者的阐释和发挥。然而,通过对他后期著作的研究,我们认为这一结论值得商榷。

诚然,波爱修斯的共相学说在相当大的程度上来自亚里士多德哲学的注释家阿弗罗迪西亚斯的亚历山大,因而,在某种意义上也可以认为是对亚里士多德二元论实体学说的发展。但这并不意味着他就是共相问题上的亚里士多德主义者。波爱修斯的全部理论在内容上都是柏拉图主义的,而在方法上是亚里士多德主义的。其共相学说也不例外。我们认为,这一学说符合新柏拉图主义者的一贯传统,即调和柏拉图和亚里士多德的思想,或者说,是动摇于柏拉图主义和亚里士多德主义之间。

首先,认为波爱修斯的共相学说接近于亚里士多德观点的人所举出的一个重要理由是,波爱修斯在对《导论》的第一篇注释中,把共相分为无形体的事物的共相和有形体的事物的共相,并认为无形体的事物的共相本身也是无形体的,并且不可能依附于任何物体,而有形体的事物的共相尽管本身是无形体的,却永远也不能与物体分开。[①] 这就是说,有些共相(无形体的事物的共相)可以离开事物而单独存在,有些共相(有形体的事物的共相)不能离开事物而单独存在。这与亚里士多德的实体二元论基本一致。这一理由实际上是不成立的。一方面,亚里士多德并没有像波爱修斯那样,把共相的两种存在形式分得那么清楚,而这正是后者共相学说的最重要特征;另一方面,《导论》的第一篇注释并不代表波爱修斯的最后观点。他在对它进行第二次注释之前,已经发现自己并没有把这一问题讲清楚,但他并不认为这是其立场使然,而把它归

---

① 参阅麦伦本:《中世纪早期哲学导论》,第30页。

咎于所参考的维克多里努的拉丁文本,并且他的解释也基本上是纯文字的。他在找到《导论》的希腊文原本之后,发现维氏的译文多处存在错误,而且前后矛盾。设想中世纪的人们会无可怀疑地从他那里接受古代哲学原著的波爱修斯,就自己翻译,重新注释,重新表明自己的真实看法。因此,只有第二篇注释才代表波爱修斯本人的立场。

其次,波爱修斯说:"我们尽力贯彻亚里士多德的意见,这并不是因为我们赞同它,而是因为这本书是为《范畴篇》而作,而亚里士多德正是《范畴篇》的作者。"①因此,即使波爱修斯反复强调他的共相学说是符合亚里士多德的本义,即使他的确是在亚氏学说的基础上做了个人发挥,也不能证明他就支持亚里士多德。何况波爱修斯本人的发挥主要是让读者知道如何从逻辑方法上理解亚氏的共相学说。这就更加证明了他的这一学说仅仅是在方法上的亚里士多德主义。他说:"然而,柏拉图认为,属和种等观念不仅被理解为共相,而且离开形体也能存在,它们是自存的;亚里士多德则认为,它们虽是作为无形的和普遍的东西来理解,但它们潜存于可感事物之中;我们没有考虑应在它们之间作出选择,因为那是更高的哲学的事。"②波爱修斯没有做出取舍,特别是没有明确否定柏拉图认为共相可以离开形体单独自存的观点,说明他在这一问题上的审慎态度。这极有可能是由于他当时还没有形成自己的思想,因为著述该文时,他才刚刚开始其学术生涯。他认为这一问题是更高深的哲学问题,也极有可能并非假托之辞,而是他本人的真

---

① 波爱修斯:《波菲利〈导论〉注释》(第2篇)。见麦克基昂编译:《中世纪哲学著作选》,第1卷,第98页。
② 同上。

实想法。因为治学极其严谨的波爱修斯觉得其预备知识尚不足以解决这一问题。因此,考察他自己对共相问题的最终看法不应仅停留在这篇注释上,还应在他的后期著作中寻找。

再次,波爱修斯在他的最后一部著作《哲学的安慰》中也对共相问题进行了研究,其看法更接近于柏拉图。他认为有四种认识能力:感觉(sense),想象(imagination),理智(reason),智慧(intelligence)。"感觉只能于物质中察觉物质的形状,想象可以离开物质而认识它的形状;理智则超越于这两者,凭借对共相的思考,可以认识存在于每一单个个体中的特有形式本身。智慧的眼光则放得更高;因为它超越了对一个事物的全部关注过程,仅凭意志的一瞥便能看到纯形式(simple form)本身。"[①]他又说,这四种认识能力具有不同的层次,代表不同的认识水平,按感觉、想象、理智和智慧的先后次序依次上升,从低级进到高级。"较高层次的理解力包含较低层次的理解力,而较低层次的理解力则不能上升为较高层次的理解力。感觉不能认识物质之外的任何东西,想象不能认识普遍的特有的形式,理智不能认识纯形式……而智慧知晓理智所认识的共相,想象所认识的形状,以及感觉到的物质,但他不使用理智、想象和感觉,而是仅凭灵机一动就可认清事物的全体。"[②]感觉是那些不善行动的生物的认识能力,想象是善于奔跑和觅食的四足动物的认识能力,理智是属于人类的一种认识能力,而智慧则是一种最高形式的认识能力,它仅属于上帝。这说明,他看到了共相与纯形式之间的差别:理智只能认识共相,而不能认识纯形式,

---

① 波爱修斯:《哲学的安慰》,第5卷,第4章。见洛布古典丛书:《波爱修斯》,第411页。
② 同上,第411—413页。

纯形式只能是智慧直观的对象。由此可以逻辑地推出，共相不能离开人的心灵而单独存在，而纯形式可以离开人的心灵而独立自存，因为它只是上帝特有的认识对象；即使人具有如上帝的智慧（比如通过上帝的恩典），但既然智慧不需理智、想象和感觉就能认识纯形式，即无需通过人自身的心灵就能认识纯形式，那么，这种纯形式就是独立于人的心灵的。而按照柏拉图的"相论"，纯形式应该是最高的共相。因此，波爱修斯实质上承认共相的独立存在。这样，他的共相学说就最终归于柏拉图主义——作为新柏拉图主义者的必然归宿。而他表面显示出来的不在柏拉图和亚里士多德之间做出选择，充其量只是当时一切新柏拉图主义者所遵循的一个学术修养或学术道德，尽管这种修养在很多方面给人类思想史留下了祸根。

中世纪的人们理解共相问题大多是通过波爱修斯的这篇注释。由于波爱修斯在中世纪早期和中期的权威地位，也由于他在该注释中没有对柏拉图和亚里士多德的共相学说从本体论上做出取舍，而《哲学的安慰》在当时有着极其显赫的地位，人们不会看不到他在其中所表述的关于共相的思想，因此，对于共相本质的争论就不可避免地产生分歧，从而最终导致唯名论和唯实论的分野。以彼得·阿伯拉尔（Petrus Abailardus，1079—1142年）为代表的所谓温和的唯名论和以托马斯·阿奎那为代表的所谓温和的唯实论，各继承了波爱修斯共相学说的一半。前者主张共相虽然存在，但不存在于具体事物中，只存在于思想中；后者则认为，共相既存在于可感事物中，又存在于人们的理智中。两派长期共存，延续了古代哲学和逻辑学在该问题上的论争，历时几百年之久。

四、论十范畴

波爱修斯研究共相性质的主要目的是为了更好地理解亚里士多德的范畴学说。在《范畴篇》注释的一开始,他就分析了亚氏的范畴学说对于理解他的其他理论特别是逻辑学说的重要性,解释了为什么亚氏把他的主要注意力放在对范畴本身的研究上。然后,波爱修斯逐一探讨了十范畴的属性。

他首先把一切"是这个的东西"(things-that-are)按不同的标准分为两大类,一般性的东西(共相)和特殊性的东西(殊相);实体性的东西(实体)和偶性的东西(偶性)。然后建立了一个范畴对当关系表:①

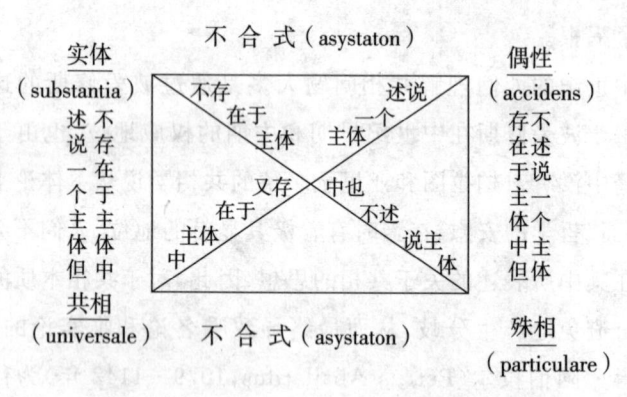

实体　　　　　　　不合式(asystaton)　　　　偶性
(substantia)　　　　　　　　　　　　　　　(accidens)
述不　　　不存　　　　述说　　　存不
说存　　　在于　　　　一个　　　在述
一在　　　主体　　　　主体　　　于说
个于　　　　　　　　　　　　　　主一
主主　　　又存　　　中也　　　　体个
体体　　　在于　　　不述　　　　中主
但中　　　主体　　　说主　　　　但体
共相　　　中　　　　体
(universale)　　不合式(asystaton)　　　(particulare)

波爱修斯认为,由于在拉丁语词中找不到适当的语词来表示可能不存在实体性的偶性或一般性的特殊,因而只存在如下的四种对当关系:

(1)实体与共相之间的对当关系是:实体能述说一个(作为共

---

① 参阅库塞尔:《晚期拉丁著者及其思想的希腊渊源》,第290页。

相的)主体,但不存在于(任何)主体之中。

(2)偶性与殊相之间的对当关系是:偶性不能述说一个(作为殊相的)主体,但可存在于(这样的)主体之中。

(3)实体与殊相之间的对当关系是:实体既不述说一个(作为殊相的)主体,也不存在于(任何)主体之中。

(4)偶性与共相之间的对当关系是:偶性既可述说一个(作为共相的)主体,又存在于(这样的)主体之中。

波爱修斯所谓"述说一个主体",是指共相与殊相的关系;所谓"存在于主体之中",就是指属性与其占有者的关系。实体与共相之间的对当关系如:"人"(实体)能述说动物(共相)这一主体,但不存在于动物之中,因为人并不是动物的属性。偶性与殊相之间的对当关系如:"白"(偶性)不能述说某一个别的人,但可存在于这一个别的人(殊相)之中,因为"白"这一颜色必存在于某些人的身体表面。实体与殊相之间的对当关系如:某一个别的人或马(实体),既不可述说另一个别的人(殊相),也不存在于这一个别的人之中。偶性与共相之间的对当关系如:"知识"(偶性)既可述说语法(共相)这一主体,也存在于心灵(共相)这个主体之中。以上对当关系的共同之处是:第一实体和第二实体都不会存在于一个主体之中,因为它们都不会被任何主体所占有;第一实体不可述说任何主体。波爱修斯实际上是用逻辑的方法来进一步明确亚里士多德对实体的逻辑性质的论述。[①] 这与他的划分和定义理论遥相呼应。

《范畴篇》注释的第二卷研究"数量"和"关系"。关于数量,波爱修斯认为,多与少并不真正对立,"多"有时比"少"更少,"少"有

---

① 参阅:亚里士多德:《范畴篇》,1a,19—1b,8。

时比"多"更多。例如,波菲利认为,在雅典3000人算少,但一个村子,300人就算多,而在波爱修斯看来,100人的村子就可以算大村子。再如,任何山脉相对于阿特拉斯山(Atlas)来说,都显得低。

他接着讨论了"关系"。真正的关系是"可变换的",即关系的双方是相互依存、相互推出的。按照亚里士多德的说法,就是"它们或者通过别的事物,或者与别的事物相关而被述说"。① 例如,父亲和儿子,主人与奴仆,父亲是相对于儿子的,反之亦然,主人是相对于奴仆的,反之亦然。而像翅膀与鸟,头与动物,就不是处在真正的关系之中,因为尽管鸟都有翅膀,动物都有头,但有翅膀的不一定是鸟,有头的不一定是动物。知识也是相对的,因为离开了知识的对象(并非知识的主体),知识将无以存在,而知识对象也是通过知识而被称为知识对象的。例如,三角形的三个内角之和正好是两个直角,即使某人并不真正知道这一点,也永远是真理。也就是说,这一原理(知识)是相对于它所对应的真实事物(知识的对象),即使人们不知道这些事物,它们也是存在的,否则,就不会有这一原理。

波爱修斯对于"关系"这一范畴的论述,为他以后论证三位一体问题做好了理论准备。在《三位一体是一个上帝而不是三个上帝》和《圣父、圣子、圣灵是否从实体上指称上帝》两篇神学论文中,他根据"关系"范畴这一相互依存、相互转化的特性,证明了圣父、圣子、圣灵都不是从实体上指称上帝,而是从关系上指称上帝。因为当用表达关系的范畴去断言一个事物时,须有处在同一关系中的其他范畴的同时介入。而圣父、圣子、圣灵都只是表达关系的概

---

① 参阅:亚里士多德:《范畴篇》,6a,37—38。

念,处在互为依存的关系之中,因此,不可以单独使用其中的任一范畴,就是说,当用圣父、圣子、圣灵中的任何一个去指称上帝时,须要同时用其他两个范畴去指称上帝,即当说圣父是上帝时,同时也要说圣子是上帝、圣灵是上帝,反之亦然(更详细的证明参阅第四章第四节)。

《范畴篇》注释第三卷讨论亚里士多德在《范畴篇》第八、九章中所讨论的"性质"、"活动"与"遭受"。对于亚里士多德所谓的"也许还有其他性质,但主要意义上的性质我们都已经说到了",[1]波爱修斯认为,亚里士多德之所以没有把所有性质说出来,是因为他的《范畴篇》只是为初学者学习较深的哲学问题提供一个"入门和桥梁"[2]的作用,至于其他性质,他在《形而上学》中再讨论。特别值得一提的是,波爱修斯还提出了一个对他的基督论极其重要的概念——"位格"或"人格"(persona),并把人的性质定义为他们的位格。他说,属加种差就形成了种,苏格拉底和柏拉图作为"人性"(humanitas)的两个种并没有区别,因为他们有相同的属,所不同的只是他们具有不同的"人格",这不同的人格就是他们相互区别开来的种差,也就是他们的性质。他在《反尤提克斯派和聂斯托利派》一文中,创造性地把位格定义为"具有理性本性的单个实体",即只有有理性的实体(如个别的人)才具有位格,以此来证明耶稣基督只有一个位格,而不是有双重位格。(参阅第四章第三节)

在注释的余下部分,波爱修斯研究了"对立"、"时间"、"同时"、"变化"和"所有"等范畴。在研究"对立"时,他明确区分了矛盾范

---

[1] 参阅:亚里士多德:《范畴篇》,10a,25。
[2] 转引自查德威克:《波爱修斯:音乐,逻辑,神学和哲学的安慰》,第150页。

畴和反对范畴。所谓矛盾范畴,就是不存在中间范畴的范畴,如奇数与偶数之间没有任何中间物。反对范畴就是存在中间范畴的范畴,如白色与黑色就是反对范畴,它们之间有灰色、红色等中间物。对矛盾关系和反对关系的区分有助于波爱修斯建构其直言命题及其推理学说。

第四节 命题学说

本节考察波爱修斯的命题理论,包括语词的性质、命题的分类、直言命题之间的对当关系、谓词的分类以及模态命题的逻辑性质等。他对这些问题的论述体现在对亚里士多德《解释篇》所作的两篇注释、《论直言三段论》和《直言三段论导论》中。

一、语词、思想、影像、语句、命题

语词(word)是构成命题的基本单位,波爱修斯首先考察了语词的性质。

第一个问题是语词到底指称什么。在这个问题上,波爱修斯基本接受波菲利的思想,后者认为,语词是指称思想(thought)的,而不是指称具体事物的。波菲利的这一思想大概来自亚里士多德的"语言只是内心经验的符号"。[①] 也就是说,语言(语词)被描述成不是对现实联系的了解,即不是对事物的了解,而是在心灵的那些感应之间建立联系,[②] 因此,语言也并非直接指称事物,而是指

[①] 亚里士多德:《解释篇》,16a,7。
[②] 罗斯:《亚里士多德》,第29页。

称思想,指称概念。但波爱修斯补充说,语词首先是表达思想的,但由于思想是指称事物的,因此,语词也具有指称事物的职能。这就是他在《范畴篇》注释中所讲的语词的两种职能。他说,任何思想都来源于影像(image),所谓影像就是事物在人的头脑中所形成的印象,即事物的摹本。没有影像就没有思想,因为思想是心智活动从杂多的影像中提取出来的,这正如给一幅只有轮廓的画着色。

波爱修斯对真假进行了论述。只有思想才具有真假,而影像是没有真假的,因为单纯的影像并不是思想,这是两者的根本区别。任何语词都是表达思想的,但并不是每一语词都具有真假,例如"苏格拉底"这一语词也具有思想,指称苏格拉底这个人,但无真假可言。只有"苏格拉底是一个人"这一语句才具有真假。这就是说,单纯的语词无所谓真假,只有由语词所构成的语句才具有真假,即语句是真假的载体。但并非所有语句都有真假,波爱修斯把语句分为五种:[①]请求语句,命令语句,疑问语句,呼唤语句和阐述语句,只有阐述语句才具有真假,即只有阐述语句才能成为命题。他实际上区分了语词与概念、语句与命题之间的关系。语词所指称的思想也就是语词所表达的概念(的内涵),而语词所指称的事物就是它所表达的概念的外延。命题(语句)由概念(语词)构成,而命题就是具有真假的语句。

语词(语句)同思想之间的关系是波爱修斯研究的另一重要问题。亚里士多德在《解释篇》的第一章对此进行了定义。他说:"口语是内心经验的符号,文字是口语的符号。正如所有民族没有共同的文字,所有民族也没有系统的口语。但是语言只是内心经验

---

① 参阅郑文辉:《欧美逻辑学说史》,第173页。

的符号,内心经验自身对整个人类来说都是相同的,这种内心经验所表现的类似的对象也是相同的。"① 但后来的注释家或者误解亚氏的思想,或者对它存有异议,因而提出自己的种种解释,即使同在亚里士多德学派内,也有较大的分歧。阿斯帕修斯(Aspasius)不但认为不同民族有不同的语言,甚至思想也各有其别,正如某一道德规范只适用于本国人,而对别的地区无效。亚弗洛底细亚的亚历山大则认为,不同地区语言和言辞的差别,并不意味着同一思想对他们来说也是不同的,因为人类有着共同的理性思考。波爱修斯接受了亚历山大的思想。他指出,同一思想对不同人来说是相同的,但语词随国家、民族、地域的不同而有差别。比如,一个外国人就不会用拉丁语词去指称石头。但同一事物不会使一个外国人产生"石头"的影像,而使一个罗马人产生"人"的影像。就是说,语词可以千差万别,但语词所指称的思想是同一的,同一事物对不同人所产生的影像也是一样的。有形体的事物是这样,无形体的事物同样如此。善、公正、上帝对每一个人来说都是相同的,每个人对于真正的好与坏都会有相似的概念,在他们心里,都会有一个最高存在的概念,如果他们把好当作坏,或把坏当作好,在宗教和道德问题上有不同的看法,那只是因为他们犯了错误,并不意味着没有一种普遍的真理作为人们追求的目标。② 但也有例外,比如在法律上何者是对的,何者是错的,不同国家有不同的看法,这只是因为法律上的对错是一个纯粹的习俗问题。

然而,语词所指称的思想对所有人来说都是同一的,只是意味

---

① 亚里士多德:《解释篇》,16a,3—9。
② 参阅查德威克:《波爱修斯:音乐,逻辑,神学和哲学的安慰》,第156页。

着一个语词所指称的某一具体的思想具有全人类性,这并不排除同一语词可以指称不同的思想,即语词是有歧义和多义的,而这是由于语词的本质所决定的。例如,"to be"(希腊语 eimi)就是一个最明显的多义词。他说,亚历山大认为,既然"to be"一词可以用于一切范畴,因而就其自身而言并没有任何意义。波爱修斯引述了波菲利关于"to be"的两种最基本的用法:当说"苏格拉底是"(Socrates is)时,可以把它解释为"苏格拉底是一个'是这个'的东西,并且我把他归于'是这个'这一类事物。"这就是在"存在"(existence)的意义上使用"to be"这个词,即"苏格拉底"是一个"存在物"。但有时它也意味着"分有"(participate),如"苏格拉底是一个哲学家"(Socrates is a philosopher),就标明"苏格拉底分有哲学"(Socrates participates in philosophy)。这就是仅仅把"to be"作为一个联词(copula)使用。[①] 这里,波爱修斯区别了"to be"具有的本体论意义(即"S 是"的"是")和它具有的逻辑意义(即"S 是 P"的"是")。

波爱修斯还发现人们对属与种有不同的解释。例如,当说"柏拉图是一个人"时,不是说"人(homo)本质上存在于柏拉图里",而是说"人性(humanitas)本质上存在于柏拉图里"。也就是说,作为柏拉图的种的"人",并不能像一般人那样,根据其表面意义把它理解为"人",而应理解为"人性"。这说明,对有些语词的意义有不同的理解,有时不仅是因为不同国家、不同民族、不同人的原因,这只是语词的外部属性,而是语词本身的特有属性使然。所以,有些人根据亚里士多德在《解释篇》里所说的——"我把那些自然适合于述说许多事物的东西叫做共相,把那些不适合于述说许多事物的

[①] 参阅麦伦本:《中世纪早期哲学导论》,第 33 页。

东西叫做个体。所以人是一个共相……，卡里亚斯是一个个体"①——而把"人"作为卡里亚斯的种，也就不足为怪。他还认为："正如 homo（人）这个词在他的拉丁文译本里可以认为起着哲学习惯语里 humanitas（人性）这个词所起的作用一样，柏拉图（用以代替生疏的卡里亚斯）这个词也可以认为起着 Platonitas（柏拉图性）这个词的作用，也就是作为正确述说柏拉图的性质的名称，而不是述说其他事物的性质的名称。"②但波爱修斯对属和种的这种正确的解释并没有一贯性。例如，威廉·涅尔、玛莎·涅尔对他的这一创新是这样评价的："值得注意的是，在对共相所作的说明中，波爱修斯正确地把'人性'（humanitas），而不是把'人'（homo）作为种名。但是由于波爱修斯在许多地方所采取的其他用法的影响相当大，以致在人们用拉丁文讨论哲学时，Homo est species（人是种）一直被滥用。"③

二、直言命题的性质及它们之间的对当关系

波爱修斯对命题进行了详细的逻辑分析。他首先根据不同的划分标准对命题进行了分类。根据命题的复杂度，可以分为直言命题（简单命题）和复合命题。直言命题就是不包含有其他命题，而只由谓词（范畴）构成的命题，例如，"这是白天"，因此，直言命题也就是谓词命题。他像亚里士多德一样，对谓词进行了详细的分类，来考察直言命题的真假。所谓复合命题，就是包含有两个或两

---

① 亚里士多德：《解释篇》，17a，36—38。中译文引自威廉·涅尔、玛莎·涅尔：《逻辑学的发展》，第 254 页。
② 威廉·涅尔、玛莎·涅尔：《逻辑学的发展》，第 255 页。
③ 同上，第 254 页。

个以上命题的命题,例如,"如果这是白天,这就是亮的。"对于复合命题,波爱修斯着重研究了假言命题,下文将详加论述。

直言命题又可分为不同类型。根据命题的质,有肯定(affirmative)命题和否定(negative)命题;根据命题的量,有全称(universal)命题,特称(particular)命题,单称(individual)命题,不定(indefinite)命题。这两类命题结合在一起,就可以构成全称肯定命题,全称否定命题,特称肯定命题,特称否定命题。波爱修斯于是构造了这四种命题之间的对当关系。直言命题之间的对当关系是由亚里士多德首先建立起来的,但他没有论述从属关系。亚里士多德之后,那些研究亚氏范畴逻辑的拉丁逻辑学家对命题之间的对当关系进行了不断的研究。二世纪时,卢西乌斯·阿普莱乌斯(Lucius Apuleius,约127—170年)把语句分为四种,即:(1)所有A是B,(2)没有A是B,(3)有些A是B,(4)有些A不是B。并把(1)和(2)称为反对的关系,(3)和(4)称为补充的关系,(1)和(4)以及(2)和(3)称为论战的关系。① 阿普莱乌斯用来描述命题之间的对当关系的术语,被5世纪初罗马哲学家马提安·卡培拉(Martianus Capella)放在下面的图表中表述出来:

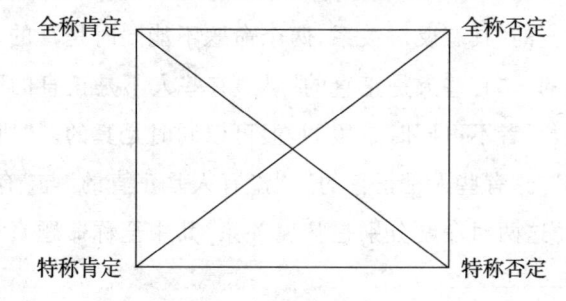

```
全称肯定 ────────────── 全称否定
         \          /
          \        /
           \      /
            \    /
             \  /
              \/
              /\
             /  \
            /    \
           /      \
          /        \
         /          \
特称肯定 ────────────── 特称否定
```

---

① 参阅郑文辉:《欧美逻辑学说史》,第158—159页。

从这个图表可以看出,在卡培拉时代,已经有了直言命题之间对当关系的规律。① 类似的表格在阿莫纽斯对《解释篇》所做的注释中也出现过。但可以认为,正是波爱修斯第一次使用拉丁文,构造并详细地论述了这一对传统逻辑有着极其重要意义的直言命题对当关系的完全表格,他在《论直言三段论》和《直言三段论导论》中,都对该表格作了说明:②

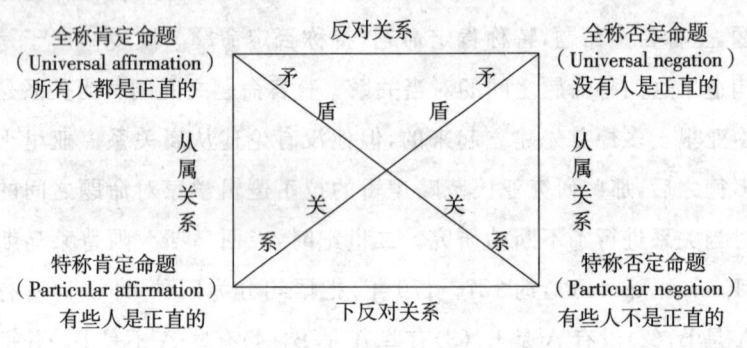

```
全称肯定命题          反对关系          全称否定命题
(Universal affirmation)              (Universal negation)
所有人都是正直的                      没有人是正直的

         矛          矛
         盾          盾
从                              从
属          关    关          属
关                              关
系          系    系          系

特称肯定命题         下反对关系         特称否定命题
(Particular affirmation)            (Particular negation)
有些人是正直的                        有些人不是正直的
```

波爱修斯举了四个主词和谓词都相同的命题(即逻辑上所说的同一素材的直言命题):全称肯定命题"所有人都是正直的",全称否定命题"没有人是正直的",特称肯定命题"有些人是正直的",特称否定命题"有些人不是正直的"。"所有人都是正直的"与"没有人是正直的"具有反对关系,两个命题不能同时是真的,但可以同时是假的。"有些人是正直的"与"有些人不是正直的"处于下反对关系,二者不可同时是假的,但可以同时是真的。"所有人都是正直的"与"有些人是正直的","没有人是正直的"与"有些人不是正直的"这两对命题分别是从属关系,其中全称命题真,则特称

---

① 参阅郑文辉:《欧美逻辑学说史》,第160—161页。
② 参阅查德威克:《波爱修斯:音乐,逻辑,神学和哲学的安慰》,第156页。

命题也真,全称命题假,则特称命题真假不定,特称命题真,则全称命题真假不定,特称命题假,全称命题必假。矛盾关系命题是波爱修斯重点研究的命题。他发现在全称肯定命题和特称否定命题之间,全称否定命题和特称肯定命题之间存在着矛盾关系,两个命题永远不可同时为真,也不可同时为假。

换质换位是直言命题的一种重要推理,波爱修斯也进行了研究。他提出了三种换质换位法:第一,简单换位,即不改变命题的量,而只改变命题的质,由肯定命题换为否定命题,或由否定命题换为肯定命题。这其实是换质。例如,"所有人都有理性",换质后就是"所有人都并非无理性"。第二,对当换位,即改变主词和谓词的位置,并通过否定主词或谓词来完成。这实际上是换质换位并用法。例如,"所有人都有理性",对当换位变成"所有无理性的都是非人"。第三,换质位的换位,即换质换位的连续应用。以上换质换位都是直言命题之间的等值转化。此外,他还论述了直言命题之间的其他等值转化,特别是根据矛盾关系所作的转化,如"所有人都有理性"等值于"没有人无理性","所有人都无理性"等值于"没有人有理性"。

三段论是亚里士多德逻辑学说的核心,波爱修斯同样也把它作为自己逻辑研究的主要内容,《论直言三段论》和《直言三段论导论》是专门研究《后分析篇》的。他在这两部著作中,对亚氏的三段论做了极其精细的说明和处理,但他的主要贡献在于对亚里士多德把三段论符号化加以充分肯定。在他之前,亚历山大也特别注意过亚氏逻辑的这一特征,波爱修斯把这一传统发扬光大。他说,在形式逻辑中,我们使用字母去指代词项,并作为变项,部分是为了简洁实用,但主要还是为了显示,当用形式的东西去代替实质的内容时,三段论中所证明的东西就具有普遍应用性。[①] 从逻辑史上看,推理的符号化和形式化对于逻辑的发展和应用是多么的重要。斯多噶学派是古希腊罗马逻辑学派中把命题和推理符号化得最好的学派,波爱修斯显然继承了这一传统。应该说,亚里士多德的三段论"本质上"已没有什么可补充的了(列宁语),只是在一些技术环节上还有待完善,但经过德奥弗拉斯特(Theophrastus,前371—前286年)、尤德慕(Eudemus,鼎盛年约在前320年左右)和后期亚里士多德学派代表亚历山大等人的发展,到波爱修斯那里,已不可能再有创新就不足为奇了。

波爱修斯还研究了不定命题,即不带量词的命题,如"人是(或不是)正直的"。他采纳了亚历山大的观点,认为不定命题既可以分析成全称命题,也可以分析成特称命题,这种命题可以产生相反的意义。他还说,这类命题实际上起着特称命题的作用。[②] 我们可以把他的意思理解为,像"人是正直的"这一命题,既可分析成全称命题"所有人都是正直的",又可分析成为特称命题"有些人是正直的",也就是起到特称命题"有些人是正直的"的作用,即"有些人是正直的"既可能意味着"有些人是正直的"并且"有些人不是正直的",也可能意味着"所有人都是正直的",因此,"人是正直的"这一命题可以分析出"有些人不是正直的"和"所有人都是正直的"两个相互矛盾的命题。他否定了西里亚努的观点,后者认为否定的不定命题起着全称否定命题的作用,例如"并非人是正直的"等值于"所有人都不是正直的",波爱修斯指出,"人是正直的"可能意味着

[①] 参阅查德威克:《波爱修斯:音乐,逻辑,神学和哲学的安慰》,第165页。
[②] 波爱修斯:《直言三段论》,I. 参阅同上,第156页。

"所有人都是正直的",而按对当关系表,"并非:所有人都是正直的"只等值于"有些人不是正直的"。他还认为,任何两个不定命题都无法构成三段论,这与他所说的不定命题起着特称命题的作用是一致的,因为任何两个特称命题都不能构成一个有效的三段论。

三、对谓词的分类

波爱修斯在《直言三段论导论》中还探讨了谓词的性质,并对谓词进行了分类。他对谓词与主词的关系作了如下定义:"凡主词比谓词大的时候,无法加以精确表述:因为谓词的性质不允许比主词小。"①因为直言命题实际上就是性质命题,就是通过谓词对主词的性质进行断定,就是确定主词的性质属于谓词所断定的性质的哪一部分,如果主词的性质比谓词所断定的性质还要大,那么,大出来的这部分性质就是一个不确定的东西,就是谓词没有断定了的东西,谓词也就失去了对主词的性质进行"精确表述"的意义。

波爱修斯把谓词分为如下五种类型:
(1)与主词不可分离的谓词,例如,理性与人的关系;
(2)不可与主词分离,但与主词的性质不能等同的谓词,例如文法家与人的关系;
(3)与主词完全不相容的谓词,例如石头与人;
(4)可以同主词分离,但比主词大而又更加普遍的谓词,例如公正与人;

---

① 波爱修斯:《直言三段论导论》。中译文引自威廉·涅尔、玛莎·涅尔:《逻辑学的发展》,第 245 页。

(5)永远与主词相联,但从不比主词更大的谓词,例如会笑与人。①

第一种谓词反映的是主体的本质,就是对主词的定义,如理性就是人的本质,人可以定义为具有理性的东西。第二种谓词只涉及主体的偶性,例如文法家对人的关系,尽管只有人才可能是文法家,但文法家与人的本性没有任何内在联系,某人是文法学家纯粹是一种偶性。第三种谓词与主词要么是同一属下的不同种,如动物属下的不同种:人与狼,要么处在与主词完全不同的属种关系之中,如人与石头。第四种谓词说明的是作为主词的种的种差,它本身要比主词大或更普遍。他举例说,"所有的人是公正的,这是一个假命题,下面的命题也是假的:所有的非人是不公正的。因为对神圣实体来说,永远是公正的,而人类则不然。"②就是说,"公正"只是人的种差,有些人是公正的,有些人则不是,亦即并非所有的人都是公正的。"公正"又是一个比人更大更普遍的谓词,因为并非只有人才是公正的,亦即所有的非人都是不公正的论断是错误的。第五种谓词用来说明主词的固有属性,如会笑是只有人才具有的属性,在人之外没有别的事物具有这种属性,因此,既可以说人是一种会笑的东西,又可以说会笑的东西是人。这五种谓词都可以用来说明主词的性质,除了第三种是从否定的角度说明外,其他的都是正面述说主词的性质。波爱修斯对为谓词的分类很明显是受到了亚里士多德"四谓词理论"③的影响:第一种谓词就是亚

---

① 波爱修斯:《直言三段论导论》。参阅查德威克:《波爱修斯:音乐,逻辑,神学和哲学的安慰》,第165页。
② 同上。
③ 参阅亚里士多德:《论辩篇》,103b,6—19。

氏的"定义",第二种谓词就是"偶性",第四种谓词可以比做亚氏没有严格区分的属或种差,第五种谓词就是"固有属性"。

四、模态逻辑

波爱修斯的模态逻辑理论包括对关于未来偶然(contingent)事件命题的看法和模态命题对当关系。

关于未来事件的模态命题的性质,历来就是一个十分艰涩且争议颇大的问题。它是由亚里士多德在他的《解释篇》第九章中首先提出来的:"关于过去或现在所发生事情的命题,无论是肯定的还是否定的,必然或者是真实的,或者是虚假的。无论是关于普遍的全称命题,还是关于个别的单称命题,正如我们所说的那样,总要或者真实,或者虚假。……但关于将来事件的单称命题则有所不同。因为,如若所有的肯定命题以及否定命题或者真实,或者虚假,……那么就不会有什么东西是偶然的或碰巧发生的,而且将来也不会有。"①按照亚里士多德的意思,如果所有关于将来事件的单称命题(因为关于未来事件的全称命题或特称命题大多是关于某种规律的命题,这类命题多数是可以在未来事件发生前就判断其真假的。如将来所有的人都是有死的就是真的,因为所有的人都是有死的,当然也包括将来出生的人)也是或者真或者假,那么,就不存在偶然或碰巧发生的事件,一切事件的发生都是出自必然,都是事先确定了的。例如,"苏格拉底明天将会坐着"这一关于未来事件的命题如果必然是真的,那么,苏格拉底明天就注定只能坐着,而不能站着;如果这一命题必然为假,那么苏格拉底明天就注

---

① 亚里士多德:《解释篇》,18a,29—18b,9。

定只能站着，而不能坐着。这意味着苏格拉底无力决定自己的行为，意味着他没有自由意志。但这是不可能的，因为"未来事件取决于人的意志和行为"。①"并非所有的事件都必然地存在或必然地发生，而是存在偶然性。"②同时，亚里士多德区别了两种必然性："存在的东西当其存在时，必然存在，不存在的东西当其不存在时，必然不存在。但是并非所有发生的事情或不发生的事情都是必然的。存在的东西当其存在时就必然存在，并不等于说，所有事情的发生都是必然的。关于不存在的东西也是如此。"③他还举了一个例子，一场海战在明天发生或者不发生，这是必然的，但这场海战在明天并非必然会发生，也并非必然不会发生。人们一致认为，对关于未来事件的命题的真假的分析，是亚里士多德逻辑学最富有哲学成果的部分之一。④

但亚里士多德的下述论断，即"如果我们假定所有互相矛盾的两个命题——全称或单称的肯定命题与否定命题——其一必然是真实的，另一必然是虚假的，那么，所发生的一切事情就不可能是偶然的，一切事物的生成都是出自必然，人们毫无必要进行选择，或者在假设上多费心思"⑤却被很多人做了不同解释。有人据此认为既然互相矛盾的两个命题的确其一必然真，其一必然假，那么人们就没有自由意志了。这实际上是对亚里士多德的误解。亚氏的推理当然没有问题，但他的意思只是说，我们不能必然确定这两

---

① 亚里士多德：《解释篇》，19a，7。
② 同上，19a，17—19。
③ 同上，19a，22—26。
④ 参阅麦伦本：《中世纪早期哲学导论》，第23页。
⑤ 亚里士多德：《解释篇》，18b，27—31。

个命题孰真孰假,只能知道它们如果其一必然真,那么另一必然假。而互相矛盾的两个命题其一必然真,其一必然假(设 p 和¬p 表示这一对互相矛盾的命题,则本命题可表示为□p∧□¬¬p 或 □¬p∧□¬p,前者表示 p 必然真并且 p 必然假,后者表示 p 必然假并且¬p 必然真),与互相矛盾的两个命题如果其一必然是真,那么另一必然假(□p→□¬¬p 或□¬p→□¬p)是完全不等值的,后者恒成立,前者"并不是必然的"。① 这些人显然是把两个命题等同起来。由于亚氏没有肯定这一假言命题的前件,因此,人没有自由意志的结论也就是推不出的。但也有人根据亚氏的推论得出并非两个互相矛盾的命题其一必然真,其一必然假。因此,其一,或者一个命题不必然真,或者另一命题不必然假,即总有一个命题是或然的;其二,亚氏实际上断定了关于未来事件的命题总有些是或然的,是可真可假的。这种推论前半部分是正确的,但却是以否定亚氏推论的后件为前提的,即人有自由意志,但这一结论正是人们希望从并非所有命题必然是或真或假而推出来的,这就犯了循环论证的错误。后半部分是从总有一个命题是或然的,推出总有一个关于未来事件的命题是或然的,这一推理是不成立的,因为这涉及关于未来事件的命题是否具有命题的一般属性,而这也正是所要解决的问题。

特别是,有人从亚里士多德的两个前提"如果所有关于将来事件的互相矛盾的命题或者真实或者虚假,那么,就不存在偶然事件,就意味着人没有选择的自由"与"未来事件取决于人的意志和行为",推出"关于将来事件的互相矛盾的命题并非或者真或者假"

---

① 亚里士多德:《解释篇》,19b,2。

(假言推理的否定后件式),即这两个命题都是既不真,又不假。波爱修斯认为,斯多噶学派就是这样推论的,但他们是错误的。① 在他看来,"亚里士多德并没有说,关于将来事件的互相矛盾的命题都是既不真又不假的,而是说它们之间必然有一个是真的或假的,但并非像关于过去和现在的命题那样"。② 也就是说,关于将来事件的两个互相矛盾的命题虽然必然一真一假,但它们中的任何一个都并非确定无疑(definite)真或者确定无疑假,只有关于过去和现在的命题才这样。这种不确定性不是由于人类的无知造成的,而是这类命题的一种特征。因此,亚里士多德实际上是说,像"必然性"这类对其断定对象十分确定的模态词,根本不适合于关于未来事件的命题的真值,而只适合于过去的事物或现在的事物,因为后者就是我们所看到的这个样子。从波爱修斯对《解释篇》的注释可知,他也是持这一观点的。

应该看到,尽管波爱修斯正确地发现了斯多噶学派推理错误的实质在于错误地理解了亚里士多德上述命题的本义,但他没有指出精通命题逻辑的斯多噶学派所构造的推理本身是没有问题的。其实,造成这一后果的原因在于亚里士多德本人。虽然亚氏说"如果所有关于将来事件的互相矛盾的命题或者真实或者虚假,那么,就不存在偶然事件,就意味着人没有选择的自由"($p \vee \neg p \to q$),意思是"如果所有关于将来事件的互相矛盾的命题或者必然真实或者必然虚假,那么,就不存在偶然事件,就意味着人没有选择的自由"($\Box p \vee \Box \neg p \to q$),但他在多个场合直接使用前者,或用

---

① 参阅麦伦本:《中世纪早期哲学导论》,第34页。
② 波爱修斯:《亚里士多德〈解释篇〉注释》(第2篇),208,I—II。转引自弗雷德、斯特里克:《希腊思想的理性》第283页。

"如果所有关于将来事件的互相矛盾的命题必然或者真实或者虚假,那么,就不存在偶然事件,就意味着人没有选择的自由。"(□(p∨¬p)→q)去表达后者。这三个命题虽不等值,但第二个命题(□p∨□¬p)→q 与第三个命题□(p∨¬p)→q 很容易想当然地被认为是等值的,许多对亚氏的误解正是因此造成的。亚里士多德并没有从逻辑上严格说明它们的区别,而在语言形式的使用上又不精确或不一贯。因此,虽然他的意思很清楚,但也很难保证人们不会从字面上去理解它。这就给后人留下了继续争论关于将来事件的单称命题的逻辑性质的理由和空间。

亚里士多德没有想到,他对这一问题的提及不仅引起古代思想家对这类命题本身的激烈讨论,而且在中世纪,更是与基督教的教义联系起来,成为神学家很难回避并且必须解决的问题。

这一问题是,如果一切命题(特别是关于将来事件的命题)都或者必然真或者必然假,那么,"必然性"就控制着一切,人们的一切行动早已安排在必然的命运之中,没有任何自由意志。对于信仰上帝的基督徒来说,由于全能的上帝能预知世间未来的一切,上帝就是真理,因此,上帝预知世间将来事件的命题必然是真的,这些被预知的事件就是必然要发生,或者必然不要发生的,否则上帝的预知就是错误的,而这是不可能的,因此,人们的一切行动早已被上帝的预知安排好了,人完全失去了选择的自由。

对于命定论者来说,这当然不是问题。例如,在斯多噶派那里,世间的一切都被绝对必然性所支配,所谓偶然,不过是无知的代名词,所谓自由,不过是动物式的本能。因此,关于将来事件的命题与关于现在和过去事件的命题没有区别。但如果是一个自由意志论者,或者并非完全命定论者,就会尽其所能地否定"一切命题都是或者必然真或者必然假的"。逍遥学派就是这样去做的。

主张上帝能预知一切但人也有自由意志的基督徒波爱修斯也试图去研究这一问题。他的研究是从定义"偶然"(他在《哲学的安慰》中对偶然作了更加详细的界定)开始的。他认为，偶然意味着一个事物是这样或是那样是均等的；必须把偶然同可能但非常罕见区别开来，与寻常但并非不变区别开来，后者如一个人的头发在年老时会变白，这很寻常，但也有特例。我们说一个事物是偶然的，却不能把其不确定性归因于我们的无知。我们只是认为，就这个事物的本身而言，在其因果联系之中，具有不确定性(uncertainty)或不稳定性(instability)，正如我们不经意之中见到了一位朋友。世界并非必然是今天这个样子。上帝控制天国的一切，但对尘世中的事物并非安排得那么固定不变。[①] 世间的事件存在偶然性，不确定性是世界的固有本质。波爱修斯还把"偶然"的可能性分为三种情况：第一，可能性相当小，只有九十九分之一，但理论上还是有可能的；第二，具有同等可能性，五十比五十；第三，可能性相当大，是九十九比一。显然，他的这一论述是不清楚的。首先，他所谓偶然即"机会均等"，似乎是一种"确定性"，但又认为偶然是不确定的，不稳定的，因此，很难认为他这里不存在矛盾。其次，他把偶然同"可能"但"非常罕见"区别开来，似乎认为可能有程度的不同，比如"非常罕见"也是一种可能，但他认为"非常罕见"并不是偶然，因为偶然是机会均等。但对此的区分又被他把偶然分为三种可能所淡化。同样的问题发生在他把偶然同"寻常但并非不变"区别开来上。如果说他对偶然有一个确定的定义的话，最多只能

---

① 参阅查德威克：《波爱修斯：音乐，逻辑，神学和哲学的安慰》，第157—158页。

说,"偶然"就是并非不可能,或者就是可能。他的确也这样说了。① 但这与"偶然意味着一个事物是这样或是那样是均等的"是矛盾的,至少没有作明确区分,尽管他曾经试图把偶然同可能区分开来。②

无论如何,波爱修斯对"偶然"的定义或述说是基于"可能"这一模态词的,因此,为了彻底辨明"偶然"的含义,他考察了前人对"可能"的几种定义。麦加拉学派的第奥多鲁斯(Diodorus Cronus,前330—275年)认为,"可能"只是在理论上与"必然"有区别,因为世间只有必然的事件才会真正发生,任何可能的事件如果真的发生了,它就不是可能。因此,就其现实性来说,可能与必然是同一的,不必然就是不可能。惟一"可能"的是,何者现在存在或将来存在,或者何者现在真或者将来真。第奥多鲁斯基于时间函子,对模态词进行了逻辑定义:可能指现在真或者将来真;必然指现在真并且将来也真;不可能指现在假,将来也假;不必然指现在假,或者将来假。菲罗(Philo of Megara,前4世纪)认为,可能是就其本性而言容许是真的东西,必然是就其本性而言是真的而不可能假的东西,不可能是就其本性而言不容许是真的东西,不必然是就其本性而言容许是假的东西。对于可能,他举例说,我今天要再读狄奥克里特的田园诗,如果没有外在因素阻止的话,这件事就是可能的。显然,菲罗对模态词的定义是一种结合"本性"和"现实"的定义。波爱修斯还对斯多噶学派的模态词定义进行了评价,认为,斯多噶学派与菲罗不同,前者把外界干扰完全排除在外。他接着批

---

① 参阅查德威克:《波爱修斯:音乐,逻辑,神学和哲学的安慰》,第161页。
② 同上。

评了斯多噶学派对命题的分类。为此他设计了一个表格：

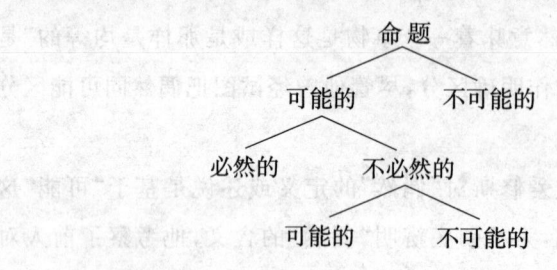

```
                 命题
            ／         ＼
         可能的        不可能的
        ／    ＼
     必然的   不必然的
            ／    ＼
         可能的   不可能的
```

认为他们同时把可能既作为一个大的属概念,又作为一个小的种概念,是不合适的。据我们对斯多噶学派的了解,他们其实并没有对命题作过这样的划分,这是波爱修斯对他们的误解。① 从他接受斯多噶学派对模态词的如下定义也可得出这一点。他说:"斯多噶认为'可能的'是一个能够成为真的论断……;而'不可能'是绝不包含真的(论断),另外的事物妨碍它发生。'必然的'是真的,而不以任何方式容许假。"② 不必然就是容许假的论断。他还认为,他们把可能命题定义为"一个命题是可能的,当且仅当其否定是不必然的",把不可能命题定义为"一个命题是不可能的,当且仅当其否定是必然的",却是正确的。他对斯多噶学派的肯定之处基本代表了他自己对模态词的定义。

波爱修斯宣布在模态逻辑上信奉德奥弗拉斯特的观点。③ 后者坚持"模态从弱"原则,即可能命题推不出实然命题,实然命题推不出必然命题,反之则是可以推出的。按照这一原则,波爱修斯定义了四种基本模态算子之间的对当关系。我们用 $\alpha, \beta, \gamma, \delta$ 分别表

---

① 参阅马玉珂:《西方逻辑史》,第 122 页。
② 转引自同上。
③ 参阅威廉·涅尔、玛莎·涅尔:《逻辑学的发展》,第 246 页。

示"必然"、"可能"、"不必然"和"不可能",则:①

1. 如果 α 真,则 β 真,γ 假,δ 假。
2. 如果 β 真,则 α 真假不定,γ 真假不定,δ 假。
3. 如果 γ 真,则 α 假,β 真假不定,δ 真假不定。
4. 如果 δ 真,则 α 假,则 β 假,γ 真。
5. 如果 α 假,则 β 真假不定,γ 真,δ 真假不定。
6. 如果 β 假,则 α 假,γ 真,δ 真。
7. 如果 γ 假,则 α 真,β 真,δ 假。
8. 如果 δ 假,则 α 真假不定,则 β 真,γ 真假不定。

我们用常见的逻辑方阵图表示如下:

```
              反对关系
       α ─────────────── γ
       │ ╲     矛    ╱ │
       │   ╲  盾   ╱   │
    从 │     ╲  ╱     │ 从
    属 │      ╲╱      │ 属
    关 │      ╱╲      │ 关
    系 │    ╱ 关 ╲    │ 系
       │  ╱  系   ╲   │
       │╱           ╲ │
       β ─────────────── δ
              下反对关系
```

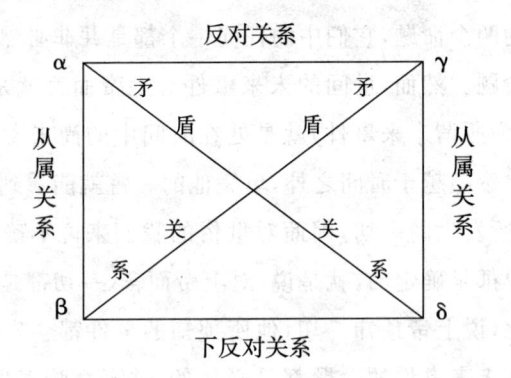

在《解释篇》的第二篇注释中,波爱修斯基本上是从纯逻辑的角度研究模态命题的。按照他的理解,上帝预知与人的自由意志的一致性问题,已经超出了纯逻辑的范围,或者说,这只是由模态逻辑所引发的一个问题,却不能在模态逻辑范围内解决。因此,他

---

① 参阅波波夫、斯佳日金:《逻辑思想发展史——从古希腊罗马到文艺复兴时期》,第 188 页。

只是在《哲学的安慰》中才着手研究上帝预知与人的自由意志的一致性。

　　从关于未来事件的命题的性质到模态算子的研究,再到上帝的预知与人的自由意志的一致性的证明,要经过一系列的思维转化,特别是要从纯逻辑思维转到哲学思维,再到神学思辨。我们可以把波爱修斯对这一问题的看法理解为:"必然"意味着永远是真的,"不可能"意味着永远是假的,"可能"意味着能够成为真的东西,"不必然"意味着可以成为假的东西。未来事件的发生是不确定的,既不是必然的,也不是不可能的,而是可能的或不必然的,即是偶然的。因此,关于未来事件的命题也是一种或然命题,即使是互相矛盾的两个命题,它们中的任何一个都是并非必然真、也并非必然假的命题。然而,世间的未来事件对上帝而言就是当下发生的事件,因为所谓未来事件,就是处在时间中的尚未发生的事件,而全能的上帝超越于时间之外,单凭他的一瞥就能看到时间过去、现在、未来所发生的一切,因而对世俗的我们来说不确定的东西,对上帝来说都是确定的,就是说,对上帝而言,一切都是必然,而非偶然。因此,说上帝预知一切,他所预知的事件都会发生,并且他关于世间的未来事件的命题都是必然的,并不意味着世俗的人们就没有选择的自由。事实上,上帝预知一切与人有自由意志是一致的(参阅第六章第六节)。

第五节　假言命题和假言推理

　　应该说,波爱修斯对假言命题及假言推理的论述,是他的全部逻辑思想中最精彩最具逻辑性的部分,也是他留给逻辑史最宝贵的财富之一。他在《论假言三段论》、对西塞罗《论题篇》的注释和《论论题区分》三部著作中,对假言命题的逻辑性质和假言三段论(即假言推理)进行了十分精细而深入的研究。

一、假言命题的逻辑性质

假言命题的逻辑性质是命题逻辑的一个重要问题,也逻辑史上争论的主要问题之一,只是在现代命题逻辑中,这一问题才基本解决。早期亚里士多德学派(如亚氏的直传弟子德奥弗拉斯特)虽也涉及过假言三段论,但并未对假言命题(主要是假言联结词)的性质做过专门研究。麦加拉—斯多噶学派被公认为是对假言命题的逻辑性质最早做出严格定义的逻辑学家。波爱修斯对这一问题的分析正是秉承了他们的传统。但在这两个学派内部,对于假言命题的定义也是有分歧的,以下是几种主要的定义:

1. 一个假言命题是真的,当且仅当不是前件真而后件假。

2. 一个假言命题是真的,当且仅当过去不可能且现在也不可能前件真而后件假。

3. 一个假言命题是真的,当且仅当其后件的矛盾命题与前件不相容。

4. 一个假言命题是真的,当且仅当其后件潜在地包含在前件之中。

第四种定义与斯多噶学派关系不大,它似乎是逍遥学派的,因为其中包含有非逻辑术语"潜在",并且没有使用"如果 p,那么 p"的形式。[①] 第一和第二种定义被塞克斯都·恩皮里可(Sextus

---

① 参阅威廉·涅尔、玛莎·涅尔:《逻辑学的发展》,第167—168页。

Empiricus，2世纪末至3世纪初)认为分别是由麦加拉学派逻辑学家菲罗和第奥多鲁斯所作的。① 第三种应归于斯多噶学派克里西普的名下。② 第一种定义相当于实质蕴涵(material implication)或真值蕴涵(truth-functional implication)，即只考虑前件和后件之间的真假。第二种定义相当于形式蕴涵(formal implication)，即前件与后件之间在形式上有推导关系。第三种相当于严格蕴涵(strict implication)，即前件真而后件假不仅是假的，而且也是不可能的。

波爱修斯按照推论(consequentia)的不同类型对假言命题(条件陈述句)进行了区分："假言命题可以由两种方式形成：或是按照偶然的方式，或是为构造一个自然推论的方式。偶然的方式可以这样：当我们说：'当火是热的时，天空是运动的。'因为天空之为运动的，并非因火是热的，而这句话意味着，在火是热的时候，天空是运动的。"③所谓"按照偶然的方式"(secundum accideus)，是指一个假言命题是真的，当且仅当其前件真时，后件也同时为真，并不意味着前件与后件之间在具体内容上有某种必然联系。这就是现代逻辑所谓的实质蕴涵。

波爱修斯把所谓为构造一个自然推论(consequentia naturae)的假言命题定义为："(这类假言命题)的前件就是那些一旦被断定，就可必然(着重号为引者所加，下同)得出另外一些事物的东西(例如，哪里有战争，哪里就有敌对)，前件必然具有后续，因为后件

---

① 参阅斯汤普：《波爱修斯的〈西塞罗《论题篇》注释〉与斯多噶学派的逻辑学说》。见韦伯尔主编：《中世纪哲学研究》，第17辑，第7页。
② 参阅威廉·涅尔、玛莎·涅尔：《逻辑学的发展》，第167页。
③ 波爱修斯：《假言三段论导论》，I。转引自波亨斯基：《形式逻辑史》，第138页。

不可与前件分离。而后件是那些可以从前件推出的东西(例如,敌对从战争推出,因为如果有战争,就必然有敌对)。"①但是,我们不能说,如果有敌对,就会有战争,尽管从本质上看,敌对确实在战争之前,因为战争并不是敌对的必然后件。

包含自然推论的假言命题又可以分为两种方式:"一种是必然得出的结论,但其结论不是通过词项的位置(positio terminorum)得出的;另一种是结论通过词项的位置得出的。例如第一种方式,我们可以这样说,'当他是人时,他就是动物'。这个结论就其真实性来讲是可靠的,但不能因此说,因为他是人,所以他是动物。所以我们也不能说,因为这是种,所以这是属。但是有时也可以由属当中找到根源的,甚至本质的原因也可以从普遍性中引申出来,例如,因为是动物所以可能是人。种的原因是属。然而当有人说:'当他是人时,他就是动物',就做出了真正而必然的结论。可是通过词项的位置是得不出这样的结论的。另有一些假言命题,在那里能发现必然的结论,而词项的位置运用下述方式得出了这一结论的原因:'如果地球斜了,月亮也就缺了'。这种结论是罕见的,月亮之所以缺,是由于地球斜了。像这类命题对论证是确切的和有用的。"②所谓结论从前提必然得出,但不是通过词项位置而得出,是指结论必然地包含在前提之中,结论与前提是种属关系,而种很自然地存在于属之中,种存在,其属必然存在,但种并不是属的原因,结论存在并不是由于前提存在。这相当于现代逻辑的严格蕴涵,即一个假言命题是真的,当且仅当其前件可以必然地得出

---

① 波爱修斯:《西塞罗〈论题篇〉注释》,第52页。
② 波爱修斯:《假言三段论导论》,I。转引自威廉·涅尔、玛莎·涅尔:《逻辑学的发展》,第249页。

后件。所谓结论是通过词项的位置而得出来的,是指前提是结论的原因或存在的根据。这种假言命题实质上指的是因果联系,波爱修斯看到了一个真实的因果联系对应于一个真的假言命题。

涅尔认为,波爱修斯使用"按照词项位置的推论"这一短语确实令人奇怪,或许他所想到的是《后分析篇》的三段论结构,因为"positio terminorum"一词就是表示在三段论的前提里词项出现的秩序。① 但也许波爱修斯的意思是说像"如果地球斜了,月亮也就缺了"这类命题的前后件在某些时候可以换位,变成"如果月亮缺了,地球也就斜了",即把"月亮缺了"变成"地球斜了"的原因。而不是通过词项位置必然得出的推论,其前后件是不可以换位的,我们不能说"如果他是动物,那么他就是人"。

波爱修斯最早把推论明确区分为按照偶然性的推论和自然推论两种类型,具有重要意义,涅尔认为"这一点可能是中世纪逻辑一个最重要进展的源泉"。②

波爱修斯还对假言命题与其他类型命题之间的等值关系进行了定义。他说:"选言命题'或者 A 不是,或者 B 不是'是真的,是指那些事物不可同时存在的情况,因为它们中任何一个都并非必然存在;这一命题等值于这样的复合命题:'如果 A 是,那么 B 不是'……在这一命题中,只有两种组合产生(有效)三段论。即如果 A 是,那么 B 将不是,并且如果 B 是,那么 A 将不是……如果可以说'或者 A 不是,或者 B 不是',就可以说'如果 A 是,那么 B 将不是',并且'如果 B 是,那么 A 将不是'"。③ 此外,"p 或者 q,当且

---

① 参阅威廉·涅尔、玛莎·涅尔:《逻辑学的发展》,第 249 页。
② 同上,第 248 页。
③ 波亨斯基:《形式逻辑史》,第 138 页。

仅当如果非 p,那么 q"。① 他还认为,与"如果 A 是,那么 B 是"相矛盾的是"如果 A 是,那么 B 不是",就是说,否定一个假言命题,就是否定其后件,而不是前件。他举了一个例子,对命题"如果是白天,那么就是亮的"的否定是"如果是白天,那么不是亮的",继续否定后一命题,就是"不可能如果是白天,那么不是亮的",它等值于"如果是白天,那么就不可能不是亮的"。②

根据这些论述,可以得出如下结论:

1. ($\neg p \vee \neg q$)等值于($p \rightarrow \neg q$)
2. ($\neg p \vee \neg q$)等值于($q \rightarrow \neg p$),因而($p \rightarrow \neg q$)也等值于($q \rightarrow \neg p$)
3. ($p \vee q$)等值于($\neg p \rightarrow q$)
4. ($p \rightarrow q$)与($p \rightarrow \neg q$)互相否定

等值公式 1、2 和 3 涉及到选言命题和假言命题之间的相互转化,其逻辑意义是不言而喻的。但他认为($p \rightarrow q$)与($p \rightarrow \neg q$)互相否定,这很容易给人带来疑惑,说明波爱修斯没有遵循斯多噶学派原来的说法。③ 因为根据克里西普对假言命题的定义"一个假言命题是真的,当且仅当其后件的矛盾命题与前件不相容",与命题($p \rightarrow q$)互相否定的命题是($p \wedge \neg q$)。而($p \rightarrow q$)与($p \rightarrow \neg q$)在前件为假时,都是真的,而不是互相否定的。这就是现代逻辑对实质蕴涵的定义。但从波爱修斯的这一断定可以看出,他的假言逻辑理论所主要关心的是详细说明那些包含有必然的推论(而非偶然的推论)的假言三段论,每一结论的得出在任何方面都如同那些从范畴中得出的东西。就是说,他所关心的是如何从前件必然地推出

---

① 波亨斯基:《形式逻辑史》,第 138 页。
② 参阅波爱修斯:《西塞罗〈论题篇〉注释》,第 137 页。
③ 参阅威廉·涅尔、玛莎·涅尔:《逻辑学的发展》,第 247 页。

后件,即在前件真的情况下,后件一定是真的,而不考虑当前件假时,命题的真值。因为一个前件假的假言命题是无法必然推出后件的,在他看来,这种命题似乎没有意义。包含必然推论的假言命题显然特别适合于论证。实际上,波爱修斯对上述问题的论述也的确是在为发现论证服务。

二、假言三段论

在研究了假言命题的逻辑意义后,波爱修斯把问题引向了假言三段论,以为他发现论证服务。

在亚里士多德的逻辑学中,基本没有论及命题逻辑,因此,波爱修斯也无法从对亚氏逻辑著作的注释中汲取有效的思想来源。人们普遍认为波爱修斯的假言三段论直接来源于斯多噶学派,并且实际上是斯多噶逻辑的最后成果,这多少带有推测成分。因为他的假言三段论在结构上类似于斯多噶逻辑。而在斯多噶之后,只有西塞罗和马提安·卡培拉对假言逻辑有过并不系统的研究,而其他人基本上是沿袭亚里士多德的传统。然而假言三段论作为一种推理,其有效性已为精通逻辑学的思想家所普遍接受,之所以少有人去研究它,是因为其中相当一部分推理是"不证自明的",而且注释亚里士多德的逻辑学是学术界的一贯传统,争论的焦点似乎停留在亚里士多德的身上。熟谙逻辑学的波爱修斯意识到假言逻辑是一种完全不同于直言三段论的逻辑,但实用意义非常明显,特别是在论辩中有广泛的应用性。因此,他致力于去研究这一似乎被学术所遗忘的东西。当然,熟悉逻辑史的他不可能不去研究斯多噶逻辑并因而受到影响。因此,我们还是首先给出斯多噶学派的几种经典假言三段论(S1 表示斯多噶第一个推理模式,余类

推):

S1. 如果第一,那么第二;第一;所以第二。

S2. 如果第一,那么第二;并非第二;所以并非第一。

S3. 并非既是第一,又第二;第一;所以并非第二。

S4. 或者第一,或者第二;第一;所以并非第二。

S5. 或者第一,或者第二;并非第一;所以第二。

以上五个推理被称为不证自明的推理模式,是斯多噶命题逻辑的公理。人们把这五个推理归于克里西普名下。实际上,推理 S4 必须在两个选言肢不相容的情况下才成立。基于这些公理,斯多噶学派还导出了许多推论(定理)。西塞罗后来在五个公理的基础上,增加了两个推理模式(C6 表示西塞罗的第六个推理模式,余类推):

C6. 并非既是这个,又是那个;这个;所以并非那个。

C7. 并非既是这个,又是那个;并非这个;所以那个。

C6 不过是推理 S3 的翻版,而推理 C7 显然是无效的。

马提安·卡培拉也研究了假言三段论,其推理模式包括(M1 表示卡培拉的第一个推理模式,余类推):

M1. 如果第一,那么第二;第一;所以第二。

M2. 如果并非第一,那么并非第二;第二;所以第一。

M3. 并非既是第一,又并非第二;第一;所以第二。[1]

M4. 或者第一,或者第二;第一;所以并非第二。

M5. 或者第一,或者第二;并非第一;所以第二。

---

[1] 关于 M3 存有争议,本书采用涅尔的观点。参阅威廉·涅尔、玛莎·涅尔:《逻辑学的发展》,第 233 页。

M6. 并非既是第一,又第二;第一;所以并非第二。

M7. 并非既是第一,又第二;并非第一;所以第二。

M1 与 S1 完全相同;M2 与 S2 具有相同的推理模式(否定后件式),所以,可以认为是同一推理;M3 与 S3 也具有相同的模式;M4 与 S4、M5 与 S5 分别完全一样;M6 与 C6、M7 与 C7 也分别完全相同。因此,到波爱修斯时代,可资参考的就是斯多噶的五个推理模式,当然除开波爱修斯本人也可以基于这些公理毫不费劲地构造的斯多噶的其他推论。

波爱修斯的假言三段论尽数如下。B01 表示波爱修斯的第一个推理模式,余类推。①

B01. 如果 A,那么 B;A;所以 B。(但是,如果 B,不能得出 A 或非 A)

B02. 如果 A,那么非 B;A;所以非 B。(但是,如果非 B,不能得出 A 或非 A)

B03. 如果非 A,那么 B;非 A;所以 B。(但是,如果 B,不能得出 A 或非 A)

B04. 如果非 A,那么非 B;非 A;所以非 B。(但是,如果非 B,不能得出 A 或非 A)

B01—B04 是波爱修斯的四个最高(perfect)的推理,即不证自明的公理。以下八个推理前提的前件是关于范畴的命题(简单命题),后件是假言命题:

B05. 若 B,那么,如果 A,则 C;所以,若 B,那么,如果非 C,则非 A。

---

① 参阅查德威克:《波爱修斯:音乐,逻辑,神学和哲学的安慰》,第 165 页。

B06. 若 B,那么,如果 A,则非 C;所以,若 B 并且 C,则非 A。

B07. 若非 B,那么,如果 A,则 C;所以,若非 B 并且非 C,则非 A。

B08. 若非 B,那么,如果 A,则非 C;所以,若非 B 并且 C,则非 A。

B09. 若 B,那么,如果非 A,则 C;所以,若 B 并且非 C,则 A。

B10. 若 B,那么,如果非 A,则非 C;所以,若 C,那么,如果 B,则 A。

B11. 若非 B,那么,如果非 A,则 C;所以,若非 B 并且 A,则非 C;或者,若非 B 并且非 C,则 A;或者,若非 B 并且 C,则非 A。

B12. 若非 B,那么,如果非 A,则非 C;所以,若非 B,那么,如果 C,则 A。

下面假言三段论的两个前提和结论都是假言命题：

B13. 如果 A,那么 B;如果 B,那么 C;所以,如果 A,那么 C(等值于如果非 C,那么非 A)。

B14. 如果 A,那么 B;如果 B,那么非 C;所以,如果 A,那么非 C。

B15. 如果 A,那么非 B;如果非 B,那么 C;所以,如果 A,那么 C。

B16. 如果 A,那么非 B;如果非 B,那么非 C;所以,如果 A,那么非 C。

B17. 如果非 A,那么 B;如果 B,那么 C;所以,如果非 A,那么 C。

B18. 如果非 A,那么 B;如果 B,那么非 C;所以,如果非 A,那么非 C。

B19. 如果非 A,那么非 B;如果非 B,那么 C;所以,如果非 A,那么 C。

B20. 如果非 A,那么非 B;如果非 B,那么非 C;所以,如果非 A,那么非 C。

以下是多重复合假言三段论:

B21. 如果 A,那么 B;如果非 A,那么 C;所以,如果非 B,那么 C。

B22. 如果 A,那么 B;如果非 A,那么非 C;所以,如果非 B,那么非 C。

B23. 如果 A,那么非 B;如果非 A,那么 C;所以,如果 B,那么 C。

B24. 如果 A,那么非 B;如果非 A,那么非 C;所以,如果 B,那么非 C。

B25. 如果 B,那么 A;如果 C;那么非 A;所以,如果 B,那么非 C。

B26. 如果 B,那么 A;如果非 C;那么非 A;所以,如果 B,那么 C。

B27. 如果非 B,那么 A;如果 C;那么非 A;所以,如果非 B,那么非 C。

B28. 如果非 B,那么 A;如果非 C;那么非 A;所以,如果非 B,那么 C。

B29. 如果 B,那么非 A;如果 C;那么 A;所以,如果 B,那么非 C。

B30. 如果 B,那么非 A;如果非 C;那么 A;所以,如果 B,那么 C。

B31. 如果非 B,那么非 A;如果 C;那么 A;所以,如果非 B,那么非 C。

B32. 如果非 B,那么非 A;如果非 C;那么 A;所以,如果非 B,那么 C。

带选言命题的推理有:[①]

B33. 或者 A,或者 B;所以,如果 A,那么非 B。

B34. 或者 A,或者 B;所以,如果非 A,那么 B。

B35. 或者 A,或者 B;所以,如果 B,那么非 A。

B36. 或者 A,或者 B;所以,如果非 B,那么 A。

B37. 或者非 A,或者非 B;所以,如果 A,那么非 B。

否定假言命题的推理有:

B38. 并非如果 p,那么 q;当且仅当 p 并且非 q。

应该看到,波爱修斯的假言三段论中,有许多表面不同实则相同的推理形式。这说明,尽管他已经注意到使用符号和形式的方法对于逻辑学的意义,但没有明确推理模型的概念,这使得他的假言三段论略显繁琐。实际上,这是古代命题逻辑研究的通病(只有三世纪阿弗罗迪西亚斯的亚历山大对命题变元作过一些初步的辨析)。从斯多噶学派创立命题逻辑开始,人们对它的研究和发展似乎就只会对其推理图式进行各种翻来覆去的变化,把肯定或否定加到子命题中,以得到所谓新的推理形式,似乎只有这样才能使逻辑学解决更多的实际问题。甚至"从阿普莱乌斯开始,这种对旧的推理规则的转化,已或多或少成为一种标准的(学术)实践活

---

① 参阅波亨斯基:《形式逻辑史》,第 139 页。

动"。① 西塞罗、马提安·卡培拉是这样,在波爱修斯这里更是达到了顶峰。对于亚里士多德的三段论的研究也大抵如此,好在亚氏的三段论逻辑已基本趋于成熟,后人不需要再对它说什么,也不太可能说出什么新的东西。命题逻辑则不然,实际上,直到19世纪,命题逻辑的真正的演绎系统才建立起来,才算比较成熟。因此,如果摆脱了古代命题逻辑的那种蹩脚的研究方法,我们有信心说,命题逻辑在古代和近代的发展步伐将会大大加快,也能更多地发挥逻辑学的工具作用。

第六节 波爱修斯对逻辑学的贡献

前面已较为充分地展现和论述了波爱修斯的各种逻辑学说。可以把他对逻辑学的贡献概括如下:

一、波爱修斯为拉丁世界翻译了亚里士多德的著作,并通过他的深厚的希腊语言功底,向不懂希腊文的罗马人诠释了这位伟大哲学家的基本思想。在他所处的时代,如果没有波爱修斯对《工具论》的介绍,人们对亚里士多德的了解只能停留在阿普莱乌斯和马里乌斯·维克多里努的一些简单介绍上。直到12世纪晚期,波爱修斯的逻辑著作都是人们了解亚里士多德的惟一可获得的材料。而他的著作之所以重要,"是因为他著述的时代是在古典古代末期,这时纯学术尚未被野蛮精神所推翻"。② 具有深厚文化传统的罗马人对于他们祖先的思想仍旧有着强烈的渴求,因此,学术研究

---

① 参阅波亨斯基:《形式逻辑史》,第140页。
② 威廉·涅尔、玛莎·涅尔:《逻辑学的发展》,第255页。

并没有随蛮族的入侵而停止。但古代著作已所剩无几,对于并不熟悉希腊文的西方人来说,希腊文化确已日渐遥远,在这种特殊情况下,波爱修斯的著作就越显重要,它甚至成为拯救古代文明的丰碑,也成为一代一代哲学家注释的对象。

二、波爱修斯极其重视逻辑学,特别是树立逻辑在学术界的地位,这对逻辑学的发展是至关重要的。他竭力证明逻辑学既是工具,也是哲学的一部分,人们在哲学研究中不可以把逻辑学排除在外。他曾说,那些拒绝逻辑的人必定会犯错误,只有理性才能发现永恒的真理。他还说,"西方教育再没有比否定逻辑更危险的事",①在这方面神学家更有着特别的责任,逻辑必须为神学服务。他的训诫使得从11、12世纪开始,不仅出现了一批深受其思想影响的逻辑学家(如阿伯拉尔、萨里斯伯利的约翰),而且涌现了安塞伦、托马斯·阿奎那等善于运用逻辑的顶级神学家。他们的工作使逻辑学得以在中世纪延续和发展下去。

三、波爱修斯对范畴逻辑的研究达到了他所处时代的顶峰,特别是他应用逻辑方法研究基督教神学的最基本范畴,更是开创了理性神学的先河,为中世纪神学研究指引了一个极其有效的方向。也在一定程度上为今天逻辑研究开阔了思路。

四、他应用拉丁文,创造了许多意义明确的逻辑术语,有些一直沿用至今,为我们今天准确理解古代逻辑做出了重要贡献。

五、波爱修斯在一个亚里士多德谓词逻辑一统天下的时代,对命题逻辑进行了深入和细致的研究,在斯多噶学派之后重新奠定了命题逻辑在整个逻辑学说中的应有地位,并主要由于他的原因,

---

① 参阅查德威克:《波爱修斯:音乐,逻辑,神学和哲学的安慰》,第173页。

使得命题逻辑在中世纪得到了继承和极大的发展,并在神学研究中发挥了作用。

从整个逻辑史看,对一种逻辑理论的保存和延续,对逻辑研究进程的推动,有时比提出一个新的理论更加重要。毕竟,我们不能指望每一位思想家都对一门学科在今天的面目产生直接的影响。

"波爱修斯的辛劳给了逻辑学五百年的生命:哪一位逻辑学家能说他的工作达到了如此高的成就?哪一位逻辑学家还能指望得到比这更高的评价?"[①]

---

① 乔纳森·巴纳斯:《波爱修斯及其逻辑研究》。见吉伯森主编:《波爱修斯生平、思想及其影响》,第85页。

拥有理性是一回事,应用理性是另一回事;放弃使用我们思想中的理性能力,就意味着失去了这种能力,……这将使我们至死都一无所获。——波爱修斯

算术、音乐、几何和天文"四艺"是通向智慧的四条道路;只有掌握了"四艺",才能够达到对哲学的完全理解。——波爱修斯

第三章　通往智慧的四条道路

波爱修斯认为,逻辑学、语法学和修辞学"三科"是学习的起点,是学习任何知识,通向智慧的前提。学好了"三科",就意味着我们已经具备了追寻智慧所必需的理性;然而"拥有理性是一回事,应用理性是另一回事;放弃使用我们思想中的理性能力,就意味着失去了这种能力,……这将使我们至死都一无所获"。[①] 因此,要真正达到智慧,就必须充分地应用我们的理性;而算术、音乐、几何和天文"四艺"就是首先必须应用理性研究的科学。因为"四艺"是把我们的灵魂从有形的世界中提升出来,并"通向智慧的四条道路"(the quadruple way to wisdom),"如果一个研究者缺乏关于这四门科学的知识,他就不能找到真理;没有(基于这些科

[①] 波爱修斯:《波菲利的〈导论〉注释》(第2篇)。转引自查德威克:《波爱修斯:音乐,逻辑,神学和哲学的安慰》,第69页。

学)的思考,真理将会一无所知。……那些抛弃通往智慧的道路的人们不可能做到真正的哲学思考。事实上,如果说哲学就是爱智慧,那么,谁抛弃'四艺',谁就是对哲学本身的蔑视";①"只有掌握了'四艺',才能够达到对哲学的完全理解"。② 因此,在波爱修斯看来,研究"四艺"才是研究哲学的真正开始。

第一节 波爱修斯与自由艺术的历史

一、对自由艺术的界定

重视自由艺术是欧洲文化史的传统。最早可以上溯到公元前5世纪的苏格拉底和柏拉图时代。但早先只是把自由艺术当作哲学课程的一部分。自罗马时代以来,人们把对自由艺术的百科全书式的学习当作达到各门更高知识的必由之路。

自由艺术的目的在于把全部知识合理地组织起来,以便于学习和应用。但不同时期对自由艺术的界定、定义和重视程度并不相同。柏拉图把音乐、体育、算术、平面几何、立体几何、天文学、谐音学等七门课程作为学习哲学的必备知识。认为算术和广义的数学研究是将人的灵魂从感知具体事物引向上升,达到可知世界的最好方法。几何学能引导灵魂认识真正的实在,而不是错误地引向生灭的世界。天文学则不仅要研究天体的运动,更重要的是要研究天体之间数的比例关系,以此来发现宇宙的规律;谐音学也是

---

① 波爱修斯:《论算术原理》,第1卷,第1章。
② 参阅波爱修斯:《论算术原理》之卷首语《给岳父西马库斯的献词》。

研究运动的,不过与天文学不一样,它研究耳朵能听到的运动。无论音乐、天文学还是谐音学,都能帮助人们认识和谐。① 柏拉图对自由艺术的理解同毕达哥拉斯主义有很多类似之处,它们所关注的都是超越时空的世界,而非有形的物质世界。这使得晚期希腊、罗马和中世纪早期,新柏拉图主义、新毕达哥拉斯主义与基督教神学相互渗透,保持着一种非同寻常的关系。

到了瓦罗(Varro,前1世纪)那里,自由艺术囊括了九门学科:语法学、辩证法(相当于今天的逻辑学)、修辞学、地理学、算术、天文学、谐音学、医学和建筑学。奥古斯丁则肩负着把自由艺术规范下来的任务,他把自由艺术概括为:语法学、逻辑学、修辞学、几何学、算术、天文学和音乐。马提安·卡培拉沿袭奥古斯丁的定义,在其百科全书式著作《论语言学与莫库里的婚姻》(De nuptiis philologiae et Mercurii)一书中,卡培拉重申了奥古斯丁所定义的自由艺术。

然而,到了波爱修斯时代,不重视理性的罗马人好像突然间失去了对自由艺术特别是"四艺"的兴趣,这一点从卡西奥多鲁斯对这一现象的抱怨可见一斑。② 卡培拉曾为改变这一状况做出过努力。基于此,波爱修斯除了重视"三科"之外,还十分重视"四艺"。并且第一次明确地把算术、音乐、几何学、天文学称为"四艺"。提出"四艺"这一概念是为了同"三科"区别开来,以显示两者的不同作用。他指出,"很明显,古代的学术权威中,那些追随毕达哥拉斯

---

① 参阅汪子嵩、范明生、陈村富、姚介厚:《希腊哲学史》(第二卷),第 801—807 页。
② 卡西奥多鲁斯:《杂录》,3;52。参阅查德威克:《波爱修斯:音乐,逻辑,神学和哲学的安慰》,第 70 页。

学派的首领并在纯粹理性思辨上卓有建树的人们,都不能说达到了哲学的顶峰,除非他们对四门学问即'四艺'进行深入考察。……因为这是关于一切'是这个的东西'的智慧,并且是对赋予这些事物以不变的特性的真理的领悟。"[1]因此,他的学术生涯一开始就是潜心研究这些学问。大约在503年,完成了《论算术原理》、《论音乐原理》、《论几何学》和《论天文学》四部著作。波爱修斯的这些著作产生了很大的影响,从此,中世纪的自由艺术就被固定为逻辑学、语法学和修辞学三科以及算术、音乐、几何学和天文学四艺。

二、"四艺"著作的历史渊源及在中世纪的影响

从历史上对波爱修斯思想的研究看,尽管人们对其《哲学的安慰》耳熟能详,却很少有人关注或研究他的关于"四艺"的著作,以及他在数学上的影响。可能因为我们仅仅把这些著作看作波爱修斯数不胜数的翻译和注释著作之一,认为缺乏原创性和学术价值;也可能因为我们并不去关心中世纪的人们如何研究数学,"四艺"的本质究竟是什么,对学术研究到底起多大的作用。

人们的疏忽似乎不无道理。两卷本的《论算术原理》很像是新毕达哥拉斯学派(Neopythagoreanism)哲学家和数学家、杰拉什的尼科马库斯(Nicomachus of Gerasa,活跃于公元100年左右)《算术导论》(Introductio Arithmetica)的拉丁译本。波爱修斯本人也承认他的著作是基于尼氏的《算术导论》。后者也不是原创性著作,而是一本对算术的基本要素和原理进行简明扼要的

---

[1] 波爱修斯:《论算术原理》,第1卷,第1章。

阐述的算术学习手册或指南,目标是使算术从几何学中分化出来而成为独立的数学分支。该著同时还对数的哲学意义进行了论述。《算术导论》很快就在注重数学应用的罗马人中,获得了与欧几里得(Euclid,约前 300 年左右)的《几何原本》相提并论的地位。算术也逐渐取代几何成为数学的基础,并因此成为科学探索的基础科学。"这一转变在很大程度上归因于(当时的)拉丁世界已经对毕达哥拉斯学派关于数的象征意义越来越感兴趣——这从新毕达哥拉斯主义与晚期罗马新柏拉图主义思想上的内在联系可见一斑;同时也归因于包括奥古斯丁在内的基督教思想家对数的象征意义的关注,以及他们在教会中应用算术来计算像复活节那样日期并非固定不变的节日。"[1]尼科马库斯的著作引起了人们对算术的重视(此前人们更加重视几何),《算术导论》也被不断地翻译和注释。第一个拉丁文译本由阿普莱乌斯译出,但已佚。[2] 随后,新柏拉图主义者扬布利科、普罗克洛、波爱修斯、阿斯莱庇乌斯(Asclepius,6 世纪初)和菲洛波努斯(Philoponus,约 490—570 年)[3]等都对该书进行了注释。但在中世纪广为流传的是波爱修斯的注释本。

波爱修斯并非原封不动地翻译尼氏的《算术导论》。考虑到当时的读者与《算术导论》在尼科马库斯时代的读者之间巨大的差异(主要是不懂希腊文和普遍缺乏关于数的科学知识),波爱修斯指

---

[1] 雷斯:《波爱修斯》,第 16 页。

[2] 卡西奥多鲁斯:《论神圣文学与世俗文学》2:4:7。参阅雷斯:《波爱修斯》,第 17 页。

[3] 阿斯莱庇乌斯和菲洛波努斯都是阿莫纽斯的学生,6 世纪杰出的哲学家和数学家。安东尼肯尼认为菲洛波努斯而不是波爱修斯才是最后一位古代基督教哲学家(参见肯尼:《西方哲学简史》,第 112 页)。

出，他并没有完全按照一般的翻译模式，而是比较自由地诠释、节略这本书，重组了尼氏著作中那些散漫的论述，并为一些难解的部分增加了图例和表格。① 由于其目的是为了向拉丁读者澄清这本希腊文原著，这使得该著的风格通俗易懂，逻辑思路异常清晰。但也正因为这样，人们批评波爱修斯的译作改变了尼氏著作的紧凑性，并且过于缺乏原创性和独立性，内容上也没有多大进展，反而十分烦琐冗长。但波爱修斯本人并不十分在乎这一点，这显然与他的目标有关。据卡西奥多鲁斯记载，《算术导论》的阿普莱乌斯的译本在6世纪时仍在流行，②波爱修斯的《论算术原理》在当时并没有完全取代阿普莱乌斯的译本。但前者后来佚失了，而波爱修斯的著作保存至今。这恐怕与他既继承了毕达哥拉斯学派注重数的哲学意义的传统（但摒弃了其中关于数的神秘理论），又一以贯之罗马人注重数学应用的风格有关。事实上，对当时和中世纪的拉丁人来说，波爱修斯这样一种风格的著作不仅是必要的，也是受欢迎的。卡西奥多鲁斯对算术的描述基本上就是引用波爱修斯的著作。中世纪的人们正是通过《论算术原理》去了解关于数的科学。从著作的问世一直到文艺复兴时期，都是学校的权威教科书。毫无疑问，波爱修斯也是一名出色的数学家，"他不仅在中世纪的寓言中被描绘成一位权威，而且在夏特尔大教堂关于自由艺术的雕塑中被塑造成算术的代言人"。③

综合了多部古代音乐著作的《论音乐原理》，是一部新柏拉图

---

① 参阅波爱修斯：《论算术原理》，第1卷，第1章。
② 卡西奥多鲁斯：《论神圣文学与世俗文学》2:4:7。参阅雷斯：《波爱修斯》，第17页。
③ 泰勒：《中世纪思想与情感的发展》，1:90。

主义和新毕达哥拉斯主义交织在一起的著作。它不是一部讨论纯粹音乐的著作，而是通过音乐论述数的比例与和谐。全书共分五卷。第一卷总论音乐（哲学），相对于其他几卷，该卷更多地包含有波爱修斯自己的观点。第二、三、四卷概述毕达哥拉斯关于音乐与数的思想。前四卷与《论算术原理》中关于数的理论一脉相承，具有相对的独立性。波爱修斯可能较多地参照了尼科马库斯的著述，因为后者除了《算术导论》外，还著有《音乐手册》（Enchiridion）——一部包括音乐导论和若干篇论文的著作。① 第五卷的内容（现部分残缺）来自克劳底乌斯·托勒密（Claudius Ptolemy, 85—165年）的《和声手册》，波爱修斯翻译和注释了该著的第一章。《和声手册》不仅批判了毕达哥拉斯学派的纯粹理性音乐，同时还批判了阿里斯托克塞努斯（Aristoxenus，活跃于前354年左右）的纯粹感官音乐。在那些托勒密与尼科马库斯相分歧的音乐理论上，波爱修斯明显倾向于前者，②即他的音乐理论既是理性主义的，又是感官的。但他始终没有忘记把音乐作为通向智慧的一条道路，因此，在他所采用的音乐资料中，凡与这一立场不一致的，他都会提出批评，甚至以自己的方式修改原句，而这里往往就是他自己的原创思想集中之处。

波爱修斯对音乐有着极高的天赋，尽管他没有写过一首曲子，但仍是一位出色的音乐鉴赏家。狄奥多里库斯曾派他为法兰克国王克洛维寻找乐手。《论音乐原理》是中世纪一部音乐经典。虽然波爱修斯的著作直到10世纪二三十年代才受到西欧社会的普遍

---

① 参阅库塞尔：《晚期拉丁著者及其思想的希腊渊源》，第278—279页。
② 参阅同上，第279页。

关注,但在此以前,莱奥梅的奥勒良(Aurelian of Reome,9 世纪)和圣阿芒修道院著名院士于克巴尔(Hucbald of St. Amand,约 840—930 年)早就把他们的音乐著作建立在波爱修斯的《论音乐原理》的基础之上。① 后者公开声称其代表作《和声法则》(De Institutione Harmonica)的基本理论来自波爱修斯,或者说是简化和更新了的波爱修斯。②《论音乐原理》使波爱修斯成为"最受尊敬、最有影响的音乐权威。"③

《论几何学》的大部分内容译自欧几里得的《几何原本》,波爱修斯系统地列出了一些定义和定理(没有给出证明)。他还翻译了由普罗克洛编辑的④托勒密的著作《天文学大成》(Almagest),并根据它写出了《论天文学》。人们怀疑波爱修斯是否真的翻译过《几何原本》和《天文学大成》,写过《论几何学》与《论天文学》。我们根据狄奥多里库斯对波爱修斯的赞扬,特别是卡西奥多鲁斯的记载对此作出肯定的回答。卡西奥多鲁斯在他的《杂录》(Variae)中,把对毕达哥拉斯论音乐、托勒密论天文、尼科马库斯论算术以及欧几里得论几何的著作的翻译归功于波爱修斯;随后,在其主要著作《论神圣文学与世俗文学》(Institutiones Divinarum et Humanarum Lectionum)中,又提到了波爱修斯对欧几里得著作的翻译,并把 15 卷本的《几何原本》按照波爱修斯的翻译整理成为四个部分(其中 1—4 卷为第一部分,5—9 卷为第二部分,第 10 卷为第三部分,11—15 卷为第四部分),后来成为学习几何学的一种标准

---

① 参阅杰拉尔德·亚伯拉罕:《简明牛津音乐史》,第 75 页。
② 参阅同上,第 82 页。
③ 格劳特、帕利斯卡:《西方音乐史》,第 34 页。
④ 参阅查德威克:《波爱修斯:音乐,逻辑,神学和哲学的安慰》,第 102 页。

形式；①另一证据来自10世纪奥里拉克的吉尔伯特，他曾提到波爱修斯著有一部八卷本的论天文学的著作，以及一部标有非常精致图表的几何学著作，并称他在博比奥（Bobbio）见过这两部文献。②所有这些证据表明，虽然波爱修斯的这些著作现已佚失，但它们不仅在卡西奥多鲁斯时代流行，而且在10世纪时依然可以看到。

东哥特国王狄奥多里库斯在赞扬波爱修斯时，还提到了后者对阿基米德著作的翻译，有人甚至认为波爱修斯写过《机械学》，理由是他曾为国王建造了水力钟和日晷钟，作为礼物送给勃艮第国王，这就必然要求他熟知关于天文和机械的知识，通晓这方面的著作。我们认为存在这种可能性，但至今尚无足够的证据，毕竟机械学并非在他的"四艺"之列，他也没有说过要研究机械学。

从卡西奥多鲁斯的著作《论神圣文学与世俗文学》中有关自由艺术的论述看，在波爱修斯之前，有多位思想家对自由艺术进行了百科全书式的研究或论述，他们有着自己的处理方式。早期最有代表性的当数柏拉图。但柏拉图处理自由艺术的模式（并非内容）并没有对波爱修斯产生多大的影响。在其他思想家中，对波爱修斯研究自由艺术产生重要影响的是尼科马库斯，以及与他差不多同时代的奥古斯丁和马提安·卡培拉。除了算术和音乐外，最近有证据表明，尼科马库斯的著作在波爱修斯对几何和天文的研究中也扮演了重要角色。③但由于尼氏使用的语言是希腊文，他无

---

① 卡西奥多鲁斯：《论神圣文学与世俗文学》2∶4∶7。参阅库塞尔：《晚期拉丁著者及其思想的希腊渊源》，第351页。
② 参阅查德威克：《波爱修斯：音乐，逻辑，神学和哲学的安慰》，第102—103页。
③ 参阅雷斯：《波爱修斯》，第26页。

须翻译古代著作,也不必像波爱修斯那样面临着向拉丁人普及和传播古代思想的任务,因此,他对自由艺术的处理方式与波爱修斯还是有着明显的差别。毫无疑问,奥古斯丁对尊他为老师的波爱修斯的影响更大。奥古斯丁曾打算研究所有七门自由艺术,并写出著作,为世人建立起关于自由艺术的教育课程,但他最终只完成了一部论述音乐的著作——《论音乐》(De Musica),以及关于语法学、修辞学、辩证法和几何学的一些论文(关于奥古斯丁是否写过著作讨论辩证法,学术界存有争议)。[①] 然而,奥古斯丁坚持认为应通过世俗学问达到神圣真理,世俗学问是基督教研究的重要部分。或许正是这一主张对波爱修斯产生了极大的影响,后者在他的短暂一生中,花费了大量时间去研究和传播世俗学问——尽管他的目标是要人们追寻上帝。卡培拉研究自由艺术的资料和波爱修斯基本相同,然而,由于波爱修斯的水平"明显高于"卡培拉,因此,不能指望还能找到多少证据来证明卡培拉对波爱修斯有过什么影响。[②] 实际上,十分熟悉卡培拉的波爱修斯在其著作中几乎没有提到他的名字。波爱修斯研究自由艺术的水平显然要高于他人,这大概就是为什么卡西奥多鲁斯在论述自由艺术时,几乎只摘引波爱修斯著作的原因。

应该说,与其他著作相比,波爱修斯关于"四艺"的著作是较少具有自己的独立思想的。但我们不能由此推断波爱修斯并不精通"四艺",只是一位翻译家,从而贬低他的贡献。因为在当时的社会环境下,"占统治地位的基督教规定了它自身的目标、价值和生活

[①] 参阅查德威克:《波爱修斯:音乐,逻辑,神学和哲学的安慰》,第102页。
[②] 参阅雷斯:《波爱修斯》,第26页。

方式。主要关心的是精神生活,因而认为出于好奇心或实用目的而探索自然的工作是浮薄不足道的。"① 波爱修斯不满足于这种现状,他希望通过其著作,向拉丁世界传播希腊人的科学思想,唤醒人们的科学精神,因此,他的着眼点并不在于建立起自己的关于数的理论。同样,也不能因为波爱修斯的译作的某些地方与原文不完全一致而认为这是他理解上的偏差。因为当时的罗马人与古代希腊人在思维方式和科学追求上有着较大的差别,波爱修斯并不致力于介绍希腊人的全部科学知识,只是把其中适合于拉丁罗马人的科学实践的东西介绍过来。因此,他必然会对原著中的内容有意做一些技术性的处理甚至修改。

波爱修斯关于"四艺"的著作是中世纪早期的权威教科书。特别是《论音乐原理》,几个世纪以来,一直在理论和实践领域产生了深远的影响。波爱修斯所谓音乐是数学的一个分支,几何学使得音乐和谐形象化的思想,在修道院长休(Hugh of Cluny)主持下的宗教音乐中心克吕尼,甚至控制着第三座大教堂(1066年兴建)的建筑比例。② 只是从12世纪下半期开始,出现了很多基于阿拉伯和古希腊著作的天文、数学翻译著作和论文时,波爱修斯的上述著作的地位才开始下降。

第二节 波爱修斯的数论

事实上,波爱修斯有关"四艺"的四部著作,都是从不同方面研

---

① 克莱因:《古今数学思想》,第1册,第233页。
② 参阅杰拉尔德·亚伯拉罕:《简明牛津音乐史》,第76页。

究与哲学和神学关系极为密切的关于"数"、"比例"或"和谐"的问题。其中《论算术原理》较多地涉及了纯数学知识,中世纪的人们也同时把该著当作数学教科书。《论音乐原理》、《论几何》和《论天文学》则是关于数的应用理论,或者说,都处在数的论域之内。鉴于此,人们习惯地把波爱修斯在这四部著作中所论述的思想统称为波爱修斯的数论(Boethian Number Theory),并与他的逻辑、神学、哲学思想相提并论。但波爱修斯不过是通过对数的研究,发掘其内在的和谐,以为其哲学和神学服务,就是说,他所研究的主要是数的象征意义或哲学意义,而非数学意义,这一点与他的研究逻辑如出一辙。

一、"四艺"研究的起点

波爱修斯在《论算术原理》中开篇解决的问题就是确定算术、音乐、几何和天文何者更基本,何者是研究的起点。他首先对它们进行了定义:"算术研究那些作为整体并只依自身而存在的东西;音乐用于研究那些因与其他事物处在相互关系之中而存在的万事万物;几何是关于静止不变的事物的科学;天文学的原理用于解释运动可变的事物。"①但在这些学问中,哪一门是应该"首先学习的,并作为其他三门之母和理论基础的呢?"②波爱修斯认为是算术。他的这一思想极有可能来自柏拉图,后者认为,算术(数数和计算)——而不是体育和音乐——是那种本性能够训练和唤醒我们的理性并使思想清醒的学问,它能引导灵魂从变易的世界转向

---

① 波爱修斯:《论算术原理》,第1卷,第1章。
② 同上。

存在世界，即通过纯粹的思想沉思数的本质，从而使灵魂本身从生灭的世界转向本质与真理。与其他学习不同的是，算术对所有工艺和思想的形式都是共同的，是每一种技艺和学问都要用到的、每个人必须首先学习的最重要的知识之一，它超过任何学科。柏拉图甚至认为，一名军人只有学会计算和数学才能统帅他的部队，一名哲学家只有学会计算和数学才能成为真正的计算者，并把握事物的本质，那些将要在城邦里担任重要职务的人也必须学习计算。因此，算术这个知识部门应该用法律规定下来。①

波爱修斯结合基督教教义进一步指出，之所以要首先学习算术，"是因为世界万事万物的创造者——上帝——是以算术这第一原理规范他自身的思考，并照此创造一切，万物也是遵循造物者所指定的数的逻辑而显现"。② 因此，学习算术，能使我们明白世间万物的运动和秩序。

然后，波爱修斯分别论述了算术与音乐、几何、天文在逻辑上的先后关系。首先，"数从本性上先于音乐，这不仅是因为数由自身构成（并因自身而存在），它先于那些必须依靠他物而存在的事物（波爱修斯把音乐定义为与其他事物处在相互关系之中的东西——引者注），而且也因为音乐本身要靠数来改变音调和节律。"③因此，应该先学习算术，然后才是音乐。其次，几何学中的三角、四角等等都处在数的论域，如果没有数，那么，我们甚至都无法表达它们，因为数可以表示为点，而点构成线，线构成三角、四

---

① 参阅柏拉图：《国家篇》，521A—526E。见柏拉图：《柏拉图全集》，第二卷，第518—525页。
② 波爱修斯：《论算术原理》，第1卷，第1章。
③ 同上。

角、五角等图形。但即使没有三角、四角,甚至没有整个几何,"3"、"4"等数依然不会消失。因此,如果没有关于数的算术,我们将无法去研究几何。天文学研究天体的运行,所有天文学理论的建立都要依赖数的本质,只有通过算术,我们才能描述天体运行的上升与下降、快与慢,才能认识日蚀、月蚀等现象,以及天体的多样性。很明显,算术和天文之间的关系与算术和几何之间的关系类似,即首先是算术,然后才是天文。因此,关于数及其象征意义的科学即算术,应位于"四艺"之首,是其他三门学问的基础。

波爱修斯还讨论了"四艺"中除算术之外的其他三门学问的先后关系,认为应按音乐、几何和天文的顺序循序渐进地学习。他说,天文学中的许多概念都必须基于几何原理,比如"圆周运动"、"球形天体"、"中心"、"同心运转"、"中心线"、"轴心线"等等。一切运动本质上来自静止,静止在先,运动在后;几何学就是研究静止的事物的科学,而天文学则是研究运动之物的科学。因此,他将首先研究几何学,然后论述天文学理论。此外,音乐也在天文学之前,因为一切天体的运行都是和谐的,就像音乐的音程,不理解音乐,将难以理解宇宙的和谐。[1] 波爱修斯没有直接论述音乐和几何的关系,根据他的理解,和谐统领世间一切事物的运动,而音乐是研究和谐的,这种和谐包括宇宙中运动可变的事物的和谐,也包括静止不变的事物的和谐,几何就是研究静止不变的事物的,因此,音乐当然也逻辑地位于几何学之前。

算术、音乐、几何、天文是新毕达哥拉斯学派研究"四艺"时的

---

[1] 波爱修斯:《论算术原理》,第1卷,第1章。

标准顺序,也是作为通往智慧所必经之路。① 波爱修斯对"四艺"的逻辑排序极有可能受到了这一传统的影响。

二、数的本质

数的本质是波爱修斯数论首先需要阐明的问题。他认为,数是造物者上帝创造万物的基本原则,"从数中产生出四种基本元素(指气、火、水、土——引者注),产生四季的更替、星体的运转、天国的变迁。既然一切事物就是这样由数的结合而形成,那么,就其本质而言,数就有必要始终保持不变,它不可能是由其他不同的元素组合而成。"②波爱修斯的意思是说,数无需任何他物而存在,即它是仅依自身而存在的。他把数称为本性在先的事物。任何本性在先的事物,都有一个后续的事物指向它,即使后续的事物消失了,它也不会受到影响;但如果本性在先的事物消失了,也就无所谓后续的东西。③ 就是说,其他一切事物都只不过是数的后续,是对数的一种展现,都处在数的控制之下。没有数,就没有万事万物,我们甚至都不能述说任何东西;但离开了其他事物,数依然存在。

三、数的比例

波爱修斯研究了数的分类,以及包括奇数、偶数在内的各种不同类型的数的性质,但在数的各种属性中,他最关心的还是数的比例(或比率)问题。实际上,这一问题是整个毕达哥拉斯学派关于数的核心问题,因为他们认为音乐的和谐是基于数的比例关系,这

---

① 参阅查德威克:《波爱修斯:音乐,逻辑,神学和哲学的安慰》,第72页。
② 波爱修斯:《论算术原理》,第1卷,第2章。
③ 参阅同上,第1章。

对于理解整个宇宙的和谐是至关重要的。① 自毕达哥拉斯以来,人们研究了种种不同的比例关系,波爱修斯把它们简化为三种,都是大的数相对于小的数的比例。它们是:

(1)一个数仅仅是另一个与它相对照的数的单纯的倍数;

(2)一个数等于另一个与它相对照的数与它的若干分之一之和;

(3)一个数等于另一个与它相对照的数与大于它的若干分之一之和。

第一种比例如:②

1 2 3 4 5 6 7 8 9 10 11 12 13 14 15 16 17 18 19 20

其中第一个偶数 2 是第一个数 1 的两倍,第二个偶数 4 是第二个数 2 的两倍,第三个偶数 6 是第三个数 3 的两倍,第四个偶数 8 是第四个数 4 的两倍,……,以此类推,第 n 个偶数是第 n 个数的两倍。

关于第二种比例关系,波爱修斯列举了两个数列。第一个数列如下:③

　　1　2　3　4　5　6　7　8　9　10
　　3　6　9　12　15　18　21　24　27　30
　　2　4　6　8　10　12　14　16　18　20

第一排是自然数,第二排是 3 的倍数,第三排是 2 的倍数。这一数列有如下比例关系:$3=2+2\times 1/2$(其中 $2\times 1/2$ 恰好等于 1,

---

① 参阅查德威克:《波爱修斯:音乐,逻辑,神学和哲学的安慰》,第 74 页。
② 波爱修斯:《论算术原理》,第 1 卷,第 23 章。
③ 同上,第 24 章。

即该列第一排的数,以下类推),$6=4+4\times1/2$,$9=6+6\times1/2$,$12=8+8\times\frac{1}{2}$,…,$27=18+18\times1/2$,$30=20+20\times1/2$。

第二个数列如:①

1	2	3	4	5	6	7	8	9	10
4	8	12	16	20	24	28	32	36	40
3	6	9	12	15	18	21	24	27	30

第一排是自然数,第二排是 4 的倍数,第三排是 3 的倍数。在这一数列中,有如下比例关系:$4=3+3\times1/3$(其中 $3\times1/3$ 恰好等于 1,即该列第一排的数,以下类推),$8=6+6\times1/3$,$12=9+9\times1/3$,…,$36=27+27\times1/3$,$40=30+30\times1/3$。

希腊人把第二种比例称为 epimorios,一个古代可能用于计算借贷的利息的专业词汇。② 波爱修斯则把这种包含另一个数及其几分之一的数称为"超级特数"(superparticular),并且特别重视第一数列的 3 与 2 之间的比例 3∶2(称之为 sesqualter),第二数列中的 4 与 3 之间的比例 4∶3(称之为 sesquitertius)。他认为,音乐和谐正是基于像 3∶2 与 4∶3 这样由最简单的数所形成的比例关系。波爱修斯把这种比例关系的第一个数称为"前数"(dux 或 leader),第二个数称为"后续数"(comes 或 follower)。

第三种比例关系如:③

3	4	5	6	7	8	9	10
5	7	9	11	13	15	17	19

---

① 波爱修斯:《论算术原理》,第 1 卷,第 24 章。
② 查德威克:《波爱修斯:音乐,逻辑,神学和哲学的安慰》,第 75 页。
③ 波爱修斯:《论算术原理》,第 1 卷,第 28 章。

其中 $5=3+3\times2/3, 7=4+4\times3/4, \cdots, 17=9+9\times8/9, 19=10+10\times9/10$。希腊人把第三种比例称为 epimeres，波爱修斯则称之为"超级分数"(superpartient)。对应于希腊语词的这一拉丁语词可能是由波爱修斯首创的。[①]

波爱修斯还研究了一些隶属于上述三种比例的次一级的比例关系和其他比例关系。通过对数的比例的分析，他发现了数与数之间相互依赖、相互对应，以及本质上的和谐，从而推出整个世界必然也是一个和谐的整体。这也是柏拉图和尼科马库斯研究数的比例所希望得出的结论(参阅柏拉图的《蒂迈欧篇》和尼科马库斯的《神秘的数论》)。波爱修斯称这一发现是"精深的和令人不可思议的"。[②] 这一结论对于他的神学思想显然是十分重要的。

通过数的比例关系，波爱修斯把算术、音乐、几何与天文统一于其数论之中。因为数的比例关系是音乐、几何、天文理论的基础。研究过毕达哥拉斯、柏拉图和亚里士多德的古代思想家把研究比例的学科分为算术、几何与谐音学三种，并认为它们是达到真理、理解宇宙的必经之路，后人增加了第四种、第五种、第六种乃至第十种。[③] 波爱修斯都对它们进行了研究，但着重考察了前三种，因为算术、几何与谐音学所研究的比例关系对于世界的架构起着关键的作用。

四、论音乐

毕达哥拉斯首先发现音乐的音程取决于数的比率关系。不同

[①] 参阅查德威克：《波爱修斯：音乐，逻辑，神学和哲学的安慰》，第 75 页。
[②] 波爱修斯：《论算术原理》，第 2 卷，第 2 章。
[③] 参阅同上，第 41 章。

重量的管会发出不同的声音,而不同负重的琴弦声音也不一样。当两弦负重比为 2∶1 时,就会发出八度音的谐音;负重比为12∶8或 3∶2 时,就是发出五度音的谐音;负重比为 12∶9 或 4∶3 时,就会产生四度音的谐音。① 这一理论对于音乐的发展产生了重大的影响。波爱修斯继承了毕达哥拉斯的这一理论,他说,音乐是关于数的比例与和谐的科学,音乐节律和音程的变化完全取决于数字比率的变化。

波爱修斯分析了音乐的内在结构。他明确地把音乐分为天乐(cosmic music)、人乐(human music)和器乐(instrumental music)。这得益于毕达哥拉斯学派和柏拉图主义的传统。宇宙音乐一直是这两个学派讨论的主题之一。毕达哥拉斯学派认为,偌大的天体必然会发出巨大的声音,它们运转的速度与距离之间,有着一种类似于音乐的比例关系。② 该学派甚至传言,毕达哥拉斯本人能够听到天体音乐,并且曾有过类似的实践。柏拉图指出,世界灵魂按照数的比例进行划分,基于数的比例与和谐,世界灵魂从宇宙中心扩散到各处,直抵宇宙的边缘,无处不在,并且呈现出一种有序的结构。③ 各种天体按照和谐的音乐比例关系排列,它们运转并发出声音,合起来形成一个和谐的音调。④ 亚里士多德对此持否定的态度,认为主张天体行星会发声的观点听起来很美,很富有诗意,但十分荒唐。6 世纪初,与波爱修斯同时代的亚历山大里

---

① 参阅汪子嵩、范明生、陈村富、姚介厚:《希腊哲学史》(第一卷),第 273 页。
② 参阅查德威克:《波爱修斯:音乐,逻辑,神学和哲学的安慰》,第 79 页。
③ 参阅柏拉图:《蒂迈欧篇》,35C—37A。见柏拉图:《柏拉图全集》,第三卷,第 284—287 页。
④ 参阅柏拉图:《国家篇》,617A—B。同上,第二卷,第 642—643 页。

亚的新柏拉图主义者、阿莫纽斯最著名的学生之一西姆普里修斯（Simplicius）调和了亚里士多德同柏拉图主义、毕达哥拉斯学派在该问题上的分歧。他指出，人们所谓的毕达哥拉斯能够听到天乐，并不是说他用耳朵去听，而是说他能够用理智去辨明那控制整个宇宙秩序的和谐比例。① 奥古斯丁没有对亚里士多德的上述主张有过明确表态，但他基本上延续了柏拉图主义者的立场。他在一篇讲道中说："来自上天的声音虽以无声的形式激荡着我们——不是击打我们的耳朵，而是激荡我们的心灵，但是，任何一个听到这种旋律的人都会对有形的声音产生厌恶，后者在这种来自上天的无与伦比、无可名状的声音目前相形见绌，遂为嘈杂之音。"② 他称来自上天的声音为"智慧之乐"（intellectual music）。奥古斯丁还认为，音乐与数是解开《圣经》的钥匙，而数又是造物者的路标。③ 与奥古斯丁同时代的马可罗比乌斯（Macrobius）也多次论述了数与比例，特别是关于天体的音乐。

波爱修斯深受奥古斯丁和马可罗比乌斯的影响。他不仅把音乐分为三种类型，而且特别强调天乐。他认为天乐是最高的音乐，是其他一切音乐的源泉。天乐是上帝创世的依据，它以三种形式存在：天体的运行，气、火、水、土四种元素和谐地结合，四季的更替。天体的运行能够发出洪亮的声音，尽管我们在地球上听不见，然而天体之间令人无法想象的相互适应、相互协调、紧密结合，使得天乐清晰可见。而四种元素的结合所形成的天乐，指的是它们

---

① 参阅查德威克：《波爱修斯：音乐，逻辑，神学和哲学的安慰》，第79—80页。
② 奥古斯丁：《〈诗篇〉释义》。转引自查德威克：《波爱修斯：音乐，逻辑，神学和哲学的安慰》，第80页。
③ 参阅查德威克：《波爱修斯：音乐，逻辑，神学和哲学的安慰》，第80页。

的多样性与相互对立的能力的有机统一,并因此产生万物与四季的更替。四季就是和谐的音乐,它们相互配合,没有一个季节是无用的,或是对其他季节产生破坏作用。人乐也以三种形式显现出来:一是无形的灵魂与有形的身体的结合,如同音乐高音与低音的协调一致;二是灵魂内部理性部分与非理性部分的结合;三是身体内部各元素的充分融合,以及各个部分的和谐统一。人们通过内省的方式可以把握人乐。① 波爱修斯认为,人乐实际上是人们通过自己的方式对宇宙和谐的一种表达,或者说是对天乐的一种参与,是天乐在人们身上的体现。就是说,人乐与天乐实质上是一种同构关系。这一理论在于说明对基督教教义极为重要的宇宙和谐论。器乐不仅包括各种乐器的声音,也包括人歌唱的声音。尽管器乐是一种外在的音乐,通过人而创作出来,但又反过来对人的肉体和心灵产生巨大的震动和影响,使人对天乐产生回应。好的器乐应该仿效天乐。因此,三种音乐是和谐统一的。"虽然很难说对音乐的上述三种分类是源于波爱修斯——这种思想在柏拉图学派和毕达哥拉斯学派中已隐含地表达出来,但毫无疑问,波爱修斯是第一位用拉丁文表达这一思想的人。"②

除了从数的比例与和谐的角度理解音乐外,波爱修斯还特别重视音乐哲学和音乐教育。他说,音乐同"四艺"中的其他三门一样,都是为追求真理,"但音乐不仅是关于思辨的,而且也是与伦理密切相关的。无物比人更易受悦耳的旋律的抚慰,受嘈杂的曲调的干扰。"③实际上,音乐是惟一既涉及道德伦理,又涉及真理的关

---

① 参阅波爱修斯:《论音乐原理》,第1卷,第2篇。
② 雷斯:《波爱修斯》,第21页。
③ 波爱修斯:《论音乐原理》,第1卷,第1篇。

于数的艺术。因此,他比较多地分析了音乐与人的关系。他认为,"人内在小宇宙与乐音产生共鸣,……所以人在和谐有序的乐音中,可分辨出自身内在的和谐构造,而顿生愉悦之情。这就是所谓的相似则相吸,不似则相斥。"①而且人的心灵先天地拥有乐感,并可以由此对身外的音乐进行挑选,选择那些与天赋音乐类似的乐曲。这就是为什么淫荡之人喜欢淫荡之乐,好战之人喜欢铿锵之音。人的心灵其实与他所听到的音乐是一致的。因此,音乐是一种精神力量,可以医治肉体和精神的创伤;又是美德的指引者,可以改变人们的行为,使人弃恶从善。正因为这样,音乐教育就显得特别重要。波爱修斯提倡用符合美善标准的音乐教育人,认为音乐必须是"温和、单纯、具有阳刚性的,而不应是充满女人气的、凶猛、嘈杂的"。②

波爱修斯的音乐教育思想实际上是对柏拉图音乐教育和伦理思想的继承。柏拉图在其《国家篇》中指出,"音乐教育至关重要。节奏与旋律比其他事物更容易渗入心灵深处,在那里牢牢扎根,如果一个人受过正确的(音乐)教育,他就会变得彬彬有礼,如果接受了错误的(音乐)教育,结果就会相反,……还有,受过正确音乐教育的人能敏锐地察觉缺乏美的事物,也会厌恶丑恶的东西,他会赞赏美好的事物,为美好的事物所激励,从中吸取营养,使自己的心灵变得美好。"③这就是柏拉图所谓的同类相吸,异类相斥,受过正确音乐教育的人必然会热爱身心皆美之人,而排斥身心不和谐、不

---

① 波爱修斯:《论音乐原理》,第1卷,第1篇。
② 同上。
③ 柏拉图:《国家篇》,401D—402A。见柏拉图:《柏拉图全集》,第二卷,第369页。

健康的人。由于只有通过正确的音乐教育,才能塑造出心灵和品格中真正美好的气质,即"用曲调培养一种并非知识的和谐精神,用节奏来培养分寸感和优雅得体,还用故事的语言和更加接近真实的语言来培养与此相近的品质"。① 而美好的气质又是好言词、好音调、好风格、好节奏的原因。② 因此,音乐教育与人的心灵和品质是一种相辅相成、互为因果的关系。柏拉图的这一思想成为包括波爱修斯在内的基督教教父以及后来宗教改革运动的神学家论述音乐时的依据。在他们看来,音乐必须为宗教信仰服务,只有能振奋人的心灵、使人感受圣洁思想并接受基督教教义的音乐才是有价值的,才能在教堂内谛听;而那些只激发自我享受或引起好战和占有欲的音乐必须坚决抛弃。

五、论几何与天文

尽管现有资料基本可以确定波爱修斯译注了古代思想家论述几何学与天文学的最重要文献,并且也有自己的论述这两个主题的著作,但由于《论几何学》与《论天文学》都已佚失,即使是卡西奥多鲁斯也没有在其《杂录》或《论神圣文学与世俗文学》中援引过上述著作的内容,因此,除了知道波爱修斯把通晓几何学和天文学作为通往真理的道路之外,我们至今无法像研究他的其他思想一样,去逐字逐句地研究其论几何和天文的思想。鉴于此,学者们纷纷推测波爱修斯如何处理几何学与天文学。

关于几何学,学术界比较一致的看法是:波爱修斯极有可能从

---

① 参阅柏拉图:《国家篇》,522A—B。见柏拉图:《柏拉图全集》第二卷,第520页。
② 参阅柏拉图:《国家篇》,400E。同上,第368页。

两个方面处理和论述几何,一是把几何作为测量和计算土地的工具,二是把几何作为一门训练思维的工具性科学,并且会把注意力集中在第二个方面。① 这种推测应该是比较有说服力的。首先,几何学自古希腊以来一直是一门应用性较强的科学。作为罗马元老院资深议员,波爱修斯秉承了罗马人科学务实的精神,特别强调一门科学的实用性,并极力从实用性的角度处理科学理论。波爱修斯熟悉农业,曾被狄奥多里库斯委任为处理农业问题的官员,因此,强调几何在农业等经济和生产部门中的应用对于他来说,就不足为奇了。其次,作为一位新柏拉图主义者,波爱修斯当然会更加突出几何学在整个人类知识体系中的特有地位,尤其是几何学对于通向真理起怎样的作用。

古代的柏拉图主义者把几何学作为训练人的理性思维的核心科学。柏拉图指出,几何学不仅能够满足军事需要,而且有助于人们把握善的型。因为几何能把灵魂引向真理,能使哲学家的心灵转向上方,而不是不确定的可变世界。因此,几何学的知识是永恒的,而不是有生灭的。② 从柏拉图时代开始,几何方法就被极力推为学习知识的理想方法。几何方法类似于亚里士多德的"必然地得出"的逻辑方法,应用几何方法所处理的科学理论是从定义和公理出发,推出一系列结论(定理),其推演过程都是必然地得出的,因此,若要反驳推演的每一结论,必须首先反驳作为出发点的前提。苏格拉底教门徒知识的问答式方法(俗称"助产术")实质上就是公理化的几何方法。他让门徒首先肯定推演的大前提,然后推

---

① 参阅查德威克:《波爱修斯:音乐,逻辑,神学和哲学的安慰》,第104页。
② 参阅柏拉图:《国家篇》,526D—527B。见柏拉图:《柏拉图全集》,第二卷,第526—527页。

出一系列的中间结论,再推出某个令人无法接受的最后结论,由于推演是合乎逻辑的,所以,就必须否定作为出发点的大前提。门徒们通过这一方法明白自己是多么的无知。这一方法在柏拉图学园中被普遍应用。亚里士多德把它上升为一切逻辑的内在机制,并认为它适用于其他学科。

欧几里得的《几何原本》就是第一个应用(实质)公理学的方法建立起来的科学理论,这一理论对于数学和逻辑学的发展产生了不可估量的影响;实际上,《几何原本》在方法上的意义要远远大于理论上的意义。阿弗罗迪西亚斯的亚历山大指出,任何科学理论最终都是建立在几条公理的基础上。亚历山大里亚的阿莫纽斯认为任何科学的第一原理都类似于几何定义和普遍观点。菲洛波努斯肯定欧几里得的公理可以应用于多门科学,特别是算术、音乐和几何。普罗克洛也写过一篇关于《几何原本》第一卷的评论,并加了一个长长的序言,盛赞欧几里得是托勒密一世时代(前306—前283年)追求"科学的"研究的杰出学者。并且认为,没有比欧几里得的公理学更捷近的方法通向几何知识。[①] 上述论述均出自权威之口,他们都是对波爱修斯有着较大影响的思想家,他们的态度增强了波爱修斯对《几何原本》的兴趣。在第三篇神学论文《实体如何因存在而善》中,波爱修斯完全采用欧几里得的公理化的几何方法,从9条公理(其中有几条就是直接援引欧几里得的公理)出发论证实体的善。

新柏拉图主义者比较担心的是,尽管几何是关于静止不变的事物的科学,几何学家也认为,诸如三角、四角等几何图形更多地

---

① 参阅查德威克:《波爱修斯:音乐,逻辑,神学和哲学的安慰》,第105—106页。

是一个抽象的概念,而不是具体的事物,但要借助于具体性的事物去理解,这样,几何学所提供的原理具有多大的确定性就是一个不得不考虑的问题。波爱修斯也认为,数学是物理学与形而上学之间的桥梁,但数学只是通向真理的道路,而不是绝对真理本身。因为数学虽然抛开物质研究其形式,但这种形式并不能真正离开物质。① 在数学中,算术通过一般的方式而几何通过特殊领域,引导人们从物质世界通向抽象的纯概念世界。这样,相对于算术,几何就更加离不开有形世界。因此,我们有理由相信,波爱修斯主要是从几何学所提供的方法上断定它是通向真理的一条道路,尽管他和奥古斯丁一样,十分重视几何学内容的实践意义。

波爱修斯关于"四艺"的四部著作中,《论天文学》是公认较少具有他本人独立思想的。该著基本上是托勒密的《天文学大成》的拉丁翻版,波爱修斯很少在译著中加进自己的评述,说明他对天文学的重视程度远不及算术和音乐。学者们猜测,"如果波爱修斯的著作秉承了(托勒密等)前人的思想,那么,他将会把地球作为宇宙静止不变的中心,……将会解释天体的运行与地球处在怎样的相互关系之中;太阳年及其与恒星月的关系;星盘的设计及其应用;日蚀、月蚀、恒星、岁差;以及行星的运行。"② 实际上,波爱修斯后来在《哲学的安慰》(第 2 卷第 7 章和第 4 卷第 6 首诗)中,就论及了托勒密的天文地理以及天体的运行、宇宙的和谐。这与他在《论天文学》中所讨论的内容应该是一致的。

相对而言,《论天文学》对于中世纪的影响也较小,因为"学生

---

① 参阅波爱修斯:《三位一体是一个上帝而不是三个上帝》。见洛布古典丛书:《波爱修斯》,第 9 页。
② 查德威克:《波爱修斯:音乐,逻辑,神学和哲学的安慰》,第 102 页。

们更喜欢从马可罗比乌斯对西塞罗的《西庇阿之梦》(Dreams of Scipio)的注释、马提安·卡培拉或卡西奥多鲁斯的著作中查找天文学的资料"。① 由此观之,波爱修斯的《论天文学》没有保存至今就不足为怪了。

---

① 查德威克:《波爱修斯:音乐,逻辑,神学和哲学的安慰》,第102页。

当人们说圣父是上帝、圣子是上帝、圣灵是上帝时,他们只是从不同关系即不同位格上指称上帝,而不是从实体上指称上帝。因此三位一体是一个上帝而不是三个上帝。圣父、圣子、圣灵在位格上是不同的,而在实体上是相同的。——波爱修斯

第四章 论三位一体

512—523年,波爱修斯写了以下五篇论述基督教基本教义的神学论文:I,《三位一体是一个上帝而不是三个上帝》;II,《圣父、圣子、圣灵是否从实体上指称上帝》;III,《实体如何因存在而善》;IV,《论天主教的信仰》;V,《反尤提克斯派和聂斯托利派》。

波爱修斯在这些论文中,充分实现了他早年在《亚里士多德〈范畴篇〉导论》注释(第一篇)中所说的"哲学就是追寻上帝"的心愿,用哲学思辨和逻辑方法充分证明了以三位一体为核心的基督教正统教义。"尽管其内容基本上是奥古斯丁主义的,但波爱修斯所使用的术语和论证方法均不同于奥古斯丁……他第一次应用亚里士多德主义的形式逻辑理论为基督教神学服务。"[1]第一次使用了"神学"(theologia)一词,说明他已把"追寻上帝"作为一门学问或科学。波爱修斯的神学论文是拉丁教父学的重要组成部分,

---

[1] 埃利亚特主编:《宗教百科全书》,第2卷,波爱修斯词条。

但与奥古斯丁及以前教父的著作相比,有着明显的区别。波爱修斯的神学论文开创了中世纪理性神学的先河,他也因此被称为经院哲学的第一人,是奥古斯丁之后最伟大的拉丁教父之一。

第一节 三位一体问题的历史沿革

一、《圣经》对三位一体的论述

三位一体(或三一论)是基督教的基本教义。"三位一体"这一概念在《圣经》中没有明确地提出,但《圣经》已有对神既是三又是一的三位一体基本思想的较为充分和普遍的论述。

"旧约圣经将神描述为惟一的世界的创造者,排斥其他一切神祇,然而又是人格化的,与人类发生联系的。尽管这个神是'一',但神的话语、灵、智慧也经常被人格化,进而用来表达神的运作。当早期基督教社团发展到新约正典形成时期,旧约中已有的神是'活神'的意思开始明朗化,新约作者把耶稣基督与神联系起来。教会不仅与犹太教共享一神论的信仰,而且也承认神的实体存在于耶稣基督那里,承认神的灵(圣灵)以专门的有活力的方式运作。新约经文本身也提出了一种解释的要求,不仅要肯定神是一,而且也要肯定神是三。"[①]

新约中有一些涉及三一论的信仰告白,主要用于早期基督教社团的讲道、洗礼和崇拜。这些信条在形式和内容上各不相同,但归纳起来,有三种类型:第一,以应许的弥赛亚耶稣为惟一的告白

---

① 王晓朝:《教父学研究——文化视野下的教父哲学》,第158页。

对象;第二,以父神和耶稣基督为联合的告白对象;第三,同时以圣父、圣子和圣灵为告白对象。①

第一种类型的经文有:"我信基督耶稣是神的儿子。"(《使徒行传》8:37)"他们说:'当信主耶稣,你和你一家都必得救。'"(《使徒行传》16:31)"我当日所领受又传给你们的,第一就是基督照圣经所说,为我们的罪死了,而且埋葬了,又照圣经所说的第三天复活了。"(《哥林多前书》15:3—4)"你若口里认耶稣为主,心里信神叫他从死里复活,就必得救。"(《罗马书》10:9)这些经文只提主耶稣基督,没有提到圣父和圣灵。

第二种类型的经文有:"我们只有一位神,就是父,万物都本于他,我们也归于他。并有一位主,就是耶稣基督,万物都是借着他有的,我们也是借着他有的。"(《哥林多前书》8:6)"叫一切在天上的、地上的,和地底下的,因耶稣的名,无不屈膝,无不口称耶稣基督为主,使荣耀归与父神。"(《腓立比书》2:10—11)"因为只有一位神,在神和人之间,只有一位中保,乃是降世为人的基督耶稣。"(《提摩太前书》2:5)"我在叫万物生活的神面前,并在向本丢彼拉多作过那美好见证的基督耶稣面前嘱咐你:要守这命令,毫不玷污,无可指责,直到我们的主耶稣基督显现。"(《提摩太前书》6:13—14)这些经文同时提及父神和耶稣基督,但没有提到圣灵。

第三种类型的的经文有:"你们要去使万民作我的门徒,奉父子圣灵的名,给他们施洗。"(《马太福音》28:19)"愿主耶稣基督的恩惠,神的慈爱,圣灵的感动,常与你们众人同在。"(《哥林多后书》13:14)"身体只有一个,圣灵只有一个,正如你们蒙召,同有一个指

---

① 参阅华富森:《教会教父的哲学》,第141页。

望。一主,一信,一洗,一神,就是众人的父,超乎众人之上,贯乎众人之中,也住在众人之内。"(《以弗所书》4:4—6)这些经文同时包括三一论的所有位格,即同时以圣父、圣子、圣灵为信仰告白对象。第三类信条的特点在于新增了圣灵,将圣父、圣子、圣灵同时列为信仰告白对象,这一新增使得后世三一论的位格齐备。①

出于洗礼需要的三一论范式一旦形成,它也就进入教会精神生活,成为原始教会教义体系发展的一个重要基因。在新约保罗书信中,当这个范式最后出现时,②它已经不仅是一种洗礼用语,而且是保罗神学的一个重要内容了。③ 总之,三一论在原始基督教社团中尚处在萌芽状态,也没有得到神学上的充分论证,或者说,当时除了圣保罗那样的使徒,基督教还没有自己的神学家。然而,在其后基督教教父神学中,三位一体说发展起来,成为基督宗教中占主导地位的神学理论。④

二、特尔图良论三位一体

在早期教父(护教士)中,圣依格纳修(St. Ignatius of Antioch,?—107年)、圣伊里奈乌(St. Irenaeus of Lyons,约115—202年)、圣查士丁(St. Justin Martyr,约100—165年)、奥利金(Origen Adamantinus,185—254年)、特尔图良(Tertullian,145—

---

① 参阅王晓朝:《教父学研究——文化视野下的教父哲学》,第160页。
② "愿主耶稣基督的恩惠、神的慈爱、圣灵的感动,常与你们众人出现。"《哥林多后书》13:14。无论这段话是否直接出自保罗之口,抑或是经过了后人的加工,它都反映了三一论范式的发展轨迹。参阅华富森:《教会教父的哲学》,第148页。
③ "恩赐原有分别,圣灵却是一位,职事也有分别,主却是一位。功用也有分别,神却是一位,在众人里面运行一切的事。"《哥林多前书》12:4—6。
④ 王晓朝:《教父学研究——文化视野下的教父哲学》,第161页。

220年)和拉克唐修(Lactantius,约250—325年)等都对三位一体问题进行了研究,特尔图良则是奥古斯丁之前对三一论的建立起决定性作用的拉丁教父。

特尔图良说:"我们是十字架的追随者,不是人间的教师,我们确实宣称两种存在是神,圣父与圣子,此外,我们还要加上第三位,圣灵。"①稍后,他更加明确地指出:"圣父是神,圣子是神,圣灵也是神。"②特尔图良第一个使用"位"(Persona)这个术语。在创世的那一刻,圣子成为第二位的,圣灵成为第三位的。这三位均有神圣的基质或本质,亦即神力。在以后的著作中,特尔图良又进一步解释圣父、圣子、圣灵的关系。他说:"通过实质的合一,全部合为一体;这个整体又一分为三,这个奥秘的划分仍然是严守的秘密。这三者按着顺序是:父、子、圣灵。但是,所谓一分为三,并不是从实质上而是从形式上,不是从能力上而是从现象上。因为他们是同一实体、同一本质、同一能力。因为上帝是一位,只是以父、子、圣灵为名被认为有这些等级、形式和面貌。"③这就是拉丁神学三一神论的经典公式。这些信仰公式为后来天主教教会拉丁信经的三位一体教义奠定了基础。

特尔图良的著作中有大量的新术语被奥古斯丁、波爱修斯等后来的神学家所采用,在天主教学说的词汇表中有了永久性的地位。由于这个原因,特尔图良被称作"教会拉丁文的创造者",在许多方面他都是整个西方神学传统的奠基者。"他对三位一体的解

---

① 特尔图良:《反普拉克西亚》,第13章。转引自王晓朝:《教父学研究——文化视野下的教父哲学》,第173页。
② 同上。
③ 同上。

释和他的基督论学说使他置身于圣奥古斯丁之旁,成为教父时期西方最伟大的神学家。"①

三、奥古斯丁论三位一体

奥古斯丁终其基督徒一生,一直都在思考三位一体问题。他对三位一体说做了最详尽的解释,建立了关于三位一体问题的严密的神学理论体系。

与他的前辈相比,奥古斯丁强调了以下几点:

首先,处于一体的三位具有绝对的同一性。奥古斯丁认为,圣子和圣灵的所有从属性都一定要消除,无论对圣父作何种肯定,也应对三位中的每一位作同样的肯定。因为,"就神性而言,父不比子大,父子合起来也不比圣灵大,而三位中的任一位不小于三一本身。"②神性的这三个成员并非三个分离的个体,而是共具一体,本质上同一。③

其次,奥古斯丁试图无矛盾地肯定神的惟一性和多样性。他认为,位格的区别在于它们在神性中的相互联系。尽管它们在本质上是同一的,但从它们的联系上来说是有区别的。父生子,圣灵是由父和子共同赐予的。依据这个论断,奥古斯丁说它们是共具一体的三个位格,由此避免了模态论的观念,即认为神以三种样式显现。针对如此强调神的本性为一可能会被误解为抹杀圣父与圣子的区别,奥古斯丁的回答是,子与父确实有别,子被生、受难、复

---

① 克洛斯:《牛津基督教会辞典》,第1334页。
② 奥古斯丁:《论三位一体》,第8章,第1节。转引自王晓朝:《教父学研究——文化视野下的教父哲学》,第197页。
③ 奥古斯丁:《论三位一体》,第1章,第7节。转引自同上。

活,但在这些事上,圣父确实与圣子同工,不过就子对父的关系而言,子宜被显现出来。①

再次,奥古斯丁相信圣父与圣灵分有一切,因此他们也分有圣灵的进程。他对圣子和圣灵作了这样的区分,圣子是"被生的",而圣灵是"产生的"。圣灵是圣父与圣子之间的相互的爱。

最后,奥古斯丁认为人类"带有某些与三位一体相似的东西"。② 这可能是他在三一论范式问题上最具原创性的贡献。例如,爱的体验包括爱者、被爱的对象、两者的联系;人的存在、认知和意愿;心灵、自知和自爱;记忆、理解和意志。这些东西都被他用来作为理解三位一体的例证。③

奥古斯丁对三一论的论述总结起来就是:上帝是独一无二的实体,圣父、圣子、圣灵是处于一体的三个位格,尽管在它们的相互联系上是有区别的,即圣父是对圣子而言,圣子是对圣父而言,而发自这二者的圣灵则是对圣父和圣子而言的,但三者属同一个主,具有绝对的同一性,而三位中的任何一位都不小于三位一体本身;并且圣父、圣子、圣灵从不单独存在或行动。奥古斯丁对于三一论的贡献不仅在于他十分明确地提出神既是三又是一,而且更主要的在于他对三一论接近理性的证明。这似乎开创了三一论理性证明的先河。

与基督教父研究三位一体同时进行的还有基督教会对三位一体教义的逐渐确立过程。教父们的思想被基督教会采纳,325年

---

① 奥古斯丁:《论三位一体》,第11章,第2—4节。转引自王晓朝:《教父学研究——文化视野下的教父哲学》,第198页。
② 奥古斯丁:《论三位一体》,第11章,第1节。转引自同上。
③ 参阅王晓朝:《教父学研究——文化视野下的教父哲学》,第198页。

尼西亚宗教大会确立了圣父圣子同质的信经,而381年的第一次君士坦丁堡宗教大会重申了尼西亚信经,并颁布了新的教义。该教义既保证了上帝神性本质的统一性,又使圣父、圣子、圣灵有所区分:上帝的神圣天性或本质在三者中是同一的和一样的;但圣父、圣子和圣灵是三个永恒不同的"本体位格"。圣父是"非出生的"(自我存在的);圣子是无始无终地由圣父"所生的"(从形而上的意义而言);圣灵则是从圣父"出来的"。① "这个解决办法是中间派(本质相似派)神学家发现的,它归根到底来自奥利金。"② 这样,三位一体论在教会中正式确立下来。从4世纪起,这一教义成为基督教一神论的特色,尽管也曾有过一些争议和异端,但这一正统教义基本上没有发生什么变化。神学家们只是一遍一遍地对正统三位一体论进行哲学论证,以为正统辩护,反对异端。

第二节 波爱修斯再论三位一体等基督教教义的原因

既然古代教父已对三一论进行了充分的论述,并且已在教会那里成为确定无疑的信经,那么,作为虔诚的天主教徒的波爱修斯何以还要再次耗费如此多的精力去论证三位一体问题? 其原因有二。

首先,波爱修斯是一位十分崇尚理性的神学家,他曾多次表示要尽可能凭借完全的理解去达到基督教信仰的真理。他认为,《圣经》只是一般性地表述了三位一体的基本思想,而早期教父们仅仅

---

① 中译文引自穆尔:《基督教简史》,第90—91页。
② 穆尔:《基督教简史》,第91页。

是以信仰的方式重申了《圣经》的基本教义,并没有真正论证三位何以为一体,因此,就不可能真正驳倒各种异端邪说。必须借助逻辑与理性去对包括三位一体在内的神学问题进行重新阐释。

其次,与当时极其复杂的历史环境有关。第一次君士坦丁堡宗教大会确立三位一体学说之后,基督论(Christology)成为争论的焦点问题。从428年聂斯托利派争论到451年查尔西登公会的召开,是一个发生危机的时期,也是基督论发展的一个重要转折点。此前提出的各种基督论受到了挑战和考验,神学家试图寻求更为满意的解释。① 聂斯托利(Nestorius,约381—451年)和尤提克斯(Eutyches,约375—454年)便是其中两位较有影响的神学家。

聂斯托利生于叙利亚。早年在安提克(Antioch)教区接受教育,曾为该教区神父。428年,被东罗马帝国皇帝狄奥多修斯二世(Theodosius II,408—450年在位)任命为君士坦丁堡大主教。聂斯托利坚决反对阿里乌斯派和阿波利那里乌斯派(Apollinarianism)②。但在抨击这两派的过程中,并未坚持正统教义,而是提出了基督二性二位说的主张。认为道成肉身的基督虽具有神性与人性两种本性,但二者并没有结合,而是各自独立,保持完整性,不改

---

① 参阅王晓朝:《教父学研究——文化视野下的教父哲学》,第189页。
② 阿波利那里乌斯派,基督教异端教派之一,创始人是劳底细亚(Laodicea)教会监督阿波利那里乌斯(Apollinarius)。阿氏认为,基督的神性与人性不可分开,否则,信徒的救赎就会受到威胁。在基督里只有"一个道成肉身的本性"(the one sole nature incarnate of the Word of God),这个在道成肉身中形成的位格可以说就是神。因此,在基督里道和身体联结在一起,基督只有一种属性,即神性。由于阿波利那里乌斯过分强调基督的神性,以至于基督的人性只剩下人性中的身体,而与世俗完整的人性有着极大的分别,因此,阿波利那里乌斯的观点不符合基督教正统中耶稣基督除无罪外有与我们完全相同的人性的教义。381年第一次君士坦丁堡宗教大会上,阿波利那里乌斯派被定为异端。

变也不混合。因而基督具有双重位格,作为神的基督具有神性,作为人的基督具有人性,而基督的神性本性附在人性本性上,二者关系如同神和它的住所、衣服和它的穿者、工具和它的使用者一样。由于基督具有双重位格,因此聂斯托利认为,不应把玛利亚称为"生神者"或"神之母"(θεοτοκος,God bearer),因为这等于说神是由人母所生,而这是不可能的,神不可能有母亲;玛利亚实际只生了作为人的耶稣基督,她应被恰当地认为是"生人者"(ανθρωποτοκος)或"耶稣基督之母"(Χριστοτοκος, Mother of Christ)。就是说,就基督的人性方面而言,玛利亚生了耶稣,但就其神性而言,玛利亚并不是基督神性的来源。

聂斯托利之所以主张基督的神性与人性各自独立,是因为他认为如果过分强调神性与人性的结合,就会不可避免地得出基督作为神也有生、死、历经苦痛,这与《圣经》及历代信经的教训背道而驰。但基督的人性必须经历孕辰、生长、历经苦痛,即要经历世俗的人那样的一生,否则,如果基督的人性与神性合而为一,或者人性受神性的控制,基督就不可能有真实的为人生活和人生经验,其拯救世人的功效就令人疑惑。这正是聂斯托利认为"生神者"有阿波利那里乌斯派味道的原因。因此,在聂斯托利看来,基督一切人性方面的作为、属性和经验,都是出于其人性的表现;一切神性方面的作为、属性和经验,都是出于其神性的表现。当两性"联结"(συναΦεια)在基督里时,就变成了一个"神－人"属性,而该"神－人"属性为同一实体所具有,但神、人二性继续分别存在。因此,聂斯托利在说到基督的神、人二性时,比较多地使用"联结"一词,而不使用"联合"(ενωσις)。

聂斯托利的基督论首先遭到了多里伦的尤西庇乌斯(Eusebius of Doryleum)的挑战,后者指责聂斯托利是在重复前安提克主教萨摩萨塔的保罗(Paul of Samosata,3 世纪中叶)同样的错误。保罗认为,逻各斯(或称智慧、圣灵)之于上帝双重位格相当于理性功能之于人,本身并不是一个独立的位格:上帝同逻各斯在一起,是一个位格(homoousios)。① 而代表正统教会批判聂斯托利的是亚历山大里亚教派的西里尔(Cyril of Alexanderia)。西里尔坚持基督二性合一论,反对聂斯托利的基督二性分立论。"他的得意公式是'上帝——逻各斯(或道——引者注)的肉体化的同一性质','从二性合而为一'(即一个位格)。人性是不具位格的;它只是逻各斯的外衣,逻各斯穿上了这个人性的装束,但在这种结合中仍继续保持着原来的独立性。基督具有人性,是因为他有人类的属性,并不因为他是一个世人。"②西里尔认为,基督"从二性合而为一"($\varepsilon\iota\zeta\varepsilon\kappa\ \delta\upsilon o$)是真正的"联合",即肉体与神性联合为一而被完全地神性化(deified),而不是聂斯托利所谓的"联结","联结"仅仅是"表面上合一"。西里尔于是指控聂斯托利的基督二性分立论是在宣扬"神有两个儿子"或嗣子论(Adoptionism)③。聂斯托利也不

---

① 参阅穆尔:《基督教简史》,第 86 页。
② 同上,第 95 页。
③ 嗣子论,基督教异端教派之一,嗣子论的观念最早可上溯至公元 150 年出现的《荷马的牧人》(Shepherd of Hermas)一书。荷马在此书中提到,他的救赎主是神所拣选之人,这位救赎主凡事照神的旨意行事,但有时甚至超越神的命令,因此,神就决定收养他,使之成为神的儿子。教父学家凯利(Kelly,J. N. D.)指出,系统化的嗣子论的创始人是拜占庭皮革商人狄奥多图斯(Theodotus),狄氏于公元 190 年把嗣子论带到罗马教会,宣称神只有一位,因此,耶稣基督不是道成肉身,他只不过是一个从神接受了神圣能力的人。只有圣父才具有神的位格,"耶稣仅仅是人"是嗣子论的公式。狄奥多图斯很快就被罗马教会革除,但其弟子继续宣传狄氏的说教。公元 794 年的法兰克福宗教会议(Synod of Frankfort)正式宣布嗣子论为异端。之后嗣子论就销声匿迹。

示弱,他回击西里尔说,他所区分的是基督人性与神性两种本性,但对基督的崇拜则是统一的。不应把两种性质混淆起来,否则就会将耶稣基督说成是有死有生的神,或者说玛利亚生下了神圣的道。①

尤西庇乌斯、西里尔与聂斯托利之间的争论不仅是神学派别之间的论战,也是政治立场之间的斗争。双方各有大批的支持者,并相互定罪,藉以取得罗马教皇的支持。斗争中,西里尔取得了上风。聂斯托利于是请求东罗马帝国皇帝狄奥多修斯二世出面解决这一问题。431年,狄奥多修斯二世在以弗所(Ephesus)召集宗教大会。由于以西里尔为首的西部教会主持此次大会,聂斯托利拒绝参加,结果西里尔与罗马教皇西莱斯丁(Pope Celestine)联合起来,判决聂斯托利及其追随者为异端。聂斯托利于是被狄奥多修斯二世革职,并被放逐到阿拉伯的帕特拉(Petra of Arabia),最终于451年客死在利比亚。

以弗所宗教大会后,罗马、亚历山大里亚的西部教会与安提克的东部教会之间对基督论的理解并未达成一致,这使得东西部教会关系仍很紧张。许多神学家于是致力于缓和这种气氛,调和双方的教义分歧。君士坦丁堡郊外的大主教尤提克斯就是其中之一。极端的西里尔派分子尤提克斯既不同意聂斯托利的基督二性二位论,也不同意正统教会的基督一位二性论,而是提出了基督一位一性论,因而被称为一性论之父。

---

① 参阅王晓朝:《教父学研究——文化视野下的教父哲学》,第190页。

尤提克斯认为,基督在结合(mingling)①前确有人性与神性两种本性,但结合后只有神性一种本性,其人性已融入神性之中,如同一滴蜂蜜融化于汪洋大海之中。因此,基督的人性与我们的人性是不同的,即与人的肉体不具有相同的基质。尤提克斯进一步指出,基督的人性与神性在结合之后所产生的,是与原来的人性和神性都不相同的第三性。尤提克斯之所以认为结合后基督只有神性一种本性,是因为他担心若承认基督具有神人双重本性,就会导致承认基督也具有双重位格,重新陷入聂斯托利主义。但这一思想在448年君士坦丁堡地方宗教会议上被主教弗拉维(Flavian)所谴责,并被判为异端。尽管由于尤提克斯在宫廷和皇室中受到支持而在449年以弗所第二次全体教会会议上被宣布为正统,但450年狄奥多修斯二世的去世使尤提克斯失去了宫廷的依靠。狄奥多修斯的继任者马谢安皇帝(Marcian)和他的妻子普尔切莉娅(Pulcheria)则倒向了另一派。为了平息教义纷争,451年召开了查尔西登公教大会。这是罗马教会史上最重要的公教大会之一。会议规模超过了以往任何一届,共有520多位主教出席。会议首先重申了尼西亚信经和381年通过的君士坦丁堡信经,然后通过

---

① 尤提克斯所用的"结合"一词可能来自《圣经》旧约的《利未记》:"若用炉中烤的物为素祭,就要用调油的无酵细面饼,或是抹油的无酵薄饼。"(《利未记》2.4)"若用铁鏊上作的物为素祭,就要用调油的无酵细面……"(《利未记》2.5)"若用煎盘作的物为素祭,就要用油与细面作成。"(《利未记》2.7)但《利未记》中油与面的调和或结合后,各自并未失去其自身的属性,而尤提克斯所谓的基督人神二性结合后,却失去了各自的属性,并产生第三性。因此,尤提克斯提出基督一性论之后,神学家(最著名的当数波爱修斯)就对与此相关的问题展开了讨论。探讨的主要问题是:尤提克斯的"结合"一词究竟是什么意思;《利未记》中关于素祭的描述是否可以用来描述基督人性与神性的关系;历代教父是否有谁使用过"调和"或"结合"一词来说明基督二性的关系;到底应如何理解耶稣基督的人性与神性合为一体,等等。

声明,宣布尤提克斯基督论为异端,同时排除了聂斯托利的错误。会议按照利奥(指教皇大利奥 Pope St. Leo the Great,440—461年在位)"大卷"(the Tome of Pope Leo)重新定义了基督的本性:

"我们承认一位和同一位圣子,他就是我们的主耶稣基督,我们都同意这样的教导,这同一位圣子的神性是完全的,他的人性也同样是完全的,他是真正的神和真正的人,这一位由一个理性的灵魂和一个肉体组成,在神性上与圣父同质,在人性上与我们同质,除了无罪,在其他各方面都与我们相同。关于他的神性,他是由圣父在许多世代以前生下的,但是关于他的人性,为了我们的原因和为了我们的拯救,他是在最后的时代由童女玛利亚生下的,玛利亚是神之母;基督、圣子、主、独生子是同一位,我们承认他是不混淆的、不变更的、不可划分的、不可分离为两种性质的(without confusion, without change, without division, without separation),因为性质的不同不会导致统一的毁灭,相反,各种性质都可保持在一个位格和一个原则之中,不会分成或割裂为两个位格,而只能是同一位圣子、神的独生子、逻各斯、主耶稣基督,正如从前先知的预言和主耶稣基督本人所教导我们的那样,以及我们的圣父对我们显示的象征所表明的那样。"① 查尔西登公会之后,尤提克斯被流放到埃及,此后就退出了宗教舞台。

尽管查尔西登公教大会明确定义了正统的基督论,但争吵并未结束。东方教会认为,查尔西登教义只是"披上一层薄薄的伪装的聂斯托利主义"。② 与此同时,聂斯托利派和尤提克斯派信徒却

---

① 转引自麦克金:《神学转折点:基督教思想的主要议题》,第 42 页。中译文参阅王晓朝:《教父学研究——文化视野下的教父哲学》,第 192—193 页。
② 穆尔:《基督教简史》,第 86 页。

在东方不断地抢占信仰的地盘,并有着发展壮大的趋势。482 年,拜占庭皇帝芝诺(Zeno,474—491 年在位)出于政治和教会统一的考虑,签发了赫诺提肯谕旨(Henotikon)。该谕旨由君士坦丁堡主教阿卡西乌(Acacius)起草,企图去调和基督一性论与查尔西登教义。尽管赫诺提肯谕旨反对查尔西登公会对基督一性论的指责,因而赢得了一些东部教会权威的支持,但未能吸引住极端的基督一性论者,反而由于它过分屈服于亚历山大里亚派的权威,蔑视并事实上取消查尔西登会议所规定的教义,遭到了罗马教皇菲力克斯三世(Felix III, 483—492 年在位)的斥责,后者认定阿卡西乌为异端。阿卡西乌也不甘示弱,予以坚决还击,从而导致了从 484 年开始的长达 25 年的东西方教会分裂。直到 519 年,拜占庭皇帝查士丁一世重申查尔西登会议精神,阿卡西乌分裂才告结束。

在东西方教会分裂时期,东部教会的一些人士也做出了种种努力,企图缓解双方的紧张气氛。512 年,住在黑海西岸的一些颇有影响的主教出于希望东西教会统一的考虑,写信给罗马教皇西马库斯(Pope Symmachus,499—514 年在位),申明了他们对查尔西登公会精神的遵从与忠诚,宣布承认耶稣基督不但包含神人两种本性,而且始终以这两种本性的方式存在(ex duabus naturis et in duabus naturis),同时也提到了由于这种忠诚所带来的尤提克斯派对他们连续不断的攻击。这些东方主教请求教皇颁布一道通谕,确认他们的信义,并对他们予以保护。教皇为此召集了一次会议,包括副主祭约翰、波爱修斯及其岳父西马库斯在内的罗马教士、元老院议员悉数参加。但教皇并未对东方主教的这一提案作出评判,只是安慰他们要立场坚定。会上虽对基督的身份问题进行了热烈的讨论,但时任罗马执政官的波爱修斯"没有发现任何人真正触及问题的实质,更不必说去解决这一问题"。① 即使是教内权威人士也显得鲁莽无知,在讨论这一问题时往往不知所云,思想非常混乱。因此,波爱修斯开始对这些权威人士感到非常失望,并且认为,仅仅从《圣经》或以往教父们的著作出发去论证基督的身份,并不能澄清人们思想中的混乱,过去长期争论而无结果就是证明。因此,必须借助于逻辑和理性的方法,去解释以基督的身份为核心的三位一体问题,以使人们发自内心地信仰正统教义。虽然波爱修斯一开始对基督的身份问题并不十分熟悉,在经过长时间的思考后,终于写出了他的第一篇极富影响的神学论文《反尤提克斯派和聂斯托利派》,建立起其正统的基督论。

第三节 波爱修斯的基督论
——反尤提克斯和聂斯托利

"三一论在教父思想中的发展和应用首先是出于解释耶稣身份的需要。"②因此基督的身份和地位即基督论是三位一体学说的核心内容之一。它涉及的主要问题是:基督的神性、基督的人性,以及两种本性之间的关系,基督的位格。波爱修斯在反尤提克斯和聂斯托利的过程中表达了其正统的基督论思想。

一、本性与位格

波爱修斯认为,既然在这些自相矛盾的异端教派的全部问题

---

① 波爱修斯:《反尤提克斯派和聂斯托利派》,序言。见洛布古典丛书:《波爱修斯》,第75页。
② 王晓朝:《教父学研究——文化视野下的教父哲学》,第161页。

中，争论的实质是基督的本性与位格问题，那么，就必须首先定义"本性"（natura）与"位格"（persona）等概念，惟其如此，才能把它们真正的差别区分开来。于是，波爱修斯的基督论就从逻辑分析开始。

波爱修斯首先澄清了"本性"这一概念。他认为，如果本性可以指称一切以任何方式存在的东西的特性，那么，由于存在物具有多样性，本性的定义亦具有多样性。他列举了四种可能的定义。

首先，如果用本性去指称一切事物，则可把本性定义为："本性属于那些由于它们的存在，因而能以某种方式被理智所理解的东西。"①这一定义显然也指称偶性和实体，因为它们都是能被理智所理解的。波爱修斯说，之所以在这一定义中加入"以某种方式"，是因为上帝、质料等是不能仅凭一般的理智得到理解；但上帝显然具有本性，而上帝、质料等可以通过排除其他事物的方式而得到理解。之所以加上"由于它们的存在"，乃是因为"无物"也是一种事物，也可以以某种方式被理解，但本性并不适用于"无物"这一特殊的事物。波爱修斯对本性的这一定义具有毕达哥拉斯主义的传统，后者认为哲学是关于存在事物的学问。许多新柏拉图主义者，如西里亚努斯（Syrianus）、阿谟纽斯等都对本性做过类似的定义。

其次，如果本性不指称偶性，而仅指称实体，即每一本性都必是某一实体的本性，只有实体才可应用"本性"这一语词，说本性就意味着说实体，那么，由于实体是有形体的或无形体的，而有形体的实体是能作用于他物并能被他物所作用的东西，无形体的实体

---

① 波爱修斯：《反尤提克斯派和聂斯托利派》，I。见洛布古典丛书：《波爱修斯》，第79页。

是仅能作用于他物的东西,因此,可把本性定义为:"本性或是那些能够作用于他物的东西,或是那些能够被他物所作用的东西。"①这种定义方式曾在柏拉图的著作中出现过,柏拉图指出,在本性这个问题上,"我的建议是必须按照下列方式对事物的本性进行反思:第一,确定我们对之想要拥有科学知识并能将这些知识传授给他人的对象是单一的还是复合的;第二,如果对象是单一的,那么就要考察它有什么样的自然能力能对其他事物起作用,通过什么方式起作用,或者其他事物通过什么方式能对它起作用,如果对象是复合的,那么就要列举它的组成部分,对每个组成部分进行考察,就像我们对单一事物进行考察一样,要弄清它的自然能力,弄清它是主动的还是被动的,弄清它的构成。"②柏拉图的意思其实就是所谓的本性即那些能作用于他物,或能被他物所作用的实体,在他看来"本性"与"实体"实质上是同义词。③

再次,本性仅仅指称有形实体。这是一种典型的亚里士多德主义的定义。亚氏在其《物理学》中指出,"'本性'是它原属的事物因本质(但不是因偶性)而运动和静止的原因"。④ 波爱修斯依据此把本性定义为:"本性是(物体)因本质而非偶性运动的原因。"⑤之所以说"运动的原因",是因为每一物体都有其特殊的运动,例如

---

① 波爱修斯:《反尤提克斯派和聂斯托利派》,I。见洛布古典丛书:《波爱修斯》,第79页。
② 柏拉图:《斐德罗篇》,270D。见柏拉图:《柏拉图全集》,第二卷,第191—192页。
③ 参阅查德威克:《波爱修斯:音乐,逻辑,神学和哲学的安慰》,第191页。
④ 亚里士多德:《物理学》,192b,20。
⑤ 波爱修斯:《反尤提克斯派和聂斯托利派》,I。见洛布古典丛书:《波爱修斯》,第81页。

火焰上升,尘土下落,但这并不是火焰和尘土的本性,而是由于其本性才使火焰上升,尘土下落。按照亚里士多德的说法,"火焰向上运动不是'本性',也不是'具有本性',而是'由于本性'或'按照本性'"。① 之所以把本性限定为"因本质而非偶性的运动"的原因,是因为像木制床的变旧(即床的变化)是因为它是由世俗的物质木头制成的,因而有重量并且必然会慢慢腐坏这一本质使然。

最后,本性还可以指称事物的特殊属性,如金和银具有不同的特殊属性。据此,可把本性定义为:"本性是赋予一切事物以形式的种差。"② 在波爱修斯看来,事物之间的差别完全在于其形式,而非其基质。这种形式实质上就是事物的种差或本性。波爱修斯认为,正是从这最后一种定义,即本性是实体的特有属性的意义上,天主教徒和聂斯托利认为基督具有神人两种本性。作为人,基督与我们具有相同的本性,作为神,基督与上帝具有相同的本性。

对波爱修斯来说,"位格"是一个比本性更难以理解的范畴。对基督论的正确解释必须基于本性与位格之间的差别,排除各种基督论异端必须首先认为本性与位格并非一一对应,即并非每一本性都对应于一个位格。但问题是什么本性有位格,什么本性没有位格。

波爱修斯认为,本性是位格的基质,离开了本性,位格就不能够被理解。因此,必须对本性所指称的对象作出分类,以明确何种本性具有位格。尽管本性或指称偶性,或指称实体,但位格不存在

---

① 亚里士多德:《物理学》,193a,1。
② 波爱修斯:《反尤提克斯派和聂斯托利派》,I。见洛布古典丛书:《波爱修斯》,第81页。

于偶性之中。因为像白色、黑色、尺寸等偶性绝不具有什么位格。因此,位格只存在于实体之中。接下来,波爱修斯按波菲利树的分析方法,对实体进行了分类,以说明并非所有实体都有位格。实体可分为有形体的和无形体的。有形体的实体可分为有生命的和无生命的,有生命的实体可分为有感觉的和无感觉的,有感觉的实体又可以进一步分为有理性的和没有理性的;而无形体的实体也有有理性与没有理性之分,例如,上帝与天使就是没有形体但有理性的实体,而牲畜的活的灵魂就是既没有形体又没有理性的实体。在有理性的实体中,有些是本性不可改变和不感苦痛的,例如上帝;有些则是变化着的、脆弱的和易感苦痛的,例如,一切上帝所创造的事物。位格不存在于无生命的实体,没有人会认为石头有什么位格。在有生命的实体中,无感觉的东西也没有位格,例如,树就没有位格;而在有感觉的实体中,那些单有感觉而无理性的东西,例如牛、马等,也没有位格,只有那些既有感觉又有理性的实体,例如人,才有位格。同时,无形体的实体中的有些有理性的实体(例如上帝等)也具有位格。有理性的实体中,有些是共相(universals),例如人,有些是单个实体(individuals),例如西塞罗、柏拉图。而位格不可能指称共相,只指称单个或特殊的实体。因此,只有有理性的单个实体才有位格。上述波菲利树可以直观地图示如右图:

波爱修斯最后得出结论,"位格是具有理性本性的单个实体"。[①] 只有上帝、天使、单个人才具有位格,因为只有他们才具有

[①] 波爱修斯:《反尤提克斯派和聂斯托利派》,Ⅲ。见洛布古典丛书:《波爱修斯》,第85页。

理性。这样,波爱修斯就通过对位格的这种定义,把上帝和人联系起来,为他随后解释基督的人性与神性做好了准备。

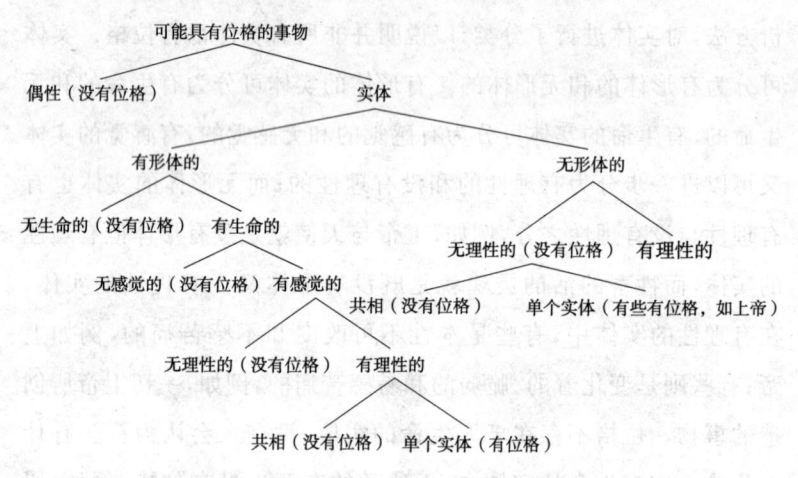

```
                        可能具有位格的事物
                       /                  \
              偶性(没有位格)              实体
                                        /        \
                                 有形体的           无形体的
                                /      \            /        \
                    无生命的(没有位格) 有生命的  无理性的(没有位格)  有理性的
                                    /      \              /          \
                        无感觉的(没有位格) 有感觉的  共相(没有位格)  单个实体(有些有位格,如上帝)
                                        /       \
                            无理性的(没有位格)  有理性的
                                            /          \
                                    共相(没有位格)  单个实体(有位格)
```

波爱修斯随后论述了他是怎样从拉丁语词与希腊语词的对应关系上来定义这两个拉丁语词的。他说,对拉丁语词"本性"与"位格"这两个概念的理解与定义并不是他的发明,它们都可以在希腊语词中找到渊源,而正是基于希腊语词,才有了他的定义。但拉丁语词与希腊语词并非一一对应。希腊语中有非常丰富的词汇,表达同一对象往往有许多同义词,但这些词的拼写可能非常不同,而希腊语中也有用同一语词指称不同对象的现象,因而可能同一语词具有不同含义。拉丁人却未必理解这一点,所以常常用含义不同的拉丁语词去对应意义原本相同的希腊语词,或者用同一拉丁语词去对应指称不同对象的希腊语词。例如,希腊语词 prosopon 有两种涵义,一种是指称假面具,意思是在舞台表演时,同一演员在一出戏中可以扮演多个不同角色,当他改换角色时,只须换上不同的面具即可;另一种是指称个别实体。拉丁人则用 persona 一词去对应它。这样,当用 persona 去指称神的位格时,那些不知与 persona 相对应的希腊语词 prosopon 的原义(即既可以指称假面具,又可以指称个别实体)的人就可能产生误会,把 persona 当作假面具使用,因而将圣父、圣子、圣灵三个位格理解为同一位神所扮演的三种不同角色,是一位神在不同场合戴上圣父、圣子、圣灵三个不同的面具。这就是三一论的异端观点——模态论或形态论(Modalism),而对希腊语词 prosopon 的错误理解可能就是导致模态论的主要原因。

  再如,某些拉丁神学家不加区分地把希腊语词 ousiosis 与 hypostasis 同译为 substantia,这就会导致把实质等同于实体,并最终把神的本性等同于位格。因此,如果不能在拉丁语词和希腊语词之间找到正确的对应,那么,当借用希腊语词去分析问题时,就会对其原义产生误解,从而引起本可避免的争论。按照波爱修斯的理解,关于"三位一体"或基督论问题的争论在很大程度上是由于这一原因造成的。如果我们能够在拉丁语词与希腊语词之间找到恰当的对应,就可以避免这一现象,至少可以正确地理解本性与位格之间的关系。波爱修斯于是就他所涉及的问题精心设计了一个希拉词汇对照表,①这个词汇表充分考虑到了希腊语词和拉丁语词在语性、数量、语态、时态等方面的变化,整理如下:

希腊语词	拉丁语词	英文语词	本书所译对的中文语词
einai	esse	to be	存在

---

① 麦克因纳尼:《波爱修斯与阿奎那》,第 102 页。

			(续表)
ousia	essensia(natura)	essence	本质
ousiosis	subsistentia	subsistence	实质
ousiosthai	subsitere	to subsist	实存
hypostasis	substantia	substance	实体
hyphistasthai	substare	to stand under	支撑
prosopon	persona	person	位格(人格)

波爱修斯指出,本质与位格是正确理解天主教基督论以及反各种异端的关键概念,而这一问题涉及对希腊语词 ousiosis 与 hypostasis 的理解,这两个语词意义并不相同。他主张用 subsistentia 和 subsitere 分别去对应希腊语词 ousiosis 和 ousiosthai,而用 substantia 和 substare 分别表示 hypostasis 和 hyphistasthai 所指称的对象(参阅上表)。subsistentia 与 substantia 意义并不相同。他说:"当一事物无需偶性而存在时,它具有 subsistentia;当它支撑其他东西即偶性时,具有 substantia,即使偶性存在的基质;因为当它'置于偶性之下'(sub-iectum)时,它同时'站在那些东西的下面'(sub-stat)。因此,属和种仅仅具有 subsistentia,因为偶性并不依附于属和种。但个体事物不仅具有 subsistentia,而且也是 substantia,因为它们并不需要依赖偶性而存在(指个体事物中的 subsistentia),并且已有了其特有的种差,作为偶性的基质而使它得以存在。"① 按照这一解释,可以把 subsistentia 翻译为"实质",表示属和种这些无需偶性而实存(subsist)的东西,而 substantia 就是"实体",表示那些可以为偶性提供基质的东西。这样,那些没

---

① 波爱修斯:《反尤提克斯派和聂斯托利派》,III。见洛布古典丛书:《波爱修斯》,第89页。

有偶性存在于其中的属和种即共相,就只是实存,只有实质,而无实体;而个体事物既有实质,又有实体。因为一方面它们是偶性得以存在的基质,另一方面,由于它们具有其特有的种差作为其形式,因而,它们也无须被其所支撑的偶性而存在,相反,偶性需要个体事物作为它们的基质而得以存在。波爱修斯这种所谓个体事物先于偶性而存在的理论,在其对波菲利的《导论》所做的第二篇注释中也论及过。

波爱修斯于是认为,希腊语中的 ousia 表示拉丁语的 essentia(本质),ousiosis 表示 subsistentia(实质),hypostasis 表示 substantia(实体),prosopon 表示 persona(位格)。由于希腊语中的 ousia 与 ousiosis 是同义词(单、复数),因此,与之相对应的拉丁语词 essentia 与 subsistentia 实际上也是同一的,即"本性"之意,也就是波爱修斯在论文中所归结的 natura。希腊语词 prosopon 有时也指称个别实体,因此,希腊人也把 hypostasis 称为 prosopon,二者在希腊语中是同一类词。所以,与之相对应的拉丁语词 substantia 与 persona 也是同一类词。这就是为什么波爱修斯认为只有实体才具有位格。由于共相没有实体,因此,共相也没有位格,因此,只有单个实体才有位格。这正好与希腊人把指称单个实体的 hypostasis 称为 prosopon 一致。然而,希腊语词 hypostasis 的用法是有讲究的:它仅仅指称有理性的实体,即上帝、天使和人,而从不指称没有理性的动物,是因为他们要把上帝、天使与人同一般的动物区别开来,认为前者比后者高贵。基于此,波爱修斯进一步认为,只有有理性的单个实体才具有位格。但是,拉丁人对与希腊语词 hypostasis 相对应的 sub-stantia 的用法却没有这些讲究,他们既用它去指称有理性的动物,又用它去指称没有理性的四足动物。因此,希腊人说某物有 hypostasis，或 prosopon，实质上是同一的，但拉丁人却必须把 substantia 和 persona 区别开来，前者指称一切实体，后者仅仅指称有理性本性的单个实体。这样，波爱修斯对位格所做的语义定义，与他对位格所做的实质定义就统一了起来。

把这些范畴应用于人时，就可以说："人有 essence 即 ousia，subsistence 即 ousiosis，hypostasis 即 substance，prosopon 即 person：说人具有 ousia 或 essentia，是因为他存在（因而具有使之得以存在的形式，这就是本质，一切存在的东西都具有本质。——引者注），人有 ousiosis 或 subsistence，是因为他不存在于任何主体之中（即不是任何东西的属性或偶性，参见第二章第三节的波爱修斯论十范畴。——引者注），人有 hypostasis 或 substance，是因为他是那些不具有 subsistence 或 ousioseis 的东西的基质，而人有 prosopon 或 person，是因为他是具有理性本性的单个实体。"[①]波爱修斯实质上描述了"人"作为共相和个体事物的两种存在形式。作为共相，他有实质，即不依偶性而存在，并且具有本性；作为个体，他有实体，是偶性存在的基质，同时又有位格。

把这些范畴应用于上帝，则可以说，"上帝具有 ousia 或 essence，因为他存在，特别是他是一切事物存在的来源，具有 ousiosis 即 subsistence，因为他无须依赖任何东西而绝对独立存在，具有 hyphistasthai，因为他是实体。由此我们可以继续说，上帝只有一个 ousia 或 ousiosis，即一种 essence 或 subsistence，但有三个 hypostaseis，即三个 substance。正是按照这一用法，人们说三位

---

① 波爱修斯：《反尤提克斯派和聂斯托利派》，III。见洛布古典丛书：《波爱修斯》，第91页。

一体只有一个 essence，而有三个 substance 和三个 person。"①值得注意的是，波爱修斯说上帝有三个 substance，说三位一体有三个 substance，是在一种极其严格的意义上使用"实体"这一概念的，他说："substance 可以看作是在这样一种理由下被用来指称上帝的：并非因为上帝像事物的基质那样置于事物之下（而被称为实体），而是因为他存在于一切事物之前，因而他就像一切事物的原则一样，给它们提供 ousiosthai 或 subsistence。"②波爱修斯的意思是说，把上帝和三位一体称为"实体"，并不把上帝等同于支撑偶性并成为其基质的一般个体事物，而是因为上帝先于一切具体存在的事物，并赋予一切事物以存在，因而上帝是一切事物的共同本性，从这个意义上看，上帝如同支撑偶性存在的个体事物实体那样，支撑一切事物的存在。他是在与上述完全相同的意义上认为三位一体也具有三个实体，即圣父实体、圣子实体、圣灵实体的。

至于波爱修斯认为上帝有三个"实体"，只是说圣父、圣子、圣灵和上帝一样，赋予一切事物以存在，是一切事物的共同本质，在这一点上，圣父、圣子、圣灵与上帝完全同一，而并不是说上帝有三个不同于其自身的独立的实体。他后来在论证三位何以为一体时详细说明了圣父、圣子、圣灵三个实体的同一性，以及他们与上帝的同一性。因此，他仅仅是在与 subsistentia 相区别的 persona 的意义上使用 substantia 这一概念的，是基于希腊人把指称单个实体的 hypostasis 称为 prosopon，因此，在波爱修斯那里，圣父、圣子、圣灵三者都是实存的，而不是仅仅具有实质的共相。因此，他

---

① 波爱修斯：《反尤提克斯派和聂斯托利派》，III。见洛布古典丛书：《波爱修斯》，第 91 页。
② 同上，第 91—93 页。

只是说上帝有三个不同的位格。在论述上帝时,最早把 substantia 与 persona 连起来使用的是拉丁教父特尔图良,而奥利金则是最早在 prosopon 的意义上使用 hypostasis 这一概念的希腊教父。奥利金认为,圣父在永恒里就生有圣子,并借着基督创造了圣灵,他于是用 hypostasis 一词去意指圣父、圣子、圣灵自亘古以来,就是实存并可分别的三个 hypostaseis。① 显然,这里的 hypostasis 与特尔图良的 persona 同义。

波爱修斯认为,一般人在说上帝是"实体"或上帝有三个"实体"时,并没有真正理解"实体"这一范畴的含义和拉丁文的用法,极易造成误解,甚至引起异端。因此,教会不允许人们说上帝有三个实体,但"并非教会中的用语禁止我们说上帝有三个实体",②而是因为"实体"这一概念必须在特定的意义上用于上帝,但这不是每个人都能做到的。

波爱修斯对以上拉丁范畴的分析的目的是明确的,他仅仅是为了说明,一切事物都有本性,就是说,一切东西只要其存在就具有本性,一种存在形式(种差)就意谓着一种本性,但只有有理性本性的单个实体才具有位格,以此来证明基督的二性一位,反驳基督论的种种异端。

波爱修斯对位格的定义是中世纪哲学史上关于位格的最经典、最权威的定义。但这一定义曾遭遇诸多质疑。少有理性的同时代人为他用这种方式把位格引入上帝的体系而困惑不解。波爱修斯去世之后,教皇维吉留斯(Pope Vigilius)的侄子、罗马副祭卢

---

① 参阅凯利:《早期基督教教义》,第 129 页。
② 波爱修斯:《反尤提克斯派和聂斯托利派》,III. 见洛布古典丛书:《波爱修斯》,第 91 页。

斯提库(Rusticus)曾著文认为,如果按波爱修斯的定义,将无法区别上帝、天使与人类,因为他们都是有理性本性的实体;同时,由于这一定义实质上无法区分本性与位格(卢斯提库可能并没有真正理解波爱修斯的思想),因而将使天主教正统不能抵御聂斯托利派的异端。但卢斯提库赞同波爱修斯把本性与位格严格区别开来的主张,因为这是坚持查尔西登公会的信义的必要条件。12世纪,圣维克多的里查德(Richard of St. Victor,1123—1173年)反对把波爱修斯所定义的位格一词应用于上帝,因为他认为,上帝的位格并不是一个单个实体。但他也同意波爱修斯用意义明确的概念去描述三位一体的主张。中世纪著名逻辑学家彼得·阿伯拉尔也表达了与圣维克多的里查德相似的思想。托马斯·阿奎那等经院哲学家则是支持波爱修斯的最主要代表,他不仅采纳了波爱修斯的定义,而且还有意去树立其权威性。

二、基督只有一个位格

应该指出,波爱修斯无意于建立这些希腊和拉丁范畴的形而上学体系。他的这种亚里士多德主义的方法的目的仅是为了解决争论已久的基督论和三位一体问题。

应用这一理论,他首先反驳了聂斯托利的基督双重位格论,认为基督只有一个位格。波爱修斯是根据聂斯托利自己的思想去直接证明其基督二位说的错误性,这种反驳方式(类似于苏格拉底的"助产术")显然更为有力。"聂斯托利断定基督有双重位格,这一错误结合乃是由于他认为位格可以指称每一本性。因为按照这一假定,如果认为基督有双重本性,就同样会断定他有双重位格。"①

---

① 波爱修斯:《反尤提克斯派和聂斯托利派》,IV。见洛布古典丛书:《波爱修斯》,第93页。

波爱修斯这一结论的得出是基于他对本性与位格的分析,而聂斯托利的错误也是由于他把本性等同于位格。毫无疑问,波爱修斯不否认聂斯托利的基督具有神人二性之说,但问题是,他要证明基督只有一个位格,就是说只有一个基督,这就只能作如下的推论:或者基督的神性与人性结合成单一的位格,或者基督诚有神的位格(神格)与人的位格(人格),但两种位格结合成一个位格。

如果是第二种情况,那么,神格与人格将如何结合?会产生怎样的统一体?假设诚如聂斯托利所断定,基督具有神、人两种位格,那么,或者这神、人两种位格结合成一个实体,或者承认有两个基督。前者实质上不可能,因为已证位格是单个的实体,而单个实体的"结合"只能是"并置"(引文英文为 by juxtaposition,原著为希腊文 κατα παραθεσιν)。这种结合不能产生任何统一的东西,而只能是神的位格与人的位格继续并存着,其结果是使基督归于无。因为"那些不是一的东西根本上就不可能存在,存在与统一体是可以互换的概念,是一的东西就是存在的东西"。[①] 若基督不是一,就是说基督不存在,就是绝对的无。因此,如果基督存在,则就是绝对的一。若认为他有双重位格,就是承认有两个基督。波爱修斯认为只有疯子才会这么想。他说,若按聂斯托利所主张的基督有双重位格,就必须承认基督作为神性的存在与作为人性的存在是两个不同的实体,实际上就是用基督这同一名字去指称不同的实体。这样一来,基督就是一个有歧义的名字,就不能对他进行任何定义;而从来没有一部经典对基督这一名字有过歧义。因此,第

[①] 波爱修斯:《反尤提克斯派和聂斯托利派》,IV。见洛布古典丛书:《波爱修斯》,第 95 页。

二种情况,即基督有神、人双重位格是不可能的,神、人两种位格结合成一个位格也是不可能的。

那么,就只剩下第一种情况,即基督的神性与人性结合成一个位格。波爱修斯认为,这第一种情况是惟一正确的。天主教"伟大而史无前例的(信仰之一就是)承认基督作为神的本性必须伴随着与神完全不同的人的本性一起而来,并且通过两种不同本性的结合而形成单一的位格"。① 聂斯托利说基督的神性与人性保持其特有的位格,对此,波爱修斯反驳说,若存在着这两种位格,那么,基督中将没有神性与人性的结合,基督也永远不会表现出神性。因为"对任何人来说,只要他的特有的位格(或人格——引者注)存在着,就没有神性与他的实体相结合,无论他有多么优秀"。② 换句话说,之所以神性与具有人性的基督的实体相结合,乃是因为基督未曾具有与众不同的特有的独立的作为人性的位格。若神性与人性之别导致神格与人格的分立,则"人类就不曾被拯救,基督之降生也没有带给我们救赎,那些先知的著作也不过是欺骗那些信仰他们的人的谎言,对许诺基督之降生将拯救世界的整个《旧约》的蔑视也将会源源不断"。③ 因此,不承认基督的神性与人性结合成单一的位格,将会导致非常荒唐、亵渎、可怕的结论。

三、基督既包含两种本性,又以两种本性的形式存在

波爱修斯通过反尤提克斯,证明了基督不仅具有神性与人性,

---

① 波爱修斯:《反尤提克斯派和聂斯托利派》,IV。见洛布古典丛书:《波爱修斯》,第 97 页。
② 同上。
③ 同上,第 99 页。

而且始终以完全的神性和完全的人性两种形式存在。

他认为,与聂斯托利相比,尤提克斯则走向了相反的极端。后者主张,我们非但不要以为基督有双重位格,甚至也不能以为基督有双重本性,因为其人性在与神性相结合后,人性就已完全融入神性之中而不复存在,基督实际上只以神性一种本性的方式存在。波爱修斯反驳说,尤提克斯的基督一性论与聂斯托利的基督二性二位说的错误的根源是一样的:聂斯托利认为,如果本性具有双重性,那么位格就具有双重性;尤提克斯则认为,如果位格不具有双重性,那么本性就不具有双重性。从逻辑上看,这两个命题是完全等值的,但都是错误的。"聂斯托利正确地认为基督有双重本性,而亵渎地认定他有双重位格,尤提克斯则正确地认为基督具有单一的位格,却亵渎地认定他只有单一的本性。"[①]

由于基督的人性与神性的区别是很显然的,也是公认的,因而尤提克斯不否认这两种本性的存在,并且似乎对基督的神性为圣父所生也不否认。但他认为,未结合之前基督有两种本性,结合之后就只有一种本性了。为了证明尤提克斯的荒谬和思想混乱(波爱修斯认为尤提克斯并未确切地表述清楚其思想),波爱修斯构造了如下一系列二难推理,以证明基督是降生于玛利亚,并通过此获得人性,而道成肉身以及复活后,基督仍有人性与神性双重本性,但并没有合二为一。

如果结合发生在基督降生时,那么必然是:或者基督的肉身不是来自玛利亚,而是在此前早已通过其他途径而获得,这种肉身与

[①] 波爱修斯:《反尤提克斯派和聂斯托利派》,V。见洛布古典丛书:《波爱修斯》,第103页。

具有神性的实体相分离,通过从玛利亚的降生而结合成单一的神性;或者基督确实从玛利亚那里获得肉身,但当他从玛利亚那里降生时,神性便与人性相结合而使其人性融入神性之中,显现出单一的神性。波爱修斯认为,无论上述哪种情况,都可推出基督从玛利亚降生后就没有人性。如果这样,基督就不能拯救人类,其受难也就毫无意义,并且,若降生后至复活前基督只有神性,则他何以会受难?因此,基督降生时,不可能发生神性与人性的结合。这就是说,如果确有基督之神性与人性之结合,则这种结合只能发生在基督复活时。

如果神性与人性之结合确实发生在基督复活时,则同样面临着或者基督从玛利亚获得肉身,或者不从玛利亚获得肉身。若其肉身不是来自玛利亚,那么可以问,复活前基督是以一种怎样的人的状态出现?他是不是真正的人的身体?他具有怎样的人性?波爱修斯首先指出,除了人类的第一个祖先直接来自于神外,所有的人都是来自另一个人的肉身。我们断定耶稣基督具有人性,就要承认他同样来自另一个肉身。同时,耶稣基督的肉身也不可能来自玛利亚之外的别的什么人。因为上帝曾发出神谕,许诺要通过亚伯拉罕和大卫对世界进行拯救,而耶稣正是上帝派来拯救人类的。而且由于为人类带来死亡的是女人,因而,上帝必然要耶稣通过亚伯拉罕和大卫,并最终从女人玛利亚那里获得肉身。如果不这样,就等于说上帝不是通过亚伯拉罕和大卫拯救人类,就等于说上帝说了谎言。但这是对神的大不敬。这就证明了,即使诚如尤提克斯所说,耶稣基督之神性与人性的结合发生在他复活时,则他的肉身也必来自玛利亚。

波爱修斯的目的是要证明,肉身来自玛利亚的耶稣基督有与我们一样的身体,具有完全的人性,而不是尤提克斯所说的人性消失在神性之中。按照他的理解,如果基督没有表现出人的状态——即因为遭原罪之罚而要承受死亡之苦痛,那必可推出有这么一个不出生于任何人的人,他无须受原罪之惩罚,因而像这样的人的身体就不从任何人而来,故而他必表现出一种新的与我们不同的人的状态。但既然他无须遭原罪之罚,这种呈现在我们面前的身体是否会被认为是人?或者这是某种新的真正的人的本性,即不必因原罪而受罚?

如果他并不是真正的人的肉身,那么,很明显上帝就会因谎言而犯错,因为他展示给人们一个并非真正是人的身体,而又欺骗人们说这是真的。而上帝是不可能有谎言的。如果这是一种新的具有真正的人的本性的肉身,并且并非出生于人,那么,这种可怕的戏剧般的降生又是出于什么目的?耶稣受难地又在哪儿?波爱修斯认为,即使是人类,没有有用目的的行为都是愚蠢的,更不要说上帝,他的一切行为都是出于有用的需要。因此,耶稣基督既不可能不是真正的人的身体,也不可能是某种所谓新的具有真正的人的本性的肉身,他必然具有和我们完全一样的人的身体,其人性也是完全的。

在证明了基督的肉身来自玛利亚,并且具有与我们一样的人性之后,波爱修斯继续证明,基督的人性始终以独立的方式与其神性一起存在,而不是尤提克斯所谓的人性与神性结合而形成单一的神性。

波爱修斯首先指出,如果确如尤提克斯所说,人性与神性可以结合,那么,这种结合只能以三种方式进行,即"或者神性转化为人性,或者人性转化为神性,或者二者混合并且都发生变化,使得各自实体都不保有其自身的形式"。①

但是,神性与人性之间不可能相互转化。首先,从信仰上看,天主教教义禁止我们相信任何神性会转化为人性。因为神性是本质上不可变、不动情的,而人性是本质上易变和易动情的,说神性转化为人性,实质上就是认为本质上不可变、不动情的东西可以化为易变的和易动情的东西。其次,人性与神性之间的相互转化也是从逻辑上推不出来的。因为实体可以分为有形体的和无形体的,而"没有一个有形实体可以转化为无形实体,也没有一个无形实体可以转化为有形实体,并且无形实体之间也不会互换其特有形式;只有那些具有同一物质基质的事物,才可能互换和转变其形式,而在这些事物中,也并非所有的都能做这种转换,只有那些可以作用于另一事物并且同时可以被另一事物所作用的事物,才能互换和转变其形式"。② 人性包括许多因素,最主要的是有形体的肉体和无形体的灵魂。但显然,有形体的肉体与无形体的上帝不具有共同的物质基质,后者根本上就没有任何物质基质,因此,他们之间不可能相互转化。而无形体的灵魂与上帝之间也没有共同的物质基质作为相互转化的条件和依据;更何况上帝只是作用于其他事物的实体,而不可能是被其他事物所作用的实体,因此,人的灵魂与上帝之间不可能相互转化。既然人的肉体与灵魂都不可能转化为神性,那就更谈不上人性可以转化为神性,也不可能把人性与神性混为一谈。

如果尤提克斯承认人性与神性不可以相互转化,也就是说结

---

① 波爱修斯:《反尤提克斯派和聂斯托利派》,VI.见洛布古典丛书:《波爱修斯》,第109页。
② 同上。

合后基督的神性不是通过其人性转化为神性,再与原来的神性相结合而成,那么,他的意思只能是,基督原有的人性与神性通过构成它的要素的改变和消失而成为单一本性,如同蜜与水相混合后,双方都不再继续保有其原来的性质,而是通过与对方的结合并向对方转化而产生第三种事物,一旦这一事物形成,原来的蜜与水就都消失了,从这个意义上讲,这第三种事物由蜜和水构成,但不以原来的蜜或水的方式而存在。波爱修斯认为,尤提克斯所谓的基督原来具有神性与人性两种本性,但当它们结合后,基督便不再以原来的人性或神性的方式存在,这与上述蜜和水的例子完全一样。但这种结合同样需要人性与神性具有共同的物质基质(如同蜜与水具有共同的物质基质一样),并且人性的性质向神性的性质转化,神性的性质向人性的性质转化。但基督的人性与神性不能向对方转化,二者有着本质的区别,不可以混合。因此,基督的人性与神性不可能像蜜与水一样结合成第三种实体。总之,尤提克斯所谓的基督的人性与神性相结合,或人性融入神性之中而形成单一的神性都是不可能的。

那么,天主教的正统思想"基督既包含两种本性,又以两种本性的形式存在"又该如何理解呢?

波爱修斯说,"包含两种性质"是一个多义的语词。说一事物包含两种性质有两层意思:一是如尤提克斯所说的基督包含神人两种性质,二者像蜜与水一样结合在一起,各自的性质消失或向对方转化;一是如构成皇冠的黄金和宝石一样,黄金不会变为宝石,宝石也不会变为黄金,各自继续保有其原来的性质和自身特有的形式,因此,我们说皇冠既包含黄金和宝石,并且也以黄金和宝石的形式存在。正是从这第二种意义上,"天主教信仰承认基督的两种本性继续保持各自的完整性,任何一种本性都没有转化为另一种,因此,可以正确地说,基督以两种本性的形式存在,并且包含两种本性。说以两种本性的形式存在,是因为它们各自存在着;说包含两种本性,是因为作为一个位格的基督是这两种继续存在的本性的统一体"。① 这就是说,基督既是完整的人,又是完整的神,是人与神的统一体。"说基督是神,是因为他是由圣父实体所生;说他是人,乃是由于他是从圣母玛利亚那里获得肉身。更进一步,被称为人的基督之为神,是因为他担当神的角色,而被称为神的基督之为人,是因为他披着人的外衣。尽管在他的相同的位格中,所表现出人的状态的神性与他表现出的人性是有区别的,但作为神的基督与作为人的基督是同一的。如果认为他是人,那么,他作为神与作为人是同一的,作为人是基于其本性,而作为神则是因为他同时担当了神的角色;如果认为他是神,那么,他作为人与作为神也是同一的,作为神是基于其本性,而作为人则是因为他同时担当了人的角色。说基督有双重本性、两个实体,仅仅因为他既是神,又是人,而他(实际上)只有一个位格,因为他是神人同一。"②

总之,关于基督的本性与位格,只有四种可能性:或者如聂斯托利所说的二性二位,或者如尤提克斯所主张的一性一位,或者如天主教所信仰的二性一位,或者一性二位。波爱修斯认为,不可能有人认为基督是一性二位的,除非他是一个疯子。而已证聂斯托利的二性二位说和尤提克斯的一性论主张都是荒谬和错误的。因此,只有天主教所信仰的基督有双重本性但只有一个位格,才是惟

---

① 波爱修斯:《反尤提克斯派和聂斯托利派》,VII。见洛布古典丛书:《波爱修斯》,第117页。
② 同上,第119—121页。

一正确的真理。

四、基督的人性状态

天主教认为,与他的神性一样,耶稣基督同样具有完整的人性。按人性而言,除了没有罪外,基督与我们的本质完全相同。但基督教同时认为,由于我们的始祖亚当和夏娃犯了罪,这种罪通过遗传带给了后代,因此,每一个人从一出生开始就有了原罪。

但那些不承认基督的身体来自玛利亚的人认为,基督教的这一教义是互相矛盾的:如果基督的身体来自另一个人(玛利亚),由于从他们的始祖第一次犯罪开始,每个人就不仅被罪恶、死亡所束缚,而且被卷入了犯罪的欲望之中,那么,何以同样是人的基督既没有犯罪,也没有犯罪的欲望?波爱修斯并不否认人类始祖的原罪会传给他们的每一后裔。他在其信仰陈词中驳斥了佩拉纠派(Pelagianism)异端,后者否认始祖的违规之罪可以通过本性传给其子孙,否认人有原罪,而且一段时间内影响很大。他认为,断言基督的身体不是来自玛利亚的人的这一问题值得我们注意,并且是一个很容易引起疑惑的问题。因为如果断言基督具有与我们同样的身体,那么,就必然会遇到上述问题。

波爱修斯认为,可以设想共有三种状态的人性:第一种表现为亚当犯罪之前的那种,既没有死亡,也没有犯罪,但可能有犯罪的欲望;第二种也表现为亚当犯罪之前的那种,但必须假设亚当坚定地遵守上帝的律令,不受魔鬼的勾引,这是一种既没有罪,也没有犯罪欲望,因而也没有死亡的人性状况;第三种就是亚当犯罪之后的那种人性状态,被罪、犯罪的欲望以及死亡所束缚。第二种状态的人性应受上帝的奖赏。第三种状态的人性应受惩罚,是被上帝拯救的那种人性。第一种则是一种中间状态的人性,尽管可能有犯罪的欲望,但实际的犯罪没有发生,实际的死亡也没有发生。那么,基督到底表现出一种怎样的人性状态呢?如果是第一种或第二种,基督就不会死亡。如果是第三种,基督就必然既有罪,又有犯罪的欲望。

波爱修斯认为,基督所表现出来的完全的人性状态就是被上帝拯救的那种,即第三种。因为他是上帝派来替人类赎罪的,如果是第一或第二种,则人类无须救赎。上帝既然要派耶稣基督拯救人类,于是就让他从玛利亚那里取得如人一样的肉身,让他经历从出生到死亡的人生全部过程,经历肉体的苦痛。基督经历死亡是为了使死亡远离人类;他还要像人一样饮食,像人一样履行人的身体的各项机能;建立洗礼仪式,以和人类一起接受洗礼,并由此使人们得到上帝的恩典和救赎的真理。只有这样,人类才能得到完全的救赎,并与基督一起升入天国。正如奥古斯丁所说,耶稣基督是上帝和世俗的人之间惟一的中保,"除非藉着上帝和人之间这惟一的中保,即为人的耶稣基督,否则(人的罪)就无法得到赦免,无法得到消除。"[①]这就是基督同时也是人并具有完全的人性的原因、涵义和目的。因此,说基督是人并表现出完全的人性是有特定的涵义的,并不是说他也要像我们一样有罪并有犯罪的欲望。

至于出生于人(玛利亚)的基督何以没有罪和犯罪的欲望,波爱修斯认为,即使是人类的某种没有用的行为都是愚蠢的,更不必说上帝,因为上帝的一切行为都是出于有用或善的目的——既然

---

① 奥古斯丁:《教义手册》,第35章。转引自王晓朝:《神秘与理性的交融——基督教神秘主义探源》,第244页。

这样，上帝就不可能在基督降生时使他有罪或有犯罪的欲望,因为这是毫无意义的;更进一步,只有基督没有罪和犯罪的欲望,自身不需要拯救,才能更好地履行拯救人类的任务。另一方面,说耶稣基督无罪,并不与出生于肉身的我们都有罪矛盾。因为基督的出生与我们的自然出生有所不同,他是由童贞女玛利亚感受圣灵而怀孕所生,他出生后圣母仍是童贞女。因此,基督的降生是一个超自然的过程,这一过程可以避免祖先的原罪通过肉体而传给基督,因为这完全是由上帝根据其目的而安排的。

总之,说基督没有罪,也没有犯罪的欲望,与断言他具有完全的人性并不矛盾。基督的人性状态是:除了没有罪之外,与我们完全一样。

第四节 三位一体是一个上帝而非三个上帝

一、波爱修斯论三位一体的起因

波爱修斯在反尤提克斯和聂斯托利的基督论的过程中提到了上帝的一种本性、三个位格,但没有对这一问题做更加深入的探讨,主要是由于他对神学问题的探讨不是出于其神学研究的系统性,而是出于政治目的。当时的政治危机和教会分裂主要是由于不同的基督论引起的,因而波爱修斯把主要精力放在论证正统的基督论和反对异端上,而对三位一体的其他问题未予足够的重视。

不久,情况发生了变化。就在波爱修斯刚写完论文 V 时,在原来写信给罗马教皇西马库斯的东方主教们的居住地,一群说拉丁语的西叙亚僧侣宣布了他们对查尔西登信经的执著和忠诚。其著名神学领袖是马克森修斯(Maxentius)。他们认为"三位一体之一(指圣子——引者注)遭受了肉体的苦痛"(Vnus ex trinitate carne passus),因而同样具有人性;三位一体之任一位格都等同于三位一体本身;尤提克斯和聂斯托利的基督一性论的错误同出一辙,都是因为把本性等同于位格。这些僧侣们自以为他们的信义能解决三位一体问题,帮助消除东西方教会的分裂,因而兴致勃勃地赶到君士坦丁堡,寻求东罗马帝国皇帝的支持。对于这一可能关系到全基督教会的团结的信义,查士丁一世并没有立即接受,而是派其中一些人前往罗马,看能否得到罗马基督教会权威们的支持,特别是能否得到教皇霍米斯达斯(Pope Hormisdas,514—523年在位)的支持。代表团在罗马受到了教皇及元老院议员的冷遇,因为后者无意于对以往几次公教大会的信经增加什么。但当地一位较有名气的能操希腊拉丁双语的僧侣狄奥尼修斯·埃克西古(Dionysius Exiguus)支持他们。埃克西古原是西叙亚的一位著名神学家,后迁居罗马,担任希腊神学的翻译等工作。他为这些僧侣翻译了亚历山大里亚的西里尔的某些相关著作,其中加进了他自己的一篇极为重要的文章,论述了三位一体这一概念的意义。

  这一事件激起了波爱修斯对三位一体问题的兴趣。东罗马帝国皇帝很快意识到了可以利用这一事件修复东西教会的关系,于是改变态度,转而支持这些拉丁僧侣的信义。这使正在政坛节节高升的波爱修斯进一步认识到了解决这一问题的重大政治意义,很快就着手研究三位一体问题,并倾向于支持这些西叙亚僧侣的观点,随后写出了《圣父、圣子、圣灵是否从实体上指称上帝》《三位一体是一个上帝而不是三个上帝》两篇重要论文。这两篇论文加上《反尤提克斯派和聂斯托利派》,"使他在三位一体以及道成肉身问题上,成为几乎可以与奥古斯丁相当的权威"。①

波爱修斯对三位一体问题的基本看法是:圣父、圣子、圣灵只是表达关系的概念,不是表达实体或偶性的概念。因此,圣父、圣子、圣灵只是从关系上指称上帝,而不是从实体上指称上帝。当人们说圣父是上帝、圣子是上帝、圣灵是上帝时,他们只是从不同关系即不同位格上指称上帝,而不是指三个上帝。因此三位一体是一个上帝而不是三个上帝。圣父、圣子、圣灵在位格上是不同的,在实体上是相同的。

二、圣父、圣子、圣灵指称一个上帝

如前所述,波爱修斯不是援引《圣经》或以往教父们的经典,而是应用亚里士多德的范畴论和逻辑方法,去证明其三位一体理论。他认为,许多证明基督教义的真理性和有效性者,"只是因为可以感觉到其权威性的基督教的教规和教义,以及基督教礼拜仪式已几乎传遍整个世界,因而被称为广泛的、普遍的"②之原因,才认为天主教的信义是有效的,而他的目标是在思辨和逻辑的基础上去证明其有效性。

波爱修斯认为,三位一体的根本问题是圣父、圣子、圣灵是本质同一的,还是互有区别,这要首先考察事物是本质上相同还是不同的区分标准,即何为同一,何为区别。

表面看来,一切事物都是质料(偶性)和形式的结合体,因此,由质料和形式共同决定事物的特征。但实质上,一切事物之所以

---

① 瓦伦、奥波伊尔:《新天主教百科全书》,第2卷,波爱修斯词条。
② 波爱修斯:《三位一体是一个上帝而不是三个上帝》,Ⅰ.见洛布古典丛书:《波爱修斯》,第5—7页。

成其为该事物而不是别的什么东西,不是因为构成它的质料,而是因为其与众不同的形式:"所有的实体都依赖于形式。一座雕像不是因为它是用青铜这一质料做成的而认为它与活物相似,而是因为它是按照这一活物的形式雕刻出来的;而青铜之所以称为青铜,也不是因为它的质料是泥土,而是因为它具有青铜的形式。类似的,泥土之称为泥土,也不是因为其没有质的规定性的质料,而是因为它的干燥和重量等这些形式。"①因此,事物之所以不同乃是因为其不同的形式,凡形式相同的事物就是本质相同的事物,就是同一事物。甚至形式也是事物赖以存在的依据,没有形式,它们就不会存在。

波爱修斯在"形式"问题上调和了柏拉图和亚里士多德的观点。他区分了两种形式。一种形式与偶性、质料相联系,是偶性、质料存在的基质,不能离开偶性、基质而单独存在。但这种形式实质上并不是真正的形式,而是形像(imago)。波爱修斯这里所说的形像实际上是种或属,即共相,例如人性。另一种形式是没有任何质料的形式,它不存在于任何质料、偶性等有形体之中,也不可能成为任何东西的基质,这就是纯形式。只有上帝才是具有纯形式的实体。

波爱修斯认为,所有仅具有形像的事物都是由组成它的部分所构成的,因此,它们"是这个和那个,也就是说,是其构成部分之结合,而不是这个或那个分而参与(构成该事物)"。② 这样的事物自身并非其自身存在的原因,而是基于其部分而存在。但"另一方

---

① 波爱修斯:《三位一体是一个上帝而不是三个上帝》,II。见洛布古典丛书:《波爱修斯》,第10—12页。

② 同上,第11页。

面,那些不是由这个和那个构成,而仅仅是这个的事物,才真正是其自身的本质,……因为它的存在无须依赖于任何它物"。① 由这个和那个构成的事物有很多,如由灵魂和肉体构成的人,仅仅是这个的事物只有具有纯形式的上帝。仅具有形像的事物的形式是可以分割的,因为它是由"这个"的形式和"那个"的形式共同构成的,例如,人的存在就是基于其灵魂的形式和肉体的形式,这两种形式对于人来说是缺一不可的。而具有纯形式的上帝不是由这个和那个构成,他的存在不依赖于任何别的东西。纯形式是不可分割的,因此纯形式只有一个,并且这惟一的"纯形式是一切存在的根源"。② 这就是说,纯形式的东西不是任何他物的基质,它的存在也无须任何他物作为其基质,其自身即是自身存在的原因,自身即是自身的本质。因此,无论从哪个方面,都没有所谓这个上帝与那个上帝之分,因为多元性必须基于他性,即差异性,而上帝没有任何偶性,也没有任何质料,因而不存在偶性和质料上的差别;上帝又是纯形式的实体,而纯形式只有一个,因而,也没有形式的差别。总之,"在上帝那里,没有差别,没有由于差别而带来的多元性,没有由于偶性而带来的多样性,因而也就没有数量(的多少)"。③ 而"没有多元性的地方就只有统一性。……这样,圣父、圣子、圣灵的统一体就合理地建立起来了"。④

关于一与多,波爱修斯认为,当人们谈到"数"时,有两种方式,

---

① 波爱修斯:《三位一体是一个上帝而不是三个上帝》,Ⅱ。见洛布古典丛书:《波爱修斯》,第10—12页。
② 同上,第9页。
③ 同上,第13页。
④ 同上,第29页。

一种是仅仅用于计数,另一种存在于可数事物之中。当说圣父是上帝、圣子是上帝、圣灵是上帝时,并不是在对上帝进行计数,即并不是述数三个上帝,也不是认为有三个上帝,而只是三次提到了上帝。如同我们说"太阳、太阳、太阳"("sol sol sol")时,不是意味着三个太阳,而只是就同一太阳说了三次。又如我们说"剑、烙、刃"(ensis, mucro, gladius)时,我们只是用同义词去述说同一事物,即只是在重复说"剑",而不是说有三把剑。但"圣父、圣子、圣灵"与"剑、烙、刃"还是有所区别,后者指称相同的对象,并且是涵义完全相同的语词,而前者虽指称相同的对象,但不是同义词,圣父、圣子、圣灵并不完全相同,在相互关系上是不相同的。

三、圣父、圣子、圣灵是从关系上而不是从实体上指称上帝

波爱修斯援引了亚里士多德的十范畴说,即用实体、性质、数量、关系、何地、何时、所有、所处、活动和遭受十范畴去断言所有事物。但波爱修斯认为,"当任何人用这些范畴去断言上帝时,则能被这些范畴所断言的一切都发生了变化"。①

例如,当说上帝是一个实体时,上帝并非是一个具有物质基质的实体,而是一个超物质的实体。而说"一个公正的人"与"公正的上帝"时,尽管都是在指称性质,但前者是指人的偶性,"一个人"与"一个公正的人"是有区别的;后者指上帝的本性,"上帝"与"公正的上帝"是一回事。当我们说"上帝是伟大的或最伟大的"时,我们是在断言数量,但并不是指称几个上帝,"上帝"与"伟大的上帝"、

---

① 波爱修斯:《三位一体是一个上帝而不是三个上帝》,Ⅳ。见洛布古典丛书:《波爱修斯》,第17页。

"最伟大的上帝"都是指同一个上帝。当把何地、何时这些范畴用于上帝时,情况就与把这些范畴用于人或其他事物时完全不一样。因为上帝无处不在,但不在任何某个具体的地方,无处能容纳上帝,但上帝能容纳一切地方。对上帝来说,无所谓过去、现在、未来之时间的流逝,上帝处在"永恒现在"之中,但这种现在与我们所说的"现在"完全不一样,上帝的现在是永恒的、不动的、不可变化的,我们的现在则是暂时的、流动的、易逝的。此外,所有、遭受等范畴则不可用于上帝,因为上帝不被任何东西所作用,当然就不存在什么所有或什么遭受的问题。

以上十大范畴可以分为两类。一类是从事物本身,即事物是什么的角度去断言事物;一类是从事物所处的环境去断言事物,它不是说明事物是什么或不是什么,而是在事物的外部附加某种东西。前者如实体、性质、数量等范畴,它们都从实质性的意义上去断言其所断定的对象。这些范畴可以仅仅与其所断言的对象相结合,而产生关于这类范畴的论断。后者如关系、何地、何时、所处、所有、活动、遭受等范畴,它们都不是从实质性的意义上去断言其所断定的对象,也不能仅仅从其所断言的对象自身而产生关于这类范畴的论断。表达关系的范畴则更加不能从其所断言的对象自身而产生某种论断,因为当用它去断言一个事物时,须有(处在相互关系中的)其他事物(并不一定需要不同的事物)的同时介入。按照亚里士多德的话,就是"一切相对的东西,如果正确地加以定义,必都有一个相关者"[①],并且双方是互相依赖的。

波爱修斯特别论述了如何判定一个范畴到底是从关系上还是

---

① 亚里士多德:《范畴篇、解释篇》,第26页。

从实体上去指称上帝,并把这一标准用于圣父、圣子、圣灵。他说,圣父、圣子、圣灵及其三位一体是用来指称上帝的,"任何指称神实体的东西都必须与此相同,并且这将是判定什么类型的东西才是指称神实体的一个标志。而所有以这种方式去指称神实体的东西,必须同时单个地指称这些结合成一的(三位一体)之一"。[①] 他的意思是说,当说上帝是真理时,必须同时说圣父是真理、圣子是真理、圣灵是真理;当说上帝是全能的时,必须同时说圣父是全能的、圣子是全能的、圣灵是全能的。这就是说,"真理"、"全能"等范畴是用来指称上帝的。波爱修斯进一步指出,只有那些既可以单个地指称圣父、圣子、圣灵之一,又可以整体地指称圣父、圣子、圣灵全体的范畴,才是从实体上指称上帝的;而那些仅可以单个地指称圣父、圣子、圣灵之一,但不可以整体地指称圣父、圣子、圣灵全体的范畴,仅能从关系上指称上帝。

波爱修斯的意思是,既然既可以说圣父是真理、圣子是真理、圣灵是真理,又可以同时说作为圣父、圣子、圣灵三位一体的上帝是真理,那么,"真理"这一范畴就是从实体上指称上帝。既然既可以说圣父是全能的、圣子是全能的、圣灵是全能的,又可以同时说作为圣父、圣子、圣灵之三位一体的上帝是全能的,那么,"全能"这一范畴也是从实体上指称上帝。但圣父、圣子、圣灵这三个范畴与真理、全能等范畴有着本质区别,前者只能单独地指称圣父、圣子、圣灵之一,而不能整体地指称圣父、圣子、圣灵全体。因为"'圣父'这一名字是不能转用于圣子和圣灵的。这意味着这一名字不是作

---

① 波爱修斯:《圣父、圣子、圣灵是否从实体上指称上帝》。见洛布古典丛书:《波爱修斯》,第33—35页。

为某种具有实体性的东西而赋予圣父的,因为如果它是具有实体性的,如同'上帝'、'真理'、'公正'或'实体'本身一样,那么,'圣子'、'圣灵'也都是具有实体性的"。① 这就与只有一个上帝实体相矛盾。同样,"圣子也只是单独地接受'圣子'这一名字,而不像已提及的上帝、真理或其他谓词那样,把圣子与其他位格联系起来。圣灵也不与圣父、圣子相同。由此可知,圣父、圣子、圣灵都不是从实体上,而是以其他的方式指称上帝"。② 即从关系上指称上帝。就是说,由于不能同时说"圣父是圣子,圣父是圣灵,圣父是三位一体的上帝",或"圣子是圣父,圣子是圣灵,圣子是三位一体的上帝",或"圣灵是圣父,圣灵是圣子,圣灵是三位一体的上帝",只能单个地说"圣父是圣父,圣父是三位一体的上帝",或"圣子是圣子,圣子是三位一体的上帝",或"圣灵是圣灵,圣灵是三位一体的上帝",因而,圣父、圣子、圣灵不是从实体上指称上帝。而其他范畴,如"真理、公正、全能、不变性、美德、智慧以及其他此类可以想象出来的范畴,都是从实体上去指称上帝的"。③

如前所述,已证只有一个上帝,并且圣父、圣子、圣灵都不是从实体上指称上帝,而是从关系上指称上帝,那么,圣父、圣子、圣灵是否也处在相互关系之中呢?波爱修斯认为,"作为圣子的上帝是来自于作为圣父的上帝,而圣灵则是来自于圣子和圣父"。④ 他的这一论述来自奥古斯丁,后者在其《论三位一体》(De Trinitate)中

---

① 波爱修斯:《圣父、圣子、圣灵是否从实体上指称上帝》。见洛布古典丛书:《波爱修斯》,第35页。
② 同上。
③ 同上,第37页。
④ 同上,第29页。

指出,圣父、圣子、圣灵处在不可分割的相互联系之中,圣父生圣子,圣灵是由圣父和圣子共同赐予的,所不同的是,圣子是"被生的",而圣灵是"产生的"。

既然圣父、圣子、圣灵只是表达关系的概念,并且处在互为依存的关系之中,所不同的只是处在相互关系的不同位置,那么,由于使用指称关系的范畴去断言事物时,不可以单独使用这些范畴,需要有处在相互关系上的其他范畴的同时介入,并且"相关者都是互相依存,……同时获得存在,……彼此相消"①的。因此,当用圣父、圣子、圣灵中的任一范畴去指称上帝时,须要同时用其他两个范畴去指称上帝,这三者不能以任何方式分离,并且相互依存,同时存在。即当说圣父是上帝时,同时也要说圣子是上帝、圣灵是上帝,反之亦然。圣父、圣子、圣灵这三个位格从不单独存在或行动,任何一方的存在即同时意味着其他两方的存在,任何一方的消失即意味着其他两方的消失。同时,"三位一体"是由表达关系的范畴即圣父、圣子、圣灵这三个位格所导出来的,因而,三位一体也只是表达关系的范畴,而不是表达实体的范畴;或者说,"三位一体也不是从实体上指称上帝",②因为如果三位一体是从实体上指称上帝,或者说三位一体在实体上就是上帝,那么,我们就可以说,圣父是三位一体、圣子是三位一体、圣灵是三位一体,这显然是荒谬的。三位一体的多元性仅指关系上的多元性,而三位一体的统一性是指实体上的单一性。

总之,圣父、圣子、圣灵并非三个不同的实体,作为实体的上帝

---

① 亚里士多德:《范畴篇、解释篇》,第27页。
② 波爱修斯:《圣父、圣子、圣灵是否从实体上指称上帝》。见洛布古典丛书:《波爱修斯》,第37页。

只有一个,而这惟一的上帝被处在相互关系中的圣父、圣子、圣灵共同指称(拥有),即圣父、圣子、圣灵实质上是同一实体,它们表示同一实体的三个方面与该实体的关系;当用圣父、圣子、圣灵中的任一位格去指称上帝时,都不能离开其他两个位格。

四、反三一论的种种异端

波爱修斯认为,圣父从其实体上生有圣子,圣灵也来自圣父,尽管我们不清楚圣子、圣灵是以一种怎样的方式来自圣父。圣父、圣子、圣灵是本质上相同的同一实体,因此具有同样的永恒性。波爱修斯的论述来自奥古斯丁所谓的圣父、圣子、圣灵本性上具有绝对的同一性,"任何一位都不小于三位一体本身"。[①] 但最先把上帝实体与圣父、圣子、圣灵位格联在一起的是特尔图良。特尔图良融合了他在哲学与法律上的背景,用拉丁语词"实体"(substantia)去描述上帝的独一无二性。他说,上帝实体好比是一块可以由多人共同拥有的产业,而圣父、圣子、圣灵好比是这块产业的拥有者,这三个位格必须与上帝实体联起来用,以表明神的独一而永不改变的本质、实体被圣父、圣子、圣灵三位共同拥有。尽管如此,这并不意味着圣父、圣子、圣灵是完全相同的概念。"我们是在圣子与圣父并不相同的意义上称圣父为圣子的。圣父从来就不是圣子,人们不应想象有一个向前无限延伸的神祉世系。同时,圣子并不能因为与圣父具有同样的永恒性因而本性相同而变成圣父,因此,也不可以认为有一个向后无限延伸的神祉世系。而圣灵既不是圣

---

① 奥古斯丁:《论三位一体》,第 8 章,第 1 节。转引自王晓朝:《教父学研究——文化视野下的教父哲学》,第 197 页。

父,又不是圣子,因此,尽管与圣父、圣子具有相同的本性,但圣灵既不是被生出来,也不能生,而是像圣子一样来自圣父。"① 至于圣灵是如何来自圣父,与圣子如何来自圣父一样神秘,我们不能言说,不能推论,只能是依赖于《圣经》权威。这就是说,圣父、圣子、圣灵之完全相同的只是本性和实体,但我们是在不同意义上使用这三个位格:当说圣子的时候,我们是在与圣父相区别的意义上说圣子的,而当说圣灵时,也是在与圣父、圣子都有区别的意义上说圣灵的,切不可混为一谈。

正是由于圣父、圣子、圣灵三位一体的复杂性,有些神学家就基于人的世俗情感去理解三位一体,从而产生了许多异端。在驳斥尤提克斯派和聂斯托利派的基督论之后,波爱修斯又从各种异端的三一论(基督论)中,精心挑选了四种进行反驳。因为在他看来,这四种异端邪说是最符合人的情感甚至理智的,如果离开了《圣经》的权威,单凭自己的想象,那么处在世俗中的人很容易产生这四种异端;另一方面,这一时期的政治和宗教分裂都或多或少与这些异端的散布有直接关系。波爱修斯的目的是想通过驳斥并纠正这些错误的思想,把异端理论所到来的负面影响降到最低的限度。

波爱修斯首先反对阿里乌斯派。阿里乌斯(Arius)是四世纪亚历山大里亚教会的长老。他继承了柏拉图"相论"中所谓的神是绝对的、最高的与惟一的观点,认为神是惟一自有的、永恒的、无始的、真实的、不朽的、智慧的、善良的、惟一的主宰,惟一的审判者。神的这一属性不可与任何他物所共有。主张圣子是由圣父创造出

---

① 波爱修斯:《论天主教的信仰》。见洛布古典丛书:《波爱修斯》,第53—55页。

来的,既然圣子是因圣父而得以存在的,因此圣子不是上帝。他也反对圣子是逻各斯的说法,认为逻各斯是受造之物,在创世前靠上帝的意志才得以存在。他和一切事物一样,从不存在到存在,所以"有一个时候他尚未存在。"(There was a time when He was not.)。① 圣子根本不与圣父具有同一本性,而是在很多方面低于圣父。圣灵又比圣父、圣子低,也不与圣父、圣子同质,因此,圣灵也不是上帝。波爱修斯认为,阿里乌斯宣称圣子与圣父、圣灵与圣父不具有相同的本性,实质上是宣称圣子、圣灵是与圣父不同的另外独立的实体,这等于宣称三个上帝,是典型的三神论。

撒伯流斯派认为圣父与圣子相同,圣子与圣父相同,圣灵与圣父、圣子都相同,因此,上帝并没有圣父、圣子、圣灵这三个独立可分的位格,而只有一个位格,因环境的不同而使用不同的名字去指称他。如同一个人可以担当不同的角色,这同一位神有时显现为圣父,有时显现为圣子,有时又显现为圣灵,但不同时显现为圣父、圣子、圣灵。撒伯流斯的观点属于模态论异端。他混淆了上帝的本性与位格,从本性相同导出位格相同,认为一种本性只能有一个位格。按照波爱修斯的解释,本性与位格是两种不同类型的概念,二者并非一一对应的关系。圣父、圣子、圣灵在本性上相同,而在位格上不同。这三种位格不可能结合成同一个位格,因为位格是根本不能结合的。

基督教摩尼派不信仰耶稣基督是上帝的独生子。他们认为,既然人是由两个身体结合而成,那么说上帝降生圣子是没有意义的,"降生"等这类概念不可应用于上帝,并且不能说圣子降生于童

---

① 贝滕森:《基督教会的文件》,第 40 页。

贞女玛利亚，以免上帝的本性被人的肉身所玷污。波爱修斯反驳说，摩尼派的错误在于"他们仅仅按世俗的标准去思考（关于神的问题）"①，而不理解当这些概念用于上帝时，其涵义就完全发生了变化。

佩拉纠派否认原罪说，认为人类始祖所犯下的罪行不会通过人的本性而传给其子孙。人的本性并没有任何恶的倾向或犯罪的欲望，会使他无可避免地陷入罪中，人类仍旧出生在亚当堕落以前的那种无罪疚、也无罪的污染的状况。人具有完全的自由意志，每一种罪都是个人自由选择的结果。波爱修斯指出，佩拉纠派的观点表面上似乎能清楚地解释耶稣基督何以没有罪，但实质上彻底地否认了天主教。

第五节 论基督教的一般信仰

波爱修斯应用形而上学思辨和逻辑论证方法，建立了其三位一体理论。他把这一方法归功于奥古斯丁。他告诉我们，在撰写这些论文之前，已经阅读了奥古斯丁的大量神学著作，特别是《论三位一体》、《上帝之城》，这两篇著作充分地运用了逻辑和语言工具，去论证上帝的本性，因而他的论文可以看作是奥古斯丁的著作在其头脑里播下的种子所结出的果实。

奥古斯丁把他的思辨方法归功于马里乌斯·维克多里努。奥古斯丁以前的神学家尽管也在其神学著作中使用了哲学范畴，但多是在神学与哲学特别是与逻辑相对立的意义上去使用的。奥古

---

① 波爱修斯：《论天主教的信仰》。见洛布古典丛书：《波爱修斯》，第55页。

斯丁开始调和神学与哲学,用新柏拉图主义的哲学去证明神学教条,但坚持信仰绝对高于理性,理性只有在与信仰一致的基础上才是有效的。因此,奥古斯丁的神学仍属于信仰主义神学。

波爱修斯不同。作为一个神学家,他把其短暂的一生相当多的时间用于研究亚里士多德和斯多噶学派的逻辑学。古代逻辑学基本上是一门工具性学科,从希腊到罗马,逻辑主要用于论证形而上学理论。因此,波爱修斯对逻辑学的重视,说明了他要努力寻求基督教神学与哲学、逻辑学的一致性,信仰与理性的一致性。他把逻辑作为神学研究的第一工具,认为只有首先精通逻辑,才能开始涉足神学,"那些拒绝逻辑的人必定会犯错误,只有理性才能发现永恒的真理"。[①] 我们可以看到,波爱修斯在论述三位一体问题时,大量应用了选言推理和假言论证。他界定或引入了许多形而上学范畴,并按照新柏拉图主义的精神,去解释和运用这些范畴,使其神学理论建立在这些范畴的基础之上,而其三位一体论俨然是一幅宏大的形而上学和逻辑的画卷。

但波爱修斯并不是一个彻底的理性主义者,他从没有因为理性而去否定正统的基督教信仰。他的目的只是要在理性中寻求对信仰的支持,这一点似乎与奥古斯丁是一致的。他曾说,对任何事物要在我们理解的基础上去达到真理,但这种理解绝不是没有限度的,应在事物可理解的范围之内进行。因此,正如药物不能治好一切疾病一样,神学也像其他任何一门科学一样有其局限性。这说明,他不否认还有完全根据我们的理解所不能达到的真理。他

[①] 波爱修斯:《波菲利的〈导论〉注释》(第2篇)。见麦克基昂编译:《中世纪哲学著作选》,第1卷,第70—72页。

所谓的"当某些范畴应用于上帝时,其含义就完全变了"的思想,实质上也反映了这个意思,即人们不可以单凭理性或常规理解去断言上帝,而要按照上帝的本来面目去审视他。这等于承认,要在不与经典教义相矛盾的前提下去应用这些范畴。在他看来,基督教的一般教义是无须借助理性就可以理解的,并不是在对这些教义信仰之前都要首先对它进行证明;一切对教义的证明或争论都不是由于这些教义不可理解,而是出于别的原因,例如政治的原因。因此,在建立了其三位一体理论后,波爱修斯彻底地离开了哲学和逻辑,完全依靠《圣经》,陈述了其作为一个虔诚的基督徒的宗教信仰。这些信仰构成了他的第四篇神学论文《论天主教的信仰》的全部内容。

这篇论文在中世纪乃至近代一直没有受到重视。主要原因有三。一是因为6世纪初的那场旷日持久的政治和宗教纷争在基督教会史上具有重要影响,而波爱修斯的神学论文大多出于回应或解决这些政治和宗教问题,因此,任何一个研究基督教会史的神学家,都会关注这段历史,都会关注波爱修斯与此相关的神学论文。特别是著名的波爱修斯研究专家维克多·舒尔(Viktor Schurr)在20世纪初对波爱修斯神学论文历史背景的深入研究,更是增加了学者们对论文 I、II、V 的兴趣。论文 IV 则被认为远离当时的政治环境和宗教分裂,完全是波爱修斯本人心灵的独白,因而也远离了人们的视野。二是因为人们认为,《论天主教的信仰》少有新意,无非是对《圣经》的阐释,或是重述奥古斯丁的信仰。三是由于该论文曾长期被许多学者认为不是波爱修斯的著作。因为原文既没有标题(这一标题是后人加上的),又没有署名和献词,特别是它的写作风格与波爱修斯的其他四篇论文迥异,全文充满《圣经》教条的说教,而少有其一贯的思辨色彩。19世纪末至20世纪初的学者,普遍把这篇论文排斥在波爱修斯的神学论文之外。例如,中世纪基督教史家赫尔曼·乌森那尔(Hermann Usener)于1877年断言,该文是加罗林王朝时期一位神学家所著,主要依据是,9世纪学者莱欣那乌的雷根伯特(Reginbert of Reichenau)认为该文是同时代的另一学者所作。雷根伯特的论断影响深远,并导致了历史上整理波爱修斯的文稿时,即使没有把该文排除在其论文集之外,也要对它进行特别的标识,比如以特殊字体标识第一个字母,以示对该文作者的存疑。维克多·舒尔也持类似观点。

其实,该文并非以往神学经典的简单重复。哈佛大学著名学者兰德(Rand,E. K.)毫不夸张地认为,波爱修斯的这篇论文是一个"独特的令人称奇的创造"。① 本书将在稍后详叙。现代学者一般认为该文确系波爱修斯所作,理由是:

其一,依据雷根伯特的断言把该文排除在外并不可靠,因为没有理由确信雷根伯特的断言就是真的,何况雷氏也没有指出该文出自谁之手。

其二,正如兰德在20世纪初翻译波爱修斯的神学论文(兰德的译本被公认是至今最好的英文译本)时所指出的,该文的主题思想并没有背离论文 I、II、V。波爱修斯在本文中首先紧承前文,重述作为天主教信仰基础的三位一体论,然后在前文反尤提克斯派和聂斯托利派的基础上,继续反阿里乌斯派、撒伯流斯派、基督教摩尼派和佩拉纠派等异端基督论。他在《论天主教信

---

① 转引自巴克:《论波爱修斯的第四篇神学论文》。见福尔曼、格鲁贝主编:《波爱修斯》,第234页。

仰》中所坚持的三一论和反各种异端教派所持的立场,与在论文Ⅰ、Ⅱ、Ⅴ中的观点和立场完全一致。此外,尽管本文不是为了去解决某个宗教问题,但在该文中,波爱修斯一如既往地没有放弃对政治的关心。因为在他看来,当时的政治和教会分裂都或多或少地与上述异端教派有关,要实现东西方教会的和解,就要排除这些异端教义。这样,波爱修斯的神学论文不仅思想上是连贯的,所涉及的历史背景也是一脉相承的。因此,该文正是这五篇论文中不可缺少的一篇。

其三,卡西奥多鲁斯在其《杂录》中描述波爱修斯的成就时说:"波爱修斯写了一些文章,去论述三位一体,并且还写了一些关于天主教教义和反对聂斯托利的文章(scripsit librum de sancta trinitate et capita quaedam dogmatica et librum comtra Nestorium)。"[①]这里所描述的关于天主教教义的文章,除了指称《论天主教的信仰》外,不可能指称其他的四篇论文。卡西奥多鲁斯与波爱修斯关系密切,曾在罗马元老院共事过多年,因此,他的这段话应该具有较大的可信度。

其四,仅凭行文风格不足以否定论文Ⅳ。因为"作为一位文体学家,波爱修斯具有少有的多才多艺,对不同的论题往往采用不同的描述方式,如同他的诗、三位一体理论与算术理论之间的差别一样,而且他可以很容易地做到这一点。因此,没有理由认为波爱修斯不可能写出一篇风格与其他论文明显不同的、行文简洁的、经常使用赞美语调的信仰告白。尽管如此,《论天主教的信仰》的写

[①] 转引自科克比:《作为学者的波爱修斯和他的民众》之第50条注释。见吉伯森主编:《波爱修斯生平、思想及其影响》,第66页。

作风格也没有完全偏离他的其他著作;仍然有许多引人注目的相似点"。① 例如,他对神圣经典的三种定义,②以及对天主教会通过三种方式建立起来的论述,③是一种典型的波爱修斯式的论述方式——他习惯于从三个方面去显示事物的性质,这与他对亚里士多德《解释篇》的第一篇注释中的论述方式同出一辙。再如,他在陈述天主教信仰之前,首先澄清了作为信仰基础的三位一体概念,从定义概念入手去论述宗教理论,也是波爱修斯的一贯做法。特别重要的是,通过该文,仍可以显示他作为一位出色的逻辑学家的素养。而在波爱修斯之后的四五百年里,并没有像他这样真正意义上的逻辑学家。而且,作为一位思路清晰但极强调逻辑性的神学家,波爱修斯在用抽象的思辨方法完成关于三位一体的神学论文之后,采取另一种方式,即用一种直白而简洁的方式,去描述其内心的信仰和此前严密论证的目的,也是很自然的事。

其五,该文之所以既没有标题,又没有署名和献词,是因为波爱修斯写作的目的是"简短描述自己所信仰的天主教教义,澄清自己的真实信仰,并为日后进一步扩充做好准备(本文只是一个导言,如同论文Ⅱ只是论文Ⅰ的序一样。从本文的内容可以推测,处在学术巅峰期的波爱修斯有写一个天主教信仰大全的打算——引者注),而不是用于公开发表的"。④ 它不是像其他的论文一样是献给他人的或与他人进行讨论的,当然无须标题、署名或献词。

---

① 巴克:《论波爱修斯的第四篇神学论文》。见福尔曼、格鲁贝主编:《波爱修斯》,第235页。
② 参阅波爱修斯:《论天主教的信仰》。见洛布古典丛书:《波爱修斯》,第59页。
③ 参阅同上,第71页。
④ 兰德:《中世纪的奠基者》,第157页。

总之,上述理由虽仍不足以完全肯定该文确系波爱修斯所作,但更没有理由去否定之。相比较而言,承认它是波爱修斯的神学论文之一,比否定它要令人信服得多。把《论天主教的信仰》归为波爱修斯的神学论文,对于完整而正确地理解波爱修斯的神学思想和立场极其重要。

波爱修斯认为,尽管他对基督论和三一论做了最详细的论述,但主要不是要通过这种方式去引导人们信仰天主教,而是出于别的原因,因为天主教信仰不是基于人们的自然理性,而是"通过《新约》和《旧约》这两个经典的权威建立起来的"。① 但天主教徒对自己的信仰并不清楚和坚定,或者怀疑自己的理性达不到对上帝真理的认识,他们"对这一信仰的迷惑从我们的救世主奇迹般地降生时就已开始"。② 因此,有必要离开理性,依据《圣经》典籍,陈述清楚真正的天主教徒的一般信仰:

第一,关于上帝的本性。在创世之前,就已存在圣父、圣子、圣灵的神圣实体,我们称之为圣父上帝、圣子上帝、圣灵上帝,实质上并非三个上帝,而是一个上帝。圣子、圣灵都来自圣父,但三者具有同样的永恒性。此三一论是基督宗教建立的基础。

第二,关于创世论。波爱修斯继承了奥古斯丁的思想,认为上帝创造世界的同时,创造了时间。上帝仅仅通过自己的自由意志创造了世界,"既不是通过自己的神圣实体创造世界,以免所创造的世界会从本质上被认为是神;也不是以任何方式创造世界,以免认为某些东西(在创造之前)就已存在,并通过其独立的本质的存

---

① 波爱修斯:《论天主教的信仰》。见洛布古典丛书:《波爱修斯》,第53页。
② 同上,第55页。

在而对神的意志有所帮助,并且以免认为有些东西无需上帝的创造而先已存在。神是通过他的话语创造了天国与尘世……"①这就是说,上帝从无中创造世界,一切都不能离开上帝而独立存在。波爱修斯是这样描述上帝何以造人的:天国中的一部分天使由于企图去寻求比其本性所应得到的更多的东西而被上帝驱逐出去,上帝不希望他的臣民因此而数量减少,乃用泥土创造了人类,并赋予人以生命、理性和自由选择的权利,让他们在伊甸园中快乐地生活。

第三,关于原罪说。上帝承诺,如果人类能够继续保持他们被创造时的那种状况,那么,他们的子孙就会被允许取代天国中堕落的那部分天使,而留在天国中。但人类的祖先亚当和夏娃没能抵制住诱惑而违规堕落,遂被上帝逐出伊甸园,他们和其子孙一起,都将遭受死亡之苦,而他们所犯下的罪,也将通过本性而传给其子孙后代,使他们生而有罪,本应受到上帝的惩罚。

第四,关于救赎说。人类因原罪被降为只能在尘世生活短短一生的世俗的人。但上帝不再用洪水惩罚他们,而是派出他从人类中拣选出的一些人,帮助人们恢复其失落的人性。这些人包括亚伯拉罕和他的十二位后代,以及摩西、约书亚、大卫。特别是在那段时期的最后日子里,上帝使其独生子耶稣通过圣母玛利亚而道成肉身,降临世间,以拯救人类。基督既是神,又是人,尽管后来被害,但三天后又复活了。耶稣基督教给人们救赎的真理和圣事仪式(比如教会),帮助人们恢复由于其始祖的不敬和犯罪而失去的东西。人类不能够自救,只能靠上帝的恩典而获救。而那些信

---

① 波爱修斯:《论天主教的信仰》。见洛布古典丛书:《波爱修斯》,第57页。

仰上帝的人将在世界末日来临的时候,和基督一起升入天国。他们不仅灵魂永存,而且肉体也会通过上帝的赐福而恢复原状。

从波爱修斯所处的时代背景(东西方教会分分合合,矛盾重重)、当时人们对于天主教义的态度(罗马天主教徒被正统与异端之间的斗争困扰,以致很难在它们之间作出正确的区分和选择)以及他对于信仰与理性的关系的一贯看法(已如前述),我们可以较有把握地认为,他之所以在写完其他论文之后,以这种方式撰写《论天主教的信仰》,乃是因为他认为,《圣经》是上帝的语言,是至高无上的真理,是人的理性所不能完全达到的和永远也无法超越的;人的理性思辨或逻辑可以并且应该帮助理解神圣真理,但不是神圣真理的认识来源;人在理智上类似上帝,因而可以应用理智去理解上帝的话语,但不能创造上帝的话语。同时,写这篇文章也是因为波爱修斯不想让人们认为他是一个理性主义者,是一个置理性于信仰之上的信徒。他的确是一位虔诚的基督徒,同时也要让人们知道他是一位虔诚的基督徒,这对当时身处高位的他来说极为重要。他通过这篇文章树立了《圣经》的权威,并使那些对天主教信仰迷惑的人们,知道如何回到信仰的正确道路;同时也通过此使他赢得了罗马人的支持。

第六节 神学论文在中世纪的影响

一、从奥古斯丁到波爱修斯

奥古斯丁曾说:"当我们思考三位一体的上帝时,我们的思想只是在注意它偏离所思考的对象有多远;我们不能按照上帝的本来面目去理解他,而是在黑暗中隔着玻璃去审视他。"①他的意思是,上帝是神秘的,而人的语言和思想是有限的,人不可能仅凭自身的理性而真正理解上帝。波爱修斯、安塞伦等都表达过类似的思想。但无论奥古斯丁、波爱修斯还是安塞伦,都执著地坚持用语言和逻辑工具去探寻上帝的本性,这种努力在中世纪从未停止过。奥古斯丁的《论三位一体》和波爱修斯的《三位一体是一个上帝而不是三个上帝》(中世纪人们把波爱修斯的这篇论文也称为《论三位一体》)就是两部典型的用语言逻辑去思考上帝的巨著。哲学家们公认奥古斯丁的《论三位一体》具有划时代的意义,这一著作确立了他在神学理论上的权威地位,他似乎已把在哲学上对"三位一体"问题能说的东西都说出来了,无须后人再多说什么。

如前所述,波爱修斯在神学上继承了奥古斯丁的思想,他对三位一体的论述都可以在奥古斯丁的著作中找到渊源。他本人也承认这一点,并认为其思想是奥古斯丁著作所结出的果子。但波爱修斯以《三位一体是一个上帝而不是三个上帝》为核心的神学论文产生了连他自己也无法想象的影响。出于调和宗教分裂的政治目的而撰写的这些论文远远超出了政治的范围。甚至在整个中世纪,都成为学校的教科书以及一些著名神学家注释的对象,在相当长的一段时间内,其影响超过了奥古斯丁的著作。其原因是,与奥古斯丁相比,波爱修斯在应用形而上学范畴和逻辑技术方面向前迈进了一大步。为了避免由于某些拉丁语词涵义不清所引起的思想混乱,波爱修斯不仅援引了大量的希腊语词,而且有意识地创造

---

① 奥古斯丁:《论三位一体》,第5章,第1节。转引自吉伯森:《波爱修斯的神学论文在中世纪》。见吉伯森主编:《波爱修斯生平、思想及其影响》,第214页。

和使用了许多新的概念,并在使用这些概念之前对它们进行了精确的定义。作为一位出色的逻辑学家,波爱修斯具有无可比拟的优势,他的神学理论的推理和论证更具系统性、严密性和清晰性。同中世纪神学家的著作相比,波爱修斯的论述少有繁琐,更具简洁性。这一切使得他的著作比任何一位拉丁教父的都更经得起推敲,更显"客观性",所以特别适合于作为逻辑或神学教科书使用,适合于中世纪学生逐字逐句地研读的学习方式。人们认为,学校对波爱修斯著作的重视可能是这些著作得以完好保存下来的原因。以下将论述波爱修斯的神学论文在中世纪各个阶段的影响。

二、中世纪早期

从波爱修斯逝世到7、8世纪,是欧洲历史上最黑暗的时期,被称为"黑暗时代"。这一时期,文明倒退,哲学几乎到了濒临灭绝的悲惨境地。事实上,"古代学术残存于第7世纪的西方的惟一痕迹,只有波爱修斯的著作。"①

"从9世纪开始,波爱修斯的神学论文吸引了中世纪注释家们的极大兴趣。"②这应得益于加罗林王朝的文化复兴(Carolingian Renaissance)。这场具有重大历史意义的文化复兴运动开始于8世纪末,其倡导者是法兰克国王查理大帝(Charlemagne,768—814年在位)。782年,查理大帝邀请当时欧洲最富盛名的学者、爱尔兰人阿尔琴,到法兰克王国首都艾克森主持宫廷学校。阿尔琴很快就成为学术活动的领袖。奥古斯丁的《论三位一体》以及伪奥

---

① W.C.丹皮尔:《科学史及其与哲学和宗教的关系》(上册),第117页。
② 查德威克:《波爱修斯:音乐,逻辑,神学和哲学的安慰》,第174页。

古斯丁的《论十范畴》成为阿尔琴学术思想的主要来源。他在其主要著作《论信仰》(De Fide)中说:"圣奥古斯丁在其论三位一体的著作中,认为逻辑方法具有第一重要性:他向我们显示,关于三位一体的最基本的问题,只有通过亚里士多德的精妙的范畴理论才能得到解决。"①因此,阿尔琴十分重视逻辑学,认为逻辑是神学研究的必备工具,它能够、应该而且必须用来澄清神学教义。阿尔琴并没有在其著作中提到比奥古斯丁更加重视逻辑在神学研究中的作用的波爱修斯的名字,也未引用波爱修斯的只言片语。这可能是因为当时刚刚开始重视逻辑的作用,因而对神学家的著作更多注重的是其内容,而非研究方法,这样,奥古斯丁甚至此前的马里乌斯·维克多里努等更受学者们的重视,依然是神学理论的权威。但阿尔琴并没有忽略波爱修斯在神学领域的地位,有证据表明他曾向他的学生详细讲解过波爱修斯的神学论文。最近发现的艾克森宫廷学校的一些讲稿中,②包含有从波爱修斯的神学论文中引用的七个段落。阿尔琴的一位学生弗雷德基修斯(Fredegisus de Tures,? —834年)在790年前后写了一篇论文《论虚无》(De Nihilo),文中引述了波爱修斯的神学论文。这足以证明,在790年前后,波爱修斯及其著作已为人们所熟悉。而首次作为学校教材是在820年左右。③

---

① 吉伯森:《波爱修斯的神学论文在中世纪》。见吉伯森主编:《波爱修斯生平、思想及其影响》,第215页。
② 参阅1978年慕尼黑手稿,标号为MS Munich, Staatsbibl., Clm 18961。见吉伯森主编:《波爱修斯生平、思想及其影响》,第216页。
③ 参阅1950年发现的手稿MS Orleans, Bibl. Mun., 270,该手稿作于820年左右,其中包括波爱修斯的《哲学的安慰》和五篇神学论文,均是作为教科书而编辑的。见吉伯森主编:《波爱修斯生平、思想及其影响》,第216页。

富尔达修道院僧侣哥特沙尔克(Gottschalk,约 808—868 年)是最早较多地引述波爱修斯神学论文的神学家。他在为其学生所写的论文中,论述了二十一个神学问题,这些问题涉及上帝的本性与行为、恩典与自由意志的关系等等。他在论述第一个问题,即上帝的本性时,大量地援引了波爱修斯的第五篇神学论文《反尤提克斯派和聂斯托利派》;而在论述第二个问题时,几乎全篇地援引了《圣父、圣子、圣灵是否从实体上指称上帝》。哥特沙尔克的神学思想遭到了兰斯大主教辛克马尔(Hincmar of Rheims,845—882 年在位)的反对,后者在 848 年召开的美茵兹(Mainz)主教会议上专门著文《一个而不是三个上帝》(De Vna et Non Trina Deitate)来反驳哥特沙尔克。在这部著作中,辛克马尔 30 次引证了波爱修斯的神学论文。由于神学论文被当时最主要的神学家作为论证其思想的依据,所以很快就与奥古斯丁、利奥、波梯尔的希拉利(St. Hilary of Poitiers,约 315—367 年)、杰罗姆、圣安布罗斯(St. Ambrose,约 339—397 年)、凯撒利亚的尤西庇乌斯、大格列高利(Pope St. Gregory the Great,约 540—604 年)等历史上最伟大的教父(教皇)的著作具有同样的权威性。"也正是在这一时期,波爱修斯的神学论文成为标准的教科书,可以在任何一个好的图书馆里找到,并被当时的学者越来越熟练地引用。……在辛克马尔发表他的论文《一个而不是三个上帝》之后不久,波爱修斯的神学论文是当时惟一完全通行的著作。"[①]

在科尔比(Corbie)的学校,波爱修斯的论文被作为权威教科

[①] 吉伯森:《波爱修斯的神学论文在中世纪》。见吉伯森主编:《波爱修斯生平、思想及其影响》,第 218 页。

书使用。拉特拉姆努斯(Ratramnus,830—868年)是当时在校任教的最著名的神学家。他大约于865年写了一本名为《论灵魂》(De Anima ad Odonem)的书,以回应一位不知名的学者,后者在讨论灵魂时,援引波爱修斯在《反尤提克斯派和聂斯托利派》中所谓的"无物意味着某种事物"(nothing signifies something)的语句,但混淆了波爱修斯对"本性"与"实体"的理解。拉特拉姆努斯为波爱修斯辩护,指出,"'本性'一词用于那些由于它们的存在,故能以某种方式被理性所理解的东西。……我们增加'由于它们存在'这一语词,是因为即使是'无物'本身,也意味着某种事物,但它并不意味着本性。……比较一下波爱修斯与这位诽谤者(指上述提到的不知名学者——引者注)所写的! 你将看到波爱修斯论证的一致性,前提的真实性。但在这个家伙看来,'无物'就是彻底的(无),'无物'就是真的(无),'无物'通过理解显现出来。"[①]

尽管拉特拉姆努斯是最先真正理解波爱修斯思想的神学家之一,但加罗林文化复兴时期,对延续波爱修斯在中世纪之深远影响起最强有力的促进作用的,首推当时最著名的哲学家厄里根纳。如前所述,波爱修斯的思辨方法开创了经院哲学的先河。虽然他在第一篇论文中,强调了这一方法的局限性,但厄里根纳仍然继承了波爱修斯的方法,写出了他最重要的著作《论自然的区分》(De Divisione Naturae)。在该书中,他借用亚里士多德的十范畴理论,论述了上帝的本性,甚至可以看作是波爱修斯的翻版。厄里根纳的思辨方法被同时代的学者推广,特别是欧塞尔(Auxerre)僧侣

[①] 转引自吉伯森:《波爱修斯的神学论文在中世纪》。见吉伯森主编:《波爱修斯生平、思想及其影响》,第218—219页。

海里克(Heiric,841—877年)、雷米吉乌斯等。这些僧侣还是最先注释波爱修斯论文的神学家。在他们主持的学校中,神学论文成为学生们学习哲学范畴的最主要的教科书。而"在圣戈尔(St. Gall),就像在加罗林学校一样,波爱修斯的神学著作成为古典逻辑课上讨论的对象。……尽管没有人真正教授过保罗书信或(奥古斯丁的)《上帝之城》,但波爱修斯的神学论文却在课堂上被逐字逐句地讲解"。①

三、12世纪

波爱修斯的神学论文因在加罗林王朝时期受到了广泛的重视,而使他在随后的几个世纪里,在神学领域的地位得到了提升,他的著作也被视为古代教父的著作。特别是从12世纪开始,波爱修斯成为可以与奥古斯丁等相提并论的拉丁教父。其著作也成为当时享有盛名的神学家拉昂的安塞伦(Anselm of Laon,圣安塞伦的学生)和香普的威廉(William of Champeaux,1070—1121年)讨论思想问题时的首选资料。

阿伯拉尔在其《基督教神学》(Theologia Christiana)中是这样描述波爱修斯的:"波爱修斯是西方世界最伟大的哲学家,他或者用原创著作的方式,或者用翻译的方式,或者用注释的方式,把几乎所有的自由艺术传到西方。他为他的岳父西马库斯详细阐释了三位一体的信仰;他写信给副祭约翰,即后来的罗马教皇,向他解释基督的本性与位格,并为反尤提克斯和聂斯托利提供雄辩的论

---

① 转引自吉伯森:《波爱修斯的神学论文在中世纪》。见吉伯森主编:《波爱修斯生平、思想及其影响》,第220页。

证。"①

12世纪,波爱修斯的神学论文除了仍是标准的教科书之外,还和以往任何神学权威著作一样,成为神学们家注释的对象,特别是夏特尔的狄尔里(Thierry of Chartres,？—1155年)、阿拉斯的克拉伦巴尔德(Clarembaldus de Arras,生卒年不详)和拉波利的吉尔伯特(Gilbert de la Porree,1076—1154年)。和中世纪所有神学家一样,这些夏特尔的经院学者也特别关心"共相问题",因而对波爱修斯在论文Ⅰ中关于形式区分的理论格外感兴趣。狄尔里注释了论文Ⅰ,并延续波爱修斯的思辨方法,认为通过理性获得的真理与基督教信仰并无根本分歧。他和波爱修斯一样,把数的理论应用于神学领域。在解释创世说时,他援引波爱修斯在第一篇论文中所论述的"上帝是纯形式"和"上帝自身即是自身的本质",得出了"上帝是本质形式",并作为本质形式存在于一切事物之中的结论。狄尔里的学生克拉伦巴尔德也注释了波爱修斯的神学著作,并在此基础上发挥了狄尔里的"上帝是本质形式"的说法,写出了自己的《论三位一体》。克氏在该书中指出:"正如哪里有白色,哪里就有白的形式,哪里有黑色,哪里就有黑的形式,哪里有事物,哪里就有本质形式。事物无所不在,本质形式因而也无所不在。上帝就是本质形式,因此上帝依其本质无所不在。这就是为什么这一行动的形式既是真正的形式又是存在本身的原因,即,他是第一实体,存在的来源,被所有东西分有的单纯实体。"②

---

① 转引自吉伯森:《波爱修斯的神学论文在中世纪》。见吉伯森主编:《波爱修斯生平、思想及其影响》,第221页。
② 克拉伦巴尔德,《论三位一体》,59。中译文转引自赵敦华:《基督教哲学1500年》,第280页。

"但对波爱修斯的神学论文进行解释,从而满足当时人们基于亚里士多德逻辑的概念和方法去专门研究这些论文的,是由拉波利的吉尔伯特完成的。"① 著名神学家波尔(Poole,R.L.)说,吉尔伯特是"中世纪同时既被公认为是逻辑学权威,又是波爱修斯和伊西多尔(Isidore)思想的直接继承人的第一人"。② 吉尔伯特热衷于注释和讲解神学经典著作。萨里斯伯利的约翰(John of Salisbury,1115—1180年)曾听过吉尔伯特的逻辑和神学课程,他是这样描述吉尔伯特的:"他是一位思维最清晰、阅读最广博的人;他在大约60年间的学习和实践经验,使他对自由艺术十分熟悉,在这方面无人能及,人们甚至认为,他在各方面都超过别人。"③正是由于这一点,吉尔伯特的注释比任何别人的都要客观、理智并富有启发性。这一特点同样体现在他全文注释的波爱修斯的神学论文里。

吉尔伯特在对波爱修斯的《三位一体是一个上帝而不是三个上帝》所做的注释中,和波爱修斯一样,对"实体"(substantia)与"实质"(subsistentia)做出了区分。波爱修斯认为共相(属和种)只有实质而无实体,个体事物既有实质又有实体。吉尔伯特则进一步认为,个体事物由质料和形式构成,形式(他称之为"自然形式")是决定一事物之成为该事物的原因,它是原型理念的摹本;而共相则是由存在于个体事物中的相似的形式,经人的心灵的抽象集合而成,因此,共相是形式的集合体。实质的意思是表示共相这

---

① 吉伯森:《波爱修斯的神学论文在中世纪》。见吉伯森主编:《波爱修斯生平、思想及其影响》,第222页。
② 转引自帕齐:《波爱修斯传统:论波爱修斯在中世纪文化中的重要性》,第28页。
③ 同上,第28—29页。

些无需偶性而存在的东西的实在性,因而实质也表示形式的实在性,实质和实体都是实在的。吉尔伯特的这一学说被称为"自然形式"论。然而,这一观点却在1148年兰斯主教会议上遭到了圣伯纳尔(St. Bernard de Clairvaux,1091—1153年)等人的攻击和批判,因为他们怀疑吉尔伯特对"实体"与"实质"所做的区分,意味着"上帝"(God)与"神性"(Divinity)的区分。按照他们的理解,这极易导致异端:若把神性理解为共相,而不是与上帝等同,就会导致多神论。吉尔伯特极力辩解。他强调他对"实体"与"实质"所做的区分仅是相对于人的概念而言,是一种世俗的区分;他同意波爱修斯的论断:"当任何人用这些范畴去断言上帝时,则能被这些范畴所断言的一切都发生了变化",不可仍按世俗的理解去评判上帝。几经论辩,这次专为讨论吉尔伯特的观点是否是异端的主教会议,终于确定他是无罪的,他对波爱修斯论文的注释也免于起诉。吉氏随即写了另一篇文章,以证明他的观点与圣伯纳尔在主教会议上所阐述的正统信仰并无矛盾。

萨里斯伯利的约翰针对这一事件发表了自己的评价:"对圣伯纳尔的看法众说不一。他抨击阿伯拉尔与吉尔伯特这两位非常卓越的学者的行为也引起不同的评价。他的敌意使其中一人遭谴责,他的努力使另一人遭诋毁。就我而言,我不相信那个如此圣洁的人会缺乏对上帝的真正热忱,那个如此博学和有德的主教会写出错误著作。"[①]他还说,圣伯纳尔等与吉尔伯特的分歧在于对待世俗知识的不同态度,圣伯纳尔的"世俗学问甚少,而一般人认为

---

① 转引自赵敦华:《基督教哲学1500年》,第282—283页。

主教(指吉尔伯特)在这方面的知识在我们的时代是无与伦比的"。①

波爱修斯的神学论文在吉尔伯特死后仍被一遍遍地注释,例如语法学家彼得·希里亚斯(Petrus Helias)、克拉伦巴尔德等都从批判吉尔伯特的角度注释了《三位一体是一个上帝而不是三个上帝》,但从学术价值和忠于原作性的角度看,这些注释与吉尔伯特的相距甚远。吉尔伯特的注释在他死后20年内,被认为是波爱修斯神学论文的最后定稿,并被一遍遍地传抄。当时甚至有一幅画,描写吉尔伯特从波爱修斯手中接过其神学论文,并把自己的注释本转交给抄写人。②

四、13世纪

13世纪,波爱修斯神学论文的地位有所下降。吉尔伯特的注释本尽管仍是作为神学经典,但人们已不再继续传抄。这一时期开始诞生的大学(universitas)并不指定它们为非读不可的标准教科书,神学家也不再把它们作为非逐字逐句详细注释不可的标准神学著作。主要原因之一是由于13世纪亚里士多德主义全面复兴,注重逻辑和辩证法的经院哲学家可以从亚里士多德的著作中获得足够的推理技巧,而无须煞费心机地从波爱修斯的神学著作中提取思辨方法或亚里士多德的范畴论;二是由于这一时期学术的焦点是亚里士多德主义与奥古斯丁主义的斗争,奥古斯丁的著作被重新抬到了争论的舞台,而神学家们普遍认为,波爱修斯的神学著作在思想内

---

① 赵敦华:《基督教哲学1500年》,第283页。
② 这幅画见吉伯森主编:《波爱修斯生平、思想及其影响》,第226页。

容上依旧保持着奥古斯丁的传统,并无实质性的突破。

13世纪前期,只有为数不多的几位神学家关注过波爱修斯的神学论文。如欧塞尔的威廉(William of Auxerre, 1145—1231年)在其著作《金色的大全》(Summa Aurea)中,大量引述了《反尤提克斯派和聂斯托利派》。哈里斯的亚历山大(Alexander of Hales, 1185—1245年)和圣切尔的休(Hugh of Saint-Cher)在他们各自注释的彼得·伦巴底(Peter Lombard, 1100—1164年)的《句子》(Sentences)一书中,也援引过波爱修斯的神学论文,特别是把学者们不太重视的论文IV《论天主教的信仰》作为重要的思想资料,去评判彼得·伦巴底关于基督的认识。

托马斯·阿奎那是这里提到的最后一位神学家,因为他是中世纪直接注释波爱修斯神学论文原著的最后一人。许多神学家都是注释别人的注释本,这就很难保证正确理解波爱修斯的本义,托马斯深知依靠原著的重要性,他于1257至1258年,注释了波爱修斯的《三位一体是一个上帝而不是三个上帝》(书名为In Librum Boetii de Trinitate Exposition)和论文III《实体如何因存在而善》,并在巴黎的圣雅克修道院(St. Jacques)向他的追随者多米尼克会僧侣(Dominicans)讲授这些论文原著。像他的其他注释一样,托马斯逐字逐句地注释了《实体如何因存在而善》。但对《三位一体是一个上帝而不是三个上帝》,他只注释了序言和前两章。托马斯的注释曾一度失传,现保存下来的惟一完整编译本是由布鲁诺·迪克尔(Bruno Decker)完成的。[①] 在这个注释本中,托马斯不仅一

---

① 布鲁诺·迪克尔的编译本书名为《托马斯·阿奎那对波爱修斯〈论三位一体〉的注释》(*Sancti Thomae de Aquino Expositio Super Librum Boetii de Trinitate*, Leiden, 1959)。参阅吉伯森:《波爱修斯的神学论文在中世纪》。见吉伯森主编:《波爱修斯生平、思想及其影响》,第227页。

字不改地重述了原文,而且充分发挥了波爱修斯在文中提出的问题。全书按照托马斯论著的一贯模式,由以下几个部分构成:(1)托马斯本人的序言;(2)注释《三位一体是一个上帝而不是三个上帝》的序言;(3)问题 I,论关于神的知识;(4)问题 II,论关于神的知识的表现;(5)注释《三位一体是一个上帝而不是三个上帝》第一章;(6)问题 III,论对信仰的赞美;(7)问题 IV,论多元性的原因;(8)注释《三位一体是一个上帝而不是三个上帝》第二章;(9)问题 V,论对思辨科学的分类;(10)问题 VI,论波爱修斯指派思辨科学任务的方式。① 值得注意的是,尽管托马斯对以上问题的提出是按照波爱修斯论文的线索,但在回答问题时大量援引了其他古代教父的相关论著。这说明托马斯是把波爱修斯的神学论文作为整个教父学著作不可分割的一部分。

托马斯在其注释中论述了波爱修斯写《三位一体是一个上帝而不是三个上帝》的原因。他认为,三位一体是一个很难理解的问题,尤其在教会发展初期,三位一体是困扰忠实信徒的最主要的问题,因此,需要对它进行深入而细致的探讨,这是波爱修斯撰写该文的直接原因。但根本原因在于波爱修斯认为,关于神的知识需要同时借助人的理性去理解,而人的理智具备这一功能,人在理智上类似于上帝。波爱修斯的这一思想显然对托马斯一生的神学研究产生了很大的影响。

托马斯对波爱修斯神学论文的注释,不仅限于展示波爱修斯的思想,而更主要的是借助于这些论文,去探询关于上帝的真理,构造他自己的神学理论。因此,这些注释就成为他的两本代表作

---

① 参阅麦克因纳尼:《波爱修斯与阿奎那》,第 107—108 页。

《反异教大全》(Summa Contra Gentiles)和《神学大全》(Summa Theologiae)的重要思想来源。由于托马斯对这些论文的注释和引用,使得对托马斯思想感兴趣的后来者,也可以借此去研究波爱修斯。事实上,自托马斯之后,再也无人直接去注释波爱修斯的神学原著,人们对他的了解基本上出自托马斯或以前的注释家。

每一个幸福的人都是神。——波爱修斯

你想要何种命运掌握在你自己的手中。——波爱修斯

第五章　论善恶

波爱修斯首先在他的第三篇神学论文《实体如何因存在而善，而不因实体性的善而善？》(以下简称《实体如何因存在而善》)中，探讨了上帝的至善(绝对的善)与具体事物的善(相对的善)之间的相互关系。然后，在《哲学的安慰》中，深入探讨了什么是至善和恶的问题。前者实际上侧重于从本体论的意义考察善，后者则主要是对善恶进行伦理学的解释。但和一切新柏拉图主义者一样，波爱修斯道德伦理上的善与本体论意义的善并无明确的区分，往往是合二为一的。

第一节　关于论文 III 的争论

有些学者认为论文 III 不是波爱修斯的著作，至少不应被看作神学论文。理由是该文没有直接研究基督教教义，特别是与当时的神学争论并无关系，而这正是波爱修斯神学论文的典型特征。其实，仔细分析之后就会发现，该文不但论证方法与其他论文完全一致，其内容也与基督教神学完全一致。因为证明至善的上帝，以及证明他与一切被创造物及被创造物的善之间的关系，是基督教

神学必须首先解决的关键而又带有根本性的问题,也是基督教神学的最高问题之一。波爱修斯在完成了这篇论文之后,马上写了论文 IV《论天主教的信仰》。论文 IV 是他写的最后一篇神学论文,是波爱修斯的基督教信仰的最后陈述,可以看作是对其他四篇论文的总结;而这四篇论文实际上成为论文 IV 的理论基础,论文 III 则是这一基础不可分割的一部分。

波爱修斯撰写该文的目的是为了回答他在另一篇题为 Hebdomads 的文章(已失传)中所论及的问题,即实体如何因存在而善。他在文首就指出他是为了响应副祭约翰的疑问而写作该文的,并标明要把它献给约翰。但波爱修斯并没有给本文拟一个标题。因此,中世纪很多学者误把 De Hebdomads 直接作为本文的标题。由于这会导致标题的字面意思与文章的内容不太协调,学者们便对这一标题做出了种种有趣的解释。9 世纪注释家雷米吉乌斯认为 hebdomads 一词来自于希腊语词 ebdo,意即"沉思"。狄尔里和吉尔伯特也持类似观点,把这一标题解释为"心智概念"。托马斯·阿奎那则认为,hebdomads 来自于希腊语词 edere,意味着"出版"。现代学者则从拉丁语词 hebdomas 具有数字"7"或"一周"的含义,认为波爱修斯习惯于每周写一篇哲学沉思录,该文是一篇哲学沉思录;也有人认为波爱修斯每周都与他的朋友讨论一次柏拉图主义的问题,这篇文章就是对其中某个问题的总结,而这些朋友中就包括副祭约翰,因而他就直接以 Hebdomads 为文章的标题。

由于这一原因,中世纪许多以 Hebdomads 为标题的文章都被误认为是波爱修斯的作品,特别是那些按照新柏拉图主义或毕达哥拉斯主义论述数字"7"的神秘性的著作。这是因为波爱修斯在他的《论算术原理》、《论音乐原理》、《论几何学》和《论天文学》等著作中,运用毕达哥拉斯主义的方法,对数字进行过深入的研究。

鉴于波爱修斯本人没有给该文拟一个标题,因而有些波爱修斯手稿集也没有给这篇论文拟题。但大多数都根据该文的内容,给它补充一个标题:"实体如何因存在而善,而不因实体性的善而善?"哲学史上,波爱修斯神学著作的方法比其内容更引人注目,论文 III 同样如此。尽管波爱修斯的思想并未超出新柏拉图主义的传统,然而他得出"实体如何因存在而善"的思想所应用的极富新意的证明方法,使得他的这篇论文成为后世哲学家广泛关注的对象。在该文中,他运用柏拉图主义的深刻思辨,论证了以下两个问题:其一,一切实体都是善的,即存在意味着善。其二,一切实体因其存在而善,但它本身并没有实体性的善。

第二节 (新)柏拉图主义者的善恶观

波爱修斯在善恶问题上折衷了新柏拉图主义和亚里士多德主义的观点,但对其善恶观产生决定性影响的还是新柏拉图主义的思想;甚至"在他的五篇论文中,(用于探讨善的问题的第三篇神学论文)十分明显地最具有新柏拉图主义的特征"。[①] 但他并不是简单地重述新柏拉图主义的观念,特别是他一反后者的神秘主义,力图从人们公认和已被证明了的原理出发,合乎逻辑的推演出结论。论文 III 也被公认为是他所有著作中最讲究证明技巧的一篇。以下将从对波爱修斯之于善恶的论述具有较大

[①] 查德威克:《波爱修斯:音乐,逻辑,神学和哲学的安慰》,第 203 页。

影响的角度,考察历史上柏拉图主义者和亚里士多德对善恶的阐释及其善恶观。

一、柏拉图

柏拉图在其代表作《国家篇》中阐述了其至善论的基本思想。柏拉图所谓的善和以后所有的(新)柏拉图主义者一样,并不只是一个道德伦理范畴,而更主要的是一个具有本体论意义的范畴。在他的"相"的体系中,善的相(Idea of the Good)是最高的相,它是一切相的原因,也是存在等级中最高的存在。而善的相不仅给予知识的对象以真理,给予知识的主体即认知者以认识能力,是知识和真理的源泉,而且给予知识的对象即一切具体事物以存在和本质,是事物存在的源泉。这正如太阳不仅使人们看见可感事物,造成事物的可知性和可见性,而且也是可感事物产生、成长和滋养过程的主宰。① 总之,善的相是至高无上的本原,"你必须把它当作知识和迄今为止所知的一切真理的原因。真理和知识都是美好的,但善的'型'(即'相'——引者注)比它们更美好,你这样想才是对的。至于知识和真理,你绝对不能认为它们就是善,就好比我们刚才在比喻中提到光和很像太阳的视力,但绝不能认为它们就是太阳。因此,我们在这里把知识和真理比做它们的相似物是可以的,但若将它们视为善,那就不对了。善的领地和所作所为具有更高的荣耀。"②柏拉图的至善论符合他的目的论和分有说——按照他的目的论,善是一切行动的目的,是一切事

---

① 参阅柏拉图:《国家篇》,508E—509B。见柏拉图:《柏拉图全集》,第二卷,第506—507页。

② 柏拉图:《国家篇》,508E—509A。同上,第506页。

物的追求目标；按照他的分有说，善的相是一切善的事物之所以为善的惟一真正的原因，一切特有存在的事物只是因为分有了善的相而是善的。

柏拉图没有专门讨论恶，但从其灵魂学说可以看出他对恶的基本看法。柏拉图认为善恶与灵魂有着不可分割的联系，只有有灵魂的东西才有善恶；人的善恶本性由灵魂决定，而一切善恶都是从灵魂那里流溢出来。善人之所以为善，是因为其灵魂是纯净的，恶人之所以为恶也是因为其灵魂的不纯净。例如，人的身体成长或组成中的某种缺陷，以及教育的失败，可能会对人的灵魂起坏的影响，从而使人为恶；但这两点都不是人能自我选择的，因此，这种恶也不是有意为之，而是不由自主的。无人有意为恶。[①] 柏拉图还否定了把善等同于快乐的观点，认为尽管善的东西一定是快乐的，但有些快乐并不是善，实际上大多数所谓的快乐都是恶；即使所有快乐都是善，也不可能是至善。

二、亚里士多德

亚里士多德尽管批判了柏拉图的至善论，但接受了其基本思想，特别是把柏拉图的至善论与他本人的神学目的论结合起来。在他看来，事物因果链中的原因比结果更重要、更高级，永恒的原则比这些原则的显现更加重要。例如，任何一门科学都以真理（或定理）为目的，但真理建立在公理基础之上，因此，公理是证明的最初原则，是最普遍的，是万物的本原。[②] 基于此，他进一步指出，既

[①] 参阅范明生：《柏拉图哲学述评》，第8章，第9章。
[②] 参阅亚里士多德：《形而上学》，993A,993B,997A。

然"每一门技艺和每一种研究,每一种行动和选择,似乎都是为了追求某种善;由此善曾被恰当地定义为是万物之目的"。① 因此,至善是整个宇宙、整个世界的终极原因和最终目的,即世界的第一推动者,或称为神。② 但亚里士多德不同意柏拉图的分有说。他用极其严密的逻辑论证对分有说提出了质疑,并分析了事物的存在如何无须"相"作为摹本,他宁愿认为柏拉图所谓的事物的善是由于分有了善的相"是一句空话,是一种诗的比喻"。③ 但柏拉图的"分有说"已经造成了在理解事物如何产生上的混乱和矛盾。亚里士多德的这一论述对于崇尚他的波爱修斯来说,显然是极有影响的。

亚里士多德又从伦理的角度论述了善与恶。他说:"恶行不是做得不够,就是做得过分。"④而善是一种适中,是由于过度和不足引起的两种恶行之间的中道。恶属于无限一类,而善属于有限一类,因此,善只有一种方式,一条道路,而恶可有多种方式,多条道路。人们要想从善去恶,就必须用理性去控制和指导感官,使感官选择一条中庸之道,即使感官在适当的时候、对适当的事物、对适当的人、由适当的动机和适当的方式进行感受,这样做的结果就既是中庸的,又是最好的。如果过度追求快乐而逃避痛苦,就必然会导致罪恶。

---

① 亚里士多德:《尼各马可伦理学》,1094A1—3。转引自罗斯:《亚里士多德》,第207页。
② 参阅亚里士多德:《物理学》,195A;《形而上学》,983A,1013A,1072B。
③ 亚里士多德:《形而上学》,991A。
④ 亚里士多德:《尼各马可伦理学》,II,6。见北京大学哲学系外国哲学史教研室编:《西方哲学原著选读》(上册),第156页。

三、新柏拉图主义者

新柏拉图主义的创始人和主要代表普罗提诺除了主要受柏拉图的影响外,同时也受到了亚里士多德的影响。普罗提诺把"太一"作为超越一切的东西,是万物终极的和惟一的最高本原。由于太一超乎一切之上,因而与神是同一的。普罗提诺经常在不同场合称太一为神或善。但他又说,不能将太一这种绝对的东西同善等同起来,太一是善的本原,只有在独一无二的意义上才可把它理解为善,而这种善是高于一切具有善的属性的事物的。[①] 普罗提诺认为,应该把作为太一的善同仅仅具有善这一属性的特有事物,即一般的善区别开来。作为太一的善是至善,这种善不是一种性质,"它是先于任何本体,不是包含在本体之中的。"[②]这种善和道德意义上的善也有区别,它是具有本体论意义的终极本原、第一原理、原因的原因,又是万事万物的追求目标。[③] 关于太一与具体事物之间的关系,普罗提诺不同意柏拉图的分有说,认为"事物是由于太一而成为现实的,而一切实在都是从神那里流溢出来的;……种种事物在其内部都是有原因的,没有一种事物是偶然产生或没有目的的,所有一切都来自善;因此至上者本身或善,是理性、因果、由原因引起的本质的主宰。善的这种原理就是神:'神是自因的,因为对神自身和属于神的东西来讲,神就是神,第一个自我,那

[①] 普罗提诺:《九章集》,第6集,第9章,第6节。转引自范明生:《晚期希腊哲学和基督教神学》,第333页。
[②] 同上,第334页。
[③] 同上。

个超越的自我'"①。普罗提诺甚至从语义学上对比了至善和一般的善,认为当把"善"这一语词用于至善时,其意义与把它用于低等级的具体事物是不同的。② 至善不能作谓词使用,即不能说什么东西是至善的;也不能用宾词来表述,即不能说至善是什么,至善本身不表达任何东西。③ 他把至善与具体事物之间的这种区别比作绝对存在(ousia, being)与具体存在(ta onta, actual existents)之间的区别。④ 对善的这种理解成为当时的标准学说。

普罗克洛是晚期新柏拉图主义者中最注重理性思辨的哲学家。在所有的新柏拉图主义者中,以他对波爱修斯的影响最大。后者曾在亚历山大里亚的普罗克洛及其门徒主持的雅典学校接受了长达18年的系统教育。普罗克洛所著的《神学原理》成为新柏拉图主义的主要教科书。他认为,善本身与因分有善而善的具体事物有着本质区别,所有分有善的事物都要低于源善(primal Good),而源善超越于任何具体的存在。⑤ 他在对柏拉图的《巴门尼德篇》所做的注释中也表达了类似的思想。他说,最高的本原是超越于任何存在的"太一",接下来是"单一存在"(the One-Being)本身,然后就是由这单一存在所产生的具体存在。⑥ 太一高于单一存在,单一存在又高于具体存在;太一是严格意义上的神,而单

---

① 范明生:《晚期希腊哲学和基督教神学》,第334页。
② 普罗提诺:《九章集》,第6集,第2章,第17节。转引自查德威克:《波爱修斯:音乐,逻辑,神学和哲学的安慰》,第205页。
③ 参阅范明生:《晚期希腊哲学和基督教神学》,第332—334页。
④ 普罗提诺:《九章集》,第6集,第6章,第10节。转引自查德威克:《波爱修斯:音乐,逻辑,神学和哲学的安慰》,第206页。
⑤ 普罗克洛:《神学原理》,第8条。转引自同上。
⑥ 普罗克洛:《〈巴门尼德篇〉注释》,1033,26ff。转引自同上。

一存在是可理解的神。普罗克洛的"太一"就是"至善"或"源善"。

普罗提诺、普罗克洛都认为,从太一那里流溢出来的作为具体存在的物质世界距离太一最远,是一种自上而下的堕落,是与太一相对立的,因而也是与至善相对立的。因此,物质世界是罪恶的源泉。人们留在这个世界中,只能是恶;要想获得至善,回到太一,必须离开物质世界,同时还要净化灵魂,消除一切肉欲,从肉体中彻底超脱出来。因此,恶不是源于至善的太一,而是对至善的太一的背离。普罗提诺的这一思想对奥古斯丁和波爱修斯产生了很大的影响。

四、奥古斯丁

严格地把至善作为最高存在并把它同具体存在区分看来,是正统的柏拉图主义者的普遍主张。奥古斯丁也是这一思想的继承者。他在《〈创世记〉文字注》(Literal Commentary on Genesis)中说:"所有'是这个'的事物(id quod est),就其作为实体而言,都是善的,它们之所以为善,必然是因为上帝使之为善,而上帝又是一切善之源。甚至恶魔都因存在而善。"[1]他又说,"没有善的本性是不可能存在的。"[2]这是由于"如果一物丧失了所有的'善',便不再存在。因为如果依然存在的话,则不能再朽坏,这样,不是比以前更善吗?若说一物丧失了所有的善,因之进而至于更善,则还有什么比这论点更荒谬呢?因此,任何事物丧失了所有的善,便不再存在。事物如果存在,自有其善的成分。因此,凡存的事物,都是

---

[1] 奥古斯丁:《〈创世记〉文字注》,xi,13 f.,17—18。转引自查德威克:《波爱修斯:音乐,逻辑,神学和哲学的安慰》,第206页。
[2] 奥古斯丁:《上帝之城》,xix,13。

善的"。①

但奥古斯丁和普罗提诺、普罗克洛一样,并没有论述实体的存在与它的善之内在联系,没有论述实体是如何因存在而善。这个问题是由波爱修斯首先解决的。另一方面,对奥古斯丁来说,上帝是善的,又是存在,而不是超存在,即上帝只是"单一存在",而不是超越单一存在的"太一"。上帝自身即是自身存在的原因,自身即是自身的本质(God is ipsum esse),因此,上帝是因自身而善;而其他事物不是因自身而善,它们是因别的事物而善,善只不过是它们的一种属性,或者说,"善"对它们而言只是一个形容词。

奥古斯丁是波爱修斯之前对恶的原因和性质分析得最详细的基督教神学家。他继承了新柏拉图主义者把恶解释为善的缺乏的学说,认为"'恶'只不过是缺乏'善',彻底地说只是虚无"。② 恶的具体产生直接来自于邪恶的意志,但这种邪恶的意志又是来源于何处?"我们不应试图寻找邪恶意志的动力因,而是它的缺陷因。因为这种意志不是其他东西的动力,而是一个缺陷。从最高的存在者到不足的存在者之间有差距,由此开始有了邪恶的意志。寻求这些差距的原因,如我所说,不是动力因,而是缺陷因。"③这就是说,人的邪恶意志不是来源于最高的上帝,恰恰是由于人的意志与上帝的意志之间的差距造成的,即是由于人的意志背离了最高存在而趋向次一级的存在,背离了至善而去追求伪善所致。针对有人把恶归咎于上帝赋予人的自由意志,奥古斯丁的回答是,上帝确实赋予了人以自由意志,但这是为了使惩恶扬善变得公正,因为

---

① 奥古斯丁:《忏悔录》,第7卷,第12章。
② 同上,第3卷,第7章。
③ 奥古斯丁:《上帝之城》,xii,7。

如果人没有自由意志,则一切行为都不是自我选择的结果,而是被迫为之,这样惩恶扬善就不会公正。但上帝赋予人自由意志不是要人去选择做恶,而只是要让他们承担自我选择的责任。具有意志自由的人们之所以选择做恶而不是从善,是因为人类原初就有罪恶的本性,祖先的罪恶本性传给每一个人,因而,每一个人都有犯罪的本性。尽管自由意志使人们既有选择向善的自由,也有选择向恶的自由,但人们在自我选择时,罪恶本性处于支配地位,邪恶意志占了上风,从而就背离了至善,而去追求个人认为的所谓的善,结果必然就导致恶。

第三节 实体如何因存在而善

波爱修斯与以前的新柏拉图主义者所不一样之处在于,以前的新柏拉图主义者特别重视对至善(超越存在的太一)本身的研究,而缺乏对一般事物及其何以为善的研究,因为他们认为一般事物是属于低层次低等级的东西;而波爱修斯不仅研究至善,而且对一般实体的善及其如何为善,以及它与至善的关系进行了全新的研究。

波爱修斯在论文 III 中要解决的问题是:由于一切"是这个"(id quod est)的事物都寻求善,而那些寻求他物的事物具有与它所寻求的事物相同的本性,即任何事物都是趋向同类,因此,本质上一切"是这个"的事物本身也是善的;但它们既不是因分有至善而善,也不是因本身实体性的善而善,而是因存在而善。那么,实体是如何因存在而善呢?波爱修斯进行了严格的逻辑论证。

一、论证的前提

波爱修斯首先列举并简述了九条新柏拉图主义的公理。有了这些公理,他就可"按照数学和(其他)相关科学的方法,为将要阐释的问题划定界限和制定规则",①并认为这些公理是"聪明的解释者将为论述每一论点提供的恰当论据"。② 这些公理是:

"1. 关于思想的普遍概念是一经听到就会马上接受的陈述。这种概念分为两类。一类是大家都承认的,例如,当你说'从等数中减去等数,结果仍然相等',任何理解这句话的人都不会否定它。另一类则只为学者所理解,尽管它是从同类普遍概念中得来;例如,'无形体的事物不占有空间'以及与此类似的陈述,这些概念显然只有有学问的人才能理解,普通人则不能理解。

2. '单纯的存在'(esse)与'是这个'(id quod est)是有区别的。因为'单纯的存在'(ipsum esse)等待着显现出来,而一个事物一旦获得了使之存在的形式,它就是'是这个',并且同时存在着。

3. '是这个'的东西可以分有他物,而'单纯的存在'不以任何方式分有任何事物。因为只有当某物已经是'是这个'的东西时,分有才能进行,但只有当某物已经获得存在时,它才是'是这个'的东西。

4. '是这个'的事物可以拥有除自身之外的某些其他东西。但'单纯的存在'除自身之外不会掺杂任何东西。

5. 仅仅是某物,与因存在而成为某物乃是不同的;前者意指一

---

① 波爱修斯:《实体如何因存在而善》。见洛布古典丛书:《波爱修斯》,第41页。
② 同上,第43页。

种偶性,后者则表示一个实体。

6. 每一'是这个'的事物分有绝对的'存在'是为了存在,但它分有其他事物是为了成为某物。因此,'是这个'的事物分有绝对的'存在'是为了存在,而它存在是为了分有其他事物。

7. 每一单纯的事物都是存在与自身特有存在的统一。

8. 在每一复合事物中,存在是一回事,其自身的特有存在是另一回事。

9. 异性相斥,同性相吸。可以证明,那些寻求他物的事物具有与它所寻求的事物相同的本性。"①

波爱修斯引入上述形而上学的公理,是为了逻辑地推出实体何以因存在而善等常常令人迷惑不解的问题。他认为它们足以为他的目的服务。概括起来,这些公理为波爱修斯论述关于善的问题提供了如下理论基础:

第一,存在(指绝对的存在,单纯的存在)是纯形式,它等着显现,等着每一具体事物去分有它,而每一具体事物实质上是因为分有了绝对存在才存在的,这些事物就是"是这个"的事物。因此,绝对的存在是所有事物的共同本质,也就是说,纯形式决定了一切事物的共同本质。这与波爱修斯在《三位一体是一个上帝而不是三个上帝》中对纯形式的分析是一致的。把存在的本质归结于纯形式,这十分有利于解释事物何以因为存在就是善的。因为一切事物之所以存在,之所以成其为该事物,乃是由于其形式,而一切事物的形式都不是来源于自身,而是由于分有了作为最高形式的纯

---

① 波爱修斯:《实体如何因存在而善》。见洛布古典丛书:《波爱修斯》,第 41—43 页。

形式,纯形式就是上帝。因此,事物之所以存在是由于上帝,而由至善的上帝所带来的东西必定也是善的。

第二,每一"是这个"的事物除了具有分有绝对存在这一共同本性外,还分有了使之成为某具体事物的属(genera),因而具有其自身的特有属性。这些属性标示着这一事物是该事物而非别的东西,这种属性就是种差,即偶性。种差使某事物仅仅是该事物,即因分有绝对存在的方式的差异而成为某物,这就是"仅仅是某物"。而对绝对的存在的共同的、绝对的分有而成为某物,就是"因存在而成为某物"——这就是"仅仅是某物"与"因存在而成为某物"两者的不同。

第三,单纯的存在(即纯形式)不以任何方式分有他物(可以这样论证单纯的存在何以不可能以任何方式分有他物:因为公认"只有当某物已经是'是这个'的东西时,分有才能进行,但只有当某物已经获得存在时,它才是'是这个'的东西"。这两个命题可以分别用公式 $p \leftarrow q, r \leftarrow p$ 来表达,其中 p 表示"当某物已经是'是这个'的东西",q 表示"分有进行",r 表示"当某物已经获得存在"。由此可以推出 $r \leftarrow q$,即推出"只有当某物已经获得存在时,分有才能进行"。这又可以推出"如果分有能够进行,那么必然是首先有了某物的存在"。因此,在所有分有进行之前,必须有一个绝对的存在,或不分有任何他物的单纯的存在),它先于任何具体存在,是"单纯事物",不具有与其他事物相区别的特有存在,其存在与自身的特有存在是同一的,或者说,它实质上并没有特有的存在,只有单纯的存在,因而无所谓这个绝对的存在与那个绝对的存在的区别,即绝对的存在只有一个,那就是上帝。而"是这个"的事物是"复合事物",是分有绝对的存在而产生的万事万物,它们就是世间所有的具体事物,各有差别;"是这个"的事物的特有存在来自绝对的存在,而其差别来源于对绝对存在即纯形式的分有方式的不同。对它们而言,存在或分有绝对的存在是一回事,而自身的具体存在又是另一回事。

二、实体因存在而善

在上述公理及其所必然推演出来的基本思想的基础上,波爱修斯用严密的逻辑分析论证了实体如何因存在而善。

首先,事物既不是因分有至善而善,也不是因本身是实体性的善而善。

"学者们的共同意见是,一切'是这个'的事物趋向善,并且一切事物都趋向同类。因此,那些趋向善的事物本身是善的。然而,我们必须要问,它们何以是善的?——是因为分有(至善)而善,还是因为其实体性的善而善?"[①]波爱修斯认为,断定一切'是这个'的事物都是善的,并认为其之所以为善或因分有(至善)而善,或因其实体性的善而善,这是普遍的看法。然而,事物既不是因分有至善而善,也不是因本身实体性的善而善。证明如下:

如果一切"是这个"的事物是因分有至善而善,则就它们自身的本质来说就不是善的,也就是说,并不是因为它们自身本质上是善的而善,而是因为别的东西使它们成为善者,这正如一个靠分有白色而成为白色的东西,并不是因为其自身本性上的白色而成为白色。但自身本性上不是善者不会趋向于善,而公认一切事物确实是趋向于善的。故可得出它们并不是因分有至善而善。显然,

---

① 波爱修斯:《实体如何因存在而善》。见洛布古典丛书:《波爱修斯》,第43页。

波爱修斯意识到了柏拉图分有说的问题,因而,他不承认事物是由于直接或简单地分有了至善而善。这显然是受了亚里士多德的影响。

如果事物是因实体性的善而善,那么,这些事物本身就是一个善的实体。而一个具有实体性的善的事物,其特有存在本身就是善的。但如果它们的特有存在本身就是善的,则事物就可以仅仅因其特有存在的善而善,即自身就是自身善的原因。这样,它们的特有存在就等同于绝对存在,因为事物总是把它的存在归结为绝对存在。因此,它们的特有存在的善就等同于绝对存在的善,就是至善。而只有上帝是至善的(波爱修斯在《哲学的安慰》中证明了这一点,本书将在稍后详述),因此,它们就会成为上帝,就会有无数个上帝,这是一个极其不敬和荒唐的结论。因此,它也不是实体性的善。

既然一切"是这个"的事物既非因分有至善而善,又非因实体性的善而善,那么按照"普遍的看法",就只能有一个结论,即这些事物根本不是善的。但这显然与事实相矛盾。因此,事物之为善一定有别的原因。

其次,一切"是这个"的事物确因存在而善,而其存在乃是来源于至善的上帝的绝对存在,但它们因存在而善同至善因存在而善有着根本区别。

波爱修斯指出,"人们一致认为至善是存在的,这从博学者和浅学者的思想观点中可推知,从野蛮部落的宗教信仰中也可推知。"[①]但只有一个至善,它是除善之外不具有任何其他属性的善。

---

① 波爱修斯:《实体如何因存在而善》。见洛布古典丛书:《波爱修斯》,第45页。

至善也是惟一的实体性的善。因此,只有至善是在一切条件下仅仅因其存在而善的善。至善又是第一存在,是绝对的存在,因此,其存在、特有存在与它的善都是同一的。至善又是一切事物的来源,一切事物的特有存在都来源第一存在,即都来源于至善,是至善意欲使之存在,因此,一切事物的特有存在也是善的。因为"来源于存在本身就是善的事物……也是善的"。① 但事物的存在、特有存在与它们的善都是不同的。"尽管它们因其存在而善,但它们并不像至善,因为其特有存在并不在任何条件下都是善的,并且因为事物的特有存在是来源于第一存在,即至善,因此,它们的特有存在也是善的,但不像它们所来源的那种善,因为后者是一种在任何条件下都因存在而善的善,它除了善本身之外,不是任何他物。"②这就是说,所谓事物因存在而善,是说第一存在使事物具有特有存在,并同时具有善,而并不是说事物是因其特有存在而善。因为特有存在并非无条件的善或绝对的善,如果没有至善赋予它们以善,它们就不是善的,甚至如果没有第一存在赋予它们以存在,它们都是不存在的。因此,事物之为善,其根本原因乃是由于第一存在,是由于至善,但需要经过其自身的特有存在这个中间环节。这就是我们说事物是因其存在而善的全部意义。

波爱修斯为了说明这个问题,还举了一个反例,他说,如果事物的善不是像上述的那样来源于至善,比如说像有些人所说的那样,通过分有善而善,那么,我们就不能认为它们是因存在而善,因为在那种情况下,其特有存在就不是来源于善,因而其特有存在就

---

① 波爱修斯:《实体如何因存在而善》。见洛布古典丛书:《波爱修斯》,第47页。
② 同上,第49页。

不可能是善的。波爱修斯特别强调,事物的存在是由于至善意欲使之存在,否则它们便不存在,因此事物完全是因为至善才存在。

按照波爱修斯的理解,由于事物是因存在而善,而其存在是上帝给予的,因而,尽管并没有实体性的善,但事物的善也不是像其重量、颜色等属性一样,是一种普通的偶性。

既然事物的善是因其存在而善,但是否事物的其他属性(如白色的、公正的等)也是因为它们的存在而具有这种属性?回答是否定的。因为事物因上帝使之存在而存在,并因存在而善,乃是因为对上帝而言,善与存在是一回事,上帝在使事物存在的同时,也必定会把他的善赋予每一事物,这与至善的上帝的意欲相符。我们正是从这个意义上理解事物因存在而善的。因此,我们当然不可说事物也因存在而是白的,因为它之为白色,仅仅是因为上帝意欲使之成为白色,而不是因为上帝是白色的并且同时也在使这些事物存在时把白色赋予了它们。因此,事物之为白色并不是上帝的本性使然。而这一点是至关重要的。

但是否可以因上帝是公正的而说事物因存在而公正呢?即上帝是公正的,上帝使事物存在,并在使之存在的同时,把公正赋予了它?也不可以。因为公正与善不属于同一类属性,善是指本质,是涉及存在的属性,而公正指的是行为;更进一步说,善是一个属概念,而公正是它的一个种概念(属概念具有的属性,其种概念一定具有,但种概念具有的属性,并不必然为其属概念所具有——引者注),①但这一种概念并不适用于一切事物,有些事物是公正的,

---

① 波爱修斯在其《论论题区分》中,列举了除公正之外,善这一属概念的其他三个种概念:勇敢,节制,智慧。参阅波爱修斯:《论论题区分》,1188D。

有些事物则不是。所有公正的事物都是善的,①但并非所有善的事物都是公正的。尽管对上帝来言,善与公正是一回事,因为对他来说,存在与行为是一回事,但对我们来说,存在与行为并不是一回事,因而善与公正也不是一回事,我们并不是像上帝那样的单纯的事物。因此,上帝在使事物存在时并不同时也把公正赋予它。

把至善等同于真实的存在,并把它作为一切形而上学思辨的基础,是柏拉图在《国家篇》中所坚持的一条重要法则。柏拉图特别注重理性和逻辑论证,"他认为这个世界是一个理智的体系,人们只有通过严格的理智,才能认识它。他实际上是逻辑的创始人,是一个逻辑学家和诗人,但他不是一个神秘主义者,他从没有把感觉抬高于理性之上"。② 但后来的新柏拉图主义者则改变了柏拉图的风格,他们把至善的"太一"视为"非存在"或"超存在",认为万事万物从这至高无上的本原中流溢或喷射出来,并以此为基础,去讨论一切问题,从而使整个世界陷入了神秘主义体系;而"神秘主义者的信仰不是批判的考察和逻辑证明的产物,相反,它们是一系列的领悟,是思想的火花,是建立在感觉的基础之上,是否定理性"。③ 波爱修斯甚至讥讽说,使用晦涩难懂的术语,正是新柏拉图主义神秘教义的本性所在,而基于理性的方法却是他们所不懂的。④ 但波爱修斯所处的时代正是一个神秘主义泛滥的时代。更

---

① 波爱修斯:《哲学的安慰》,第 4 卷,第 4 章。见洛布古典丛书:《波爱修斯》,第 343 页。
② 汉密尔顿、亨廷顿编:《柏拉图文集》,导论,xvi。
③ 同上,xv。
④ 参阅波爱修斯:《实体如何因存在而善》。见洛布古典丛书:《波爱修斯》,第 39 页。

令人难以置信的是,在普罗克洛门徒主持的学校中学习达18年之久的波爱修斯,竟能拒绝神秘主义。爱德华·吉本是这样评价他的:"这位罗马学生的理智和虔诚竟免去了受到(当时)充斥校园的神秘主义和巫术的污染;不过他却吸收了他的那些企图把亚里士多德的强大、细致的认识,和柏拉图的深刻沉思和崇高想象调和起来的、已故和未故的大师们的精神,并模仿了他们的方法。"①确实,从波爱修斯对实体存在及其何以为善的论述可以看出,他继承的是柏拉图主义的传统理性思辨,尽管他同时认为实体的善的问题是一个"抽象难解的问题"。

总之,波爱修斯并不完全认同柏拉图的分有说,即事物的存在乃是由于分有了绝对的相,事物的善是由于分有了至善,而是认为,事物的特有存在是由于绝对存在意欲使之存在,事物的善乃是由于至善赋予特有存在以善。尽管从根本上看,波爱修斯的看法可以归于柏拉图的"相论",但至少在一定程度上克服了后者的神秘主义。对于实体的存在以及它们何以为善,波爱修斯实际上更多的是基于基督教的创世论和恩典论,即万事万物都由上帝创造,都由上帝赐予其存在,赋予其善。更为重要的是,他是通过非常精妙的逻辑论证和理性思辨,才得出这一结论的。在神学领域,这种通过形而上学思辨对柏拉图体系的复归,从奥古斯丁开始就已非常流行,波爱修斯则是其中最杰出的代表。

波爱修斯对实体之如何为善的论证,"为西方拉丁世界带来了一整套概念和术语,这些概念和术语只是部分地和不完全地曾出现在马里乌斯·维克多里努和奥古斯丁的著作中,它们引起了波

---

① 爱德华·吉本:《罗马帝国衰亡史》(下册),第162页。

爱修斯的中世纪的继承者的浓厚兴趣,特别是对绝对存在与具体存在的区分的兴趣。……除此之外,波爱修斯的第三篇论文还带给了西方拉丁世界公理化方法,即分析论证、辨明基本假说和定义,并使它们的可靠性建立于其上的方法。他教给他的后继者怎样根据第一原理来陈述真理,怎样追寻具体结论是如何来自于第一原理。而西方人也从他那里学会了证明的方法"。①

第四节 论至善

波爱修斯在论述完实体如何因至善的上帝使之存在而善之后,又在《哲学的安慰》中对至善进行了深入的分析。他认为,许多表面上是善的东西实质上是伪善,而人们应该追求真正的善,即上帝的至善,只有这样,才能获得真正的幸福。

一、对至善的定义

波爱修斯不只一次地定义了至善,他说,至善是"一切善的事物的最高点,包括一切善的事物;如果遗漏了任何一种善,均不能称为至善,因为(这说明)还有可以继续追求的东西";②"是一种完满的状态,是一切善聚在一起";③"是一种单纯的和本质上不可分解的事物";④"是一种拥有一切善的状态,它无须任何其他帮助,

---

① 查德威克:《波爱修斯:音乐,逻辑,神学和哲学的安慰》,第209—210页。
② 波爱修斯:《哲学的安慰》,第3卷,第2章。见洛布古典丛书:《波爱修斯》,第233页。
③ 同上。
④ 同上,第265页。

是一种自足的状态";①或说是一种"一旦拥有,便别无他求的善"。② 他说,只有至善才是真正的善,才是人们所应追求的真正的幸福。

然而不幸的是,尽管"人的思想中本质上具有追求真正的善即至善的欲望(即任何事物都以至善为目的和最后归宿),但他们却被带入歧途"。③"人的本性带着你寻求真正的善,但错误的观念却使你偏离了真正的善"。④ 波爱修斯感叹造物主的伟大:尽管人们的思想观念各不相同,甚至差别很大,却都热爱并寻求至善。然而,遗憾的是,由于人的思想的局限,不可避免会有种种错误的观念,于是把各种自我臆想的东西作为自己所要追求的真正的幸福,并认为那就是至善,例如财富、赞美、权力、名誉、享乐等;而波爱修斯认为,这些臆想的所谓的至善,虽然可以理解,并且表面看来各有其合理性,但实质上是对原本单纯而不可分解的至善的肢解,是伪善。然后,波爱修斯逐一证明了以上各种所谓的至善为何都是伪善。

首先,财富不是真正的幸福。他说,如果财富能带来一切,并且不缺少任何善,那么,任何一个拥有足够的财富的人就不会有任何烦恼和担忧,就无须任何他人的帮助,就会是自足的,就会别无他求,就会获得真正的快乐。但实际上财富并不能满足人们的这种愿望。反而是"有些你想得到的东西没有得到,不想得到的却就

---

① 波爱修斯:《哲学的安慰》,第3卷,第2章。见洛布古典丛书:《波爱修斯》,第237页。
② 同上,第233页。
③ 同上。
④ 同上,第241页。

在眼前"。① 因为你的财富必然是来自别人之手,你必然会时时担心别人强行劫走你的财物,你必须要求法律或他人帮助你,保护你的财富。因此,财富不仅不能使你别无所需,反而是增加了你的需求,这样一来,你就不可能是自足的。此外,难道富有的人就不会饥渴,就不会经受冬天的严寒?尽管金钱可以使解决这些问题变得相对容易,但这仍需他人的帮助。财富乃身外之物,"生时使你焦虑不尽,死后让你两手空空"。② 因此,生不带来死不带去的财富并不是真正的幸福,不是至善。

其次,权力或高位不是真正的幸福。权力不仅不会使人远离邪恶,反而经常会使拥有权力的人变得声名狼藉,特别是权力常常被那些恶人所掌握,而他们也因为握有权力而更加肆无忌惮,人们对这种权力深恶痛绝。因此,一个原本卑贱的人,哪怕拥有最大的权力,也不会成为善者,不会受到民众真诚的尊敬,反而会被更多的人所唾弃。反之,即使权力被品质优秀的人掌握,也不能保证他们被所有的人所尊敬。因为,权力并不是至善,不具有在本质上被人们所崇敬这种性质,否则,任何一个拥有权力的人处处都会受到人们的尊敬。同时,某种权力也不是专属于某人,而是由其民众选出并授予他的(实际上,这还通常不是民众真实的意思表示),是外在于他的本性的东西。因此,即使是罗马执政官,若他到了异地,也有可能受到冷落。此外,某种权力受重视的程度也会随时间、地点、拥有人的不同而有很大差异。即使像国王那样拥有最高的权力,也并不意味着具有最高的幸福。因为无论他的王国有多大,总

---

① 波爱修斯:《哲学的安慰》,第 3 卷,第 2 章。见洛布古典丛书:《波爱修斯》,第 241 页。
② 同上,第 245 页。

有管辖不到的地方,这对于国王来说是最大的悲哀;而且,他还得时时警惕王位被夺,或者在他不愿继续执政时,却不能轻易退位,他处在一种极度的不安全之中。波爱修斯举例说,尼禄(Nero,前54—68年在位)竟想迫害他的老师塞涅卡(Seneca,前4—65年),但最后众叛亲离,招致杀身之祸;而身居国家第一要职的禁卫军长官帕皮尼安(Papinian),却被十分信任他的皇帝安东尼(Antoninus,138—161年在位)逼死于其卫士的剑下。显然,权力的这些特征同至善的本性相距甚远,因此,权力不仅不能带给人们真正的幸福,反而可能会带来巨大的灾难。人们不应把权力或高位作为追求的目标。

第三,声望与荣誉也只是虚名。许多人其实名不副实,或者欺世盗名。若稍有自知之明,他们甚至应羞于听到别人对自己的夸耀,这种人有何幸福可言?即使有些人的某种崇高荣誉或声望是实至名归,也不能认为他已达到幸福。因为必定有很多地方,是这种荣誉所不能传到的;由于民族习惯和评判的标准不一,在此地被认为是荣耀的事,在彼地却可能是不光荣的。尽管有些人不惜一切代价去追求视为比他们的生命还重要的贵族头衔,而在当时的罗马社会,这的确是取得较高职位的必要条件,但贵族封号并不意味着什么。因为所有的人都是平等的,他们来自同一起点——上帝。上帝赐予太阳以热能,赐予月亮以钩尖,赐予天空以星体,赐予地球以人类,赐予身体以灵魂。因此,人类都是宇宙中的精灵,都具有同样的贵族种子。没有人值得炫耀其贵族血统,也没有人有必要感叹其卑微出生。①"如果贵族身份具有某种善,我想那也

---

① 参阅波爱修斯:《哲学的安慰》,第3卷,第6首诗。同上,第257页。

只是说,作为贵族应该承担一种义务,即不要毁坏他们祖先的美德。"①

第四,肉体的快乐不仅永远无法满足,而且会招致难以忍受的痛苦。"渴望快乐时,心中充满焦虑,而享受快乐时,又充满了懊悔。这种肉体的快乐,将会慢慢给沉迷于其中的人带来多么可怕的疾病,多么无可忍受的痛苦,如同邪恶结下的苦果!"②波爱修斯打了个比方:沉迷于肉体快乐犹如蜜蜂产蜜,既留给了人们可口的蜜汁,又把其毒针刺入我们的心中。

如果某人同时获得了上述所有的所谓的幸福,他是不是就得到了真正的幸福呢?也不是。因为一个想得到财富、权力、荣誉和肉体快乐的人,必然是想得到它们各自所带来的幸福之总和,而这实际上是不可能的,因为已证明人们甚至无法得到所希望的它们单个所带给他们的幸福。总之,这些表面通往幸福之路全都是歧途,没有一条能把人们带到他们想去的地方。波爱修斯感叹说:

> 把人们带上一条曲折之路,
> 是多么的无知!
> 你无法在树上得到黄金,
> 无法在藤条中得到宝石;
> 山顶上钓不到鱼,
> 海水中打不到鹿。
> 尽管人们熟知海水的深度,
> 知道何处有洁白的珍珠,

---

① 波爱修斯:《哲学的安慰》,第3卷,第6章。见洛布古典丛书:《波爱修斯》,第255页。

② 波爱修斯:《哲学的安慰》,第3卷,第7章。同上,第257页。

何处有柔嫩的鱼或
带刺的海胆。
但哪儿有他们追寻的善,
却深藏了起来,
人们依旧无知,
总是在尘世中寻找那远在天上的善。
我能祈求给这些愚昧的人降下什么祸?
且让他们为财富和荣耀而争斗,
当费尽心机得到的却是伪善之后,
他们会明白什么才是真正的善。[①]

二、至善在哪里

为了找到真正的善,惟一正确的路是求助于上帝。因为一切都是来源于完满的上帝,并最终要复归于上帝。只有上帝才是人类"起点、车夫、向导、行动的方向和归宿"。[②] 波爱修斯最后证明了何以真正的幸福或至善就在上帝那里:

首先,这个世界存在着真正的幸福和最高的善。尽管上述所有的善都是不完满的,但不能认为就没有真正的善,恰恰相反,这正说明至善的存在。因为"任何被称为不完满的东西之所以是不完满的,是因为某种完满性的东西的失去。因此,如果任何一类事物看起来是不完满的,那么,就一定有一种具有那种类型的完满的事物;因为如果没有这种完满的事物,我们甚至都不能想象那种所

---

① 波爱修斯:《哲学的安慰》,第3卷,第8首诗。见洛布古典丛书:《波爱修斯》,第261—263页。
② 波爱修斯:《哲学的安慰》,第3卷,第9首诗。同上,第275页。

第五章 论善恶

谓的不完满的事物将如何存在"。① 这就是说,不完满与完满,不完全与完全,不完善与完善,总是相比较而存在的,没有后者就没有前者。同样,既然有短暂的不完满的幸福,那么就必然有永恒的完满的幸福;既然有不完满的虚伪的善,就必然有完满的真正的善。完满的幸福和真正的善是"最高的自足,最高的权力,最高的尊严,最高的荣誉和最大的快乐"。②

其次,至善只存在于上帝之中。"作为一切之源的上帝是善的,这已被所有人思想中的共同观念所印证;因为既然可以想象无物比上帝更好,谁还能怀疑那无物比其更好的东西不是善的?但理性告诉我们,上帝既然是善的,就能够十分清楚地表明至善也存在于上帝之中。因为除非他确实这样,否则他就不是一切事物的来源;就会存在着他物,具有至善并且优于他,在时间上早于他,比他更古老。然而,很清楚一切完满的东西都比相对不完满的东西更早。因此,我们的推论不可能无限向前,我们必须承认,最高的上帝具有最高的和最完满的善;由于我们已证至善是真正的幸福;因此,真正的幸福一定存在于最高的上帝之中。"③这样,波爱修斯就从上帝是善的又是最好的,推出上帝的善也是最高的善;并且只有上帝的善才是最高的善,即至善只存在于上帝之中,真正的幸福只存在于上帝之中;人们只能从上帝那里得到至善和真正的幸福,此外别无他途。

再次,上帝本身就是至善,即至善并不是上帝的一种属性,而是

---

① 波爱修斯:《哲学的安慰》,第 3 卷,第 10 章。见洛布古典丛书:《波爱修斯》,第 275 页。
② 同上,第 283 页。
③ 同上,第 277 页。

与上帝本身就是同一并合为一体的。波爱修斯是这样论证的:我们不能认为在上帝之外还存在着一个所谓的至善的实体,并且上帝是从其身外分有这一实体而善,因为一个赋予某物以善的事物必然要优于得到善的事物,就是说,上帝分有的这一至善要优于上帝本身,这就与上帝是最好的相矛盾。我们也不能认为尽管至善原本就存在于上帝那里,但至善的本性与上帝的本性有着区别,即至善与上帝并不是同一的,因为本性区别于至善的东西并不是至善的,这与上帝是至善的是矛盾的。上帝是一切事物的本原,而没有一种事物的本性优于其本原。因此上帝作为"一切事物共同的本原,本身就是最高的善的实体"。① 这就是说,至善就是上帝本身。而由于至善也是最高的或真正的幸福,因此,真正的幸福也是上帝本身。至善、最高的幸福与上帝是完全同一的,他们是同一实体。他们与"最高的自足,最高的权力,最高的尊严,最高的荣誉和最大的快乐"也是同一的,因为后者并不是至善或最高的幸福的组成部分,而是其中任何一个都是至善或真正的幸福本身,否则就会有多个至善。同时,至善、真正的幸福,以及最高的自足、最高的权力、最高的尊严、最高的荣誉和最大的快乐也只有在上帝那里才是完全统一的。

波爱修斯的目的是要证明,人们追寻至善和真正的幸福就是追寻和信仰上帝。他构造了如下推理:"既然人们是因为得到了真正的幸福而幸福,而真正的幸福就是上帝,因此很明显,人们只有得到神性才能得到真正的幸福。……因此,每一个幸福的人都是神,尽管本质上上帝只有一个,但这丝毫不影响由于人们的参与而

---

① 波爱修斯:《哲学的安慰》,第3卷,第10章。见洛布古典丛书:《波爱修斯》,第279页。

有多位神。"①尽管人在灵魂深处原本就知道什么是真正的善,最高的幸福在什么地方,并且人的思想中本质上具有追求真正的善的欲望,而在现实中认识到真正的善只不过是将原有的知识回忆起来,但错误的观念束缚了人们的理性,使他们偏离了真正的善,并诱导他们去追求不完满的所谓的世俗幸福。因此,人们只有在心灵上向上帝靠近和复归,信仰上帝并由此获得神性,才能摆脱封锁理性的阴霾,重新认清什么是真正的善,才能最终获得真正的幸福和最高的善,得到最高的自足、最高的权力、最高的尊严、最高的荣誉和最大的快乐。

这样,波爱修斯也就证明了,至善或真正的幸福的存在不仅是我们的理性所能够推出的观念,而且它还不能是人们心中想象的观念,而必须是真真实实存在的实体,它就是上帝。因为如果任何一类事物看起来是不完满的,那么,就一定存在着一种具有那种类型的完满的事物;人们之所以能够想象并最终发现世俗的财富、权力、尊严、荣誉、快乐等等的不完满和缺憾,正是因为具有完满无缺的无比伟大的至善的存在,并且成为所有人的追求目标。波爱修斯也通过这种方法,证明了上帝的存在,因为至善与上帝是同一的,至善的存在等于上帝的存在。同时,一切实体中一定有最完满的实体,它是万物的本原,这就是上帝。波爱修斯对上帝存在的这一证明,开创了中世纪用理性思辨去论证上帝存在的先河,也是安塞伦对上帝存在的本体论证明的直接理论先驱,或者甚至可以说,其实正是波爱修斯而不是安塞伦第一次对上帝的存在进行了本体

---

① 波爱修斯:《哲学的安慰》,第3卷,第10章。见洛布古典丛书:《波爱修斯》,第281页。

论的证明。

第五节 论恶

在论述了什么是真正的善之后,关于"恶"的问题又使波爱修斯陷入了痛苦的沉思。这是一个与善同样重要但处处面临矛盾的问题。只有弄清了恶的本质,才算真正理解了什么是善。

一、恶的现象与本质

波爱修斯的问题是,既然上帝在使一切事物得以存在的同时,也把善赋予了它们,即一切事物都因存在而善,那么,这个世界就不应存在恶;但何以世上"不但存在着恶,而且还逃避了惩罚?……而当罪恶泛滥并且具有控制力时,善不仅不能得到奖赏,反而被抛弃,并被肆意践踏于恶人的脚下,遭受了原本是恶所应遭受的惩罚?"[①]他因此发出感叹:

为什么另有如此变幻莫测的命运?
无辜者遭受痛苦,
正当者遭受惩罚。
恶道称王,
恶人受到不公的赏赐。
善者在他的践踏下呻吟,
善的光明没于黑暗,

[①] 波爱修斯:《哲学的安慰》,第4卷,第1章。见洛布古典丛书:《波爱修斯》,第313—315页。

变得暗淡无光。

正直的人遭到不公者的恶语中伤。①

作为理性的化身的哲学女神(在整部《哲学的安慰》中,哲学女神所代表的其实就是波爱修斯本人的观点,他之所以要通过这种方式表达自己的观点,是因为他认为这样会更有说服力)是这样回答波爱修斯的这一问题的:

首先,不存在本原的恶。世间的一切都是由上帝创造并统领的,而上帝是至善的,并且以其至善来统领世界。上帝在创造一切时,也把他的自由意志赋予了它们,这使得一切被创造物也具有自由意志,并且都以其自由意志服从于上帝善的领导。而当上帝创造万物并由自己去统领它们时,"他已通过命运的必然性,把所有的恶从他的国度里排除出去"。② 因此,一切事物都因其被上帝创造并存在着而善,即它们在本质上是善的。因此,世间无物具有本原意义上的恶,在上帝的国度里,只有作为实体性的善,而不存在作为实体性的恶。即恶不是实体,否则恶便也是善。

然而,世间确实存在现实的恶,而且形式多种多样。在解释人们何以会做恶时,哲学女神一如既往地抛开基督教的教条,她并不像奥古斯丁等神学家那样,简单地认为是由于祖先犯下的原罪使得每一个人在本性上是恶的,因而会不可避免地滥用上帝赋予人的自由意志去做恶;她认为,人的本性是去追求真正的善而不是去做恶,因此,每个人的思想中都具有追求真正的善的欲望,同时,人人都会认为他们的行为是出于为善的目的。但实际上,错误的观

---

① 波爱修斯:《哲学的安慰》,第1卷,第5首诗。同上,第161页。
② 波爱修斯:《哲学的安慰》,第4卷,第6章。同上,第371页。

念使绝大多数人偏离了真正的善而走向了恶。这是由于至善"本质上是统一的和单纯的,但固执的人们总是把它分裂开来,尽管他本来没有部分,人们却总想得到它的部分,结果他既得不到原本不存在的部分,也得不到他不去追求的至善本身"。① 而只能得到并不完满的虚伪的善,并在为追求这虚伪的善的过程中,不可避免地去做恶。因此,恶不仅不是因至善的上帝而产生,而且恰恰是对至善的完全性、统一性、单纯性、不可分割性的曲解与背离。波爱修斯对于恶的认识继承了新柏拉图主义的"缺乏说"。他认为,真正的幸福与至善只存在于上帝那里,世间的一切东西都不可能拥有至善,至多具有某种程度的善,这就意味着它们都是至善的完全性、统一性、单纯性、不可分割性的不同程度的"缺乏"。这就是现实的恶存在的根源。因此,尽管人本性求善,但由于他们没有认识到现实的一切都不存在真正的善,都只不过是恶,因而做恶也就不可避免了。

其次,罚善赏恶只是一种假象,实际上在上帝的国度里,"善一直具有强大的力量,而恶则往往是可悲的和脆弱的;无恶不会受到惩罚,无善不会受到奖赏;成功常常伴随善者,而恶者往往遭遇不幸"。②

正如柏拉图所说,罪恶既不会在生时,也不会在死后降临在一个善者的身上。因为人人都希望获得真正的善,并且通过获得真正的善而成为善者。如果人们能够得到他们所希望得到的东西,他就是善的;更进一步,如果一个人是善的,他就能够得到他们所

---

① 波爱修斯:《哲学的安慰》,第3卷,第9章。同上,第267页。
② 波爱修斯:《哲学的安慰》,第4卷,第1章。见洛布古典丛书:《波爱修斯》,第315页。

希望的一切。如果善者和恶者都去追求善(实际上无论善者还是恶者,都认为他们所追求的就是真正的善),那结果必然是只有善者能够最终得到,恶者却得不到。因为如果恶者得到了所希望得到的东西(即善),那他也就成了善者,而不是恶者了。因此,真正的善永远不会降临在一个恶者的身上,罪恶的人绝不会有真正的幸福,他们有的只能是脆弱和可悲,得到的只是罪恶。因此,"那些能够从善的人能够做一切事情,而那些'能够'做恶的人并不能做一切事情。……很明显,柏拉图的观点是正确的:只有聪明的人才能做他们所希望的事情,而罪恶的人不能做他们所希望的事情,只能做取悦于自己的事情"。[①]

没有善的行为不会受到奖赏,也没有恶的行为不会受到惩罚。因为人们的一切行为都是为了求善,因此,善本身可认为是对人们一切行动的共同奖赏,它使人们具有神性。但善只是对善者的奖赏,而不是对恶人的行为的奖赏。而只有在人们不再善时,这种奖赏才会停止。此外,人们之所以不断地追求奖赏,是因为他们认为奖赏是善的一种标志,因此,反过来,任何一个得到奖赏的人也一定是善的,而不会是恶的。同样,由于善与恶、奖赏与惩罚是相对的概念,因此,凡对善的行为进行奖赏之处,就会对相应的恶的行为进行对应的惩罚,惩罚从来不会离开恶人。如同善本身是对善者的奖赏一样,恶本身也是对恶人的惩罚,反过来,任何一个受到惩罚的人也一定是深受恶之苦的恶人,而不可能是善者。而恶永远不会降临在善者身上。

更为重要的是,由于恶人背离了至善,因此,它不仅是脆弱的

[①] 波爱修斯:《哲学的安慰》,第4卷,第2章。同上,第329页。

和可悲的,而且不再具有一切"是这个"的事物所共有的"本质存在",即不再是真正的人。波爱修斯继承了奥古斯丁"没有善的本性是不存在的"①的观点,反复论述了这个问题。他说,"任何东西在离开一切'是这个'的事物共同的目标(即至善——引者注)的同时,也就离开了'存在'"。②"因为每一'是这个'的事物都遵守(上帝的)秩序,保持着其本性(指善——引者注);因此,任何东西一旦离开了这些,就等于丧失了存在,因为事物的存在是建立在其本性的基础之上。"③同时,任何事物是因其"是这个"也就是说因其存在而善,按照这一思路,任何背离善的东西也就不再存在,或者说,也就丧失了真实存在或本质存在。由于绝大多数人都是恶的,因此,他们同样丧失了作为人的本质存在:在他们身上存在着的只是人的躯壳,而失去的却是人的本性,即丧失了善。而只有善才能使人成其为真正的人。因此,"那些背离了善的人,由于已不可能使自己回到神的状态,因而就堕落为野兽"。④

波爱修斯进一步指出,对于恶人来说,得到了他们所希望得到的东西实际上比没有得到所希望得到的东西更加不幸,因为前者有三重罪恶:希望做恶,能够做恶,并且实际上也做了恶。逃避惩罚实际上比欣然接受公正的惩罚更加不幸,因为后者还可能因害怕会受到进一步的惩罚而回到善的正确道路上来;同时,恶人在受到公正的惩罚时,自身反而增加了一些善,因为凡是公正的都是善

---

① 奥古斯丁:《上帝之城》,xix,13。
② 波爱修斯:《哲学的安慰》,第 4 卷,第 2 章。见洛布古典丛书:《波爱修斯》,第 325—327 页。
③ 同上,第 327 页。
④ 波爱修斯:《哲学的安慰》,第 4 卷,第 3 章。见洛布古典丛书:《波爱修斯》,第 335 页。

的,反之,如果逃避了公正的惩罚,则是不公正的,就更增加了恶,因为凡是不公正的都是恶的;恶人即使生时侥幸逃过了被惩罚,也会在死后遭到更加严厉的惩罚。做恶的人比受到恶行侵害的人更加可悲。对恶人,人们实际上更多的应该是同情,而不是仇恨,因为若是真正的智者,他的心中就不应有仇恨。因此,恶人要想洗尽罪恶得到幸福,只有老老实实地接受上帝的公正的惩罚。

至于何以上帝有时好像奖赏恶者,而惩罚善者?这是否是一种偶然或巧合的现象?如果是,这与上帝以善来统领世界并惩恶扬善是否有矛盾?又该怎样区别上帝对整个世界的统领的必然性、规律性和不断发生的偶然事件?对于这一系列问题,哲学女神是这样回答的:"如果人们没有弄清(上帝)统领宇宙的真正原则,那么认为某一事件是偶然事件并且对它迷惑不解,这是不足为奇的。"[①]这正如人们对天体的运动大为吃惊,对诸如月食等现象恐惧不安;而对波浪拍打海岸,阳光融化冰雪熟视无睹。因为对于前者,人们不知道上帝是如何管理天体,而后者不过是司空见惯的自然现象,人们可以很容易地找到原因。"但既然确实有一位善的领导者统领宇宙,那么,即使你不知道这一伟大统领的原因,你也不要怀疑世间的一切事物都是(上帝)公正的安排的。"[②]波爱修斯用一首流传千古的诗赞叹统领宇宙的伟大的上帝:

　　你如果以最纯洁的心

　　观看上帝的律令,

　　你的两眼必须注视着太空,

[①] 波爱修斯:《哲学的安慰》,第 4 卷,第 5 章。见洛布古典丛书:《波爱修斯》,第 355 页。

[②] 同上,第 355 页。

它那固定的行程维系着众星在和平中运行。
太阳的光焰
并不阻碍他姊妹一行,
连那北天的熊星也不想
叫大洋的浪花遮掩她的光明。
她虽然看到
众星在那里躺卧,
然而却独自转个不停,
远远地隔着海洋,
高高地悬在天空。
黄昏时节的反照,
以其既定的行程
预示出暗夜的来临,
然那晓星则先白昼而隐退。
这相互的爱情
创造出永恒的途径,
从众星的穹苍之上
除去一切倾轧的根源,
除去一切战争的根源。
这甜蜜的和谐,
用均等的纽带
束缚住所有元素的本性,
使那些潮湿的东西
屈从于干燥之物。
刺骨的严寒

燃起了友谊的烈焰,
那升腾的火
直升到至高之巅,
留下这大块的土地,
没入那深处的故渊。
万紫千红的物华
在阳春开出馥郁的香花,
在炎夏带来成熟的五谷,
在凉秋结成硕果的枝桠。
上天降下阵阵暖雨,
再为严冬把湿度添加。
举凡尘世的芸芸众生,
都受到这些规律的滋养和育化。
而他们一旦死去,
这些规律又把它们带到各自际涯。
彼时造物者高高在上,
偶然把统驾全球的缰绳在拿。
作为它们的王,
他以显赫的权力君临万物。
万物由他得生,繁衍和跃动,
作为它们的法律和法官,
他对它们加以统辖。
凡以最快的速度
疾驰于其行程者,
经常为他的大能引向后部,

> 有时更突然迫使它们的进程就此止住。
> 若非他的大能
> 限制它们的暴躁，
> 把那狂奔不息者
> 纳入这圆形的轨道，
> 那至今装饰一切的
> 凛然的律令，
> 怕早已破灭毁销，
> 而万物也将远离其太初以来的原貌。
> 这强有力的爱
> 普及于一切，
> 一切返本还原，
> 寻求至善的众生。
> 若非爱将世间的万物
> 带回首先给予其本质的根源，
> 世间将没有什么得以持续久远。①

这就是说，整个宇宙都处在上帝的有序的公正的管理之下。因此，对他而言，无所谓偶然事件（下文将详述上帝预知一切与世间的偶然事件之间的一致性）。何者将要受到奖赏，何者将要受到惩罚，上帝都会做出公正的评判和处理，他所做的一切都是为了使事物归于善。例如，他会使一个善者达到权力的顶峰，然后使其遭受一定的挫折，这就是我们通常所见到的所谓善人反而遭遇不幸，

---

① 波爱修斯：《哲学的安慰》，第 4 卷，第 6 首诗。见洛布古典丛书：《波爱修斯》，第 373—375 页。中译文参阅罗素：《西方哲学史》（上卷），第 456—459 页。

而这只是上帝对他们的一种考验,并为了让这些人不至过于幸运;上帝有时也会利用某些恶人去迫使其他恶人向善,这就显得这些恶人反而受到了上帝的奖赏,而上帝只是为了使恶者回到至善的起点,从而达到驱除世俗的恶的目的。因此,所谓的罚善赏恶,不过是由于人们没有真正弄清上帝统治世界的原则而对某种现象的误解。

波爱修斯告诫人们不要过分专注于探究和理解上帝所创造的东西的某种现象,而要尽力去认识作为造物主的上帝指引一切事物向善的本性,明白上帝是毫无例外地把一切事物安排得合理而有序的。认清了上帝统领世界的原则就会明白,如果有些现象看上去是违背至善的原则的,那一定是由于我们的错误认识所致;而如果有些事情看上去并没有像我们所预想的那样发生,那其实正是符合上帝所安排的合理秩序,向着善的方向发展,因为只有上帝才真正知晓什么是善,什么是恶,并存善去恶。

二、把握命运,弃恶从善

波爱修斯认为,尽管人的命运受制于天命,但人们完全可以把握自己的命运,弃恶从善。因为天命总是把一切事物的命运安排在向善的秩序中。

他首先对天命与命运进行了深入的探讨。天命与命运都是上帝用以对宇宙的统领,但二者有差别。"天命就是神的理智本身,是一切事物的最高统领者,这一理智统领一切存在的事物;而命运是一切可变的事物与生俱来的安排,天命通过命运,把一切事物联系在一起,每一事物都处在它自身的合适的秩序中。尽管事物是有区别的并且无限多,但天命都把它们包容在一起;但命运是根据事物的(不同)运动去安排单个的事物,使之处在不同的地点和时间之中,具有不同的形式;因此,当事物这种呈现出来的暂时的秩序统一于神的理智的预知之中时,就称为天命,而当这种统一呈现在时间之中时,它就称为命运。"①

尽管天命与命运有区别,但二者互为依存;因为命运的秩序来自天命的单一性,一切服从于命运的事物也同时服从于天命,命运本身也是服从于天命的。如同工匠首先在他的心中构思好所要制造的东西的形式,然后付诸实施,按时间顺序分阶段地制造出以前简单地即时性地设想的东西一样,上帝通过天命去安排他用一种简单的不变的方式创造出来的东西,但他是通过命运,并应用多种多样的变化着的方式,去完成他对那些东西的安排(尽管人们不可能确切地知道命运到底如何具体实现这种安排)。换句话说,天命对事物的安排是单一的不变的,也就是说,天命以一种单一的永不改变的方式预知一切事物的命运,但要具体实现对这些事物的安排,上帝须根据它们的不同性质,应用不同的方式,这也就是通过赋予事物以命运去实现对事物的这种安排。

波爱修斯认为,"命运的变动历程与天命的不变的单一性之间的关系,如同推理的过程与理解之间的关系,事物的形成与事物本身之间的关系,时间与永恒之间的关系,圆周与圆心之间的关系。"②这就是说,天命对万事万物的统领和秩序的安排要通过世俗的命运来实现,如同对一个事物的理解要通过具体的推理过程来实现,一个事物要成其为该事物,也必须有一个形成过程,而永

---

① 波爱修斯:《哲学的安慰》,第 4 卷,第 6 章。见洛布古典丛书:《波爱修斯》,第 359 页。
② 同上,第 363 页。

恒也要通过时间的无限的延续来体现,而圆心如果离开了围绕它运动的圆周,将不再成其为圆心。命运的历程使事物运动和变化,使事物之间按照不同比例相互组合,相互转化,并通过生与死和种的繁衍不断更新,而由于天命,处在命运控制下的事物始终保持着一种良好而合理的运动秩序。

实际上,上帝给予人们的"每一种命运都是善的。……因为每一种命运,无论是使人满意的还是令人沮丧的,其目的都或者是对善者进行奖赏或考验,或者是对罪恶进行惩罚或纠正,而每一种都是公正的和有用的,因而都是善的"。① 这应该是人们在思考天命和命运时,必须始终坚信的基础和原则。人们不应抱怨命运:当好运连绵时,不应沉迷于享受,而应不断地赞美给予你好运的上帝;当遭遇所谓的不幸时,不要被它压垮,而应感谢上帝给予你一个机会,让你重新回到至善的道路。

波爱修斯认为,尽管命运与天命之间的关系如此密切,命运必须服从于天命,任何人都无法摆脱天命,但可以摆脱世俗的命运的束缚。有些置于天命之下的东西却超越于命运的历程,这就是那些永不改变地与上帝距离非常近的东西,它们超越于被命运直接控制的变动的本性。如同一系列绕同一个中心运行的星体,最靠近中心的那个几乎是不动的,最外层的则运行最快。同样,人们的心灵越靠近上帝,就越多地分有神性,就越少受制于可变的命运;而当获得了完全的神性,就会彻底摆脱命运的束缚。反之,那些距离上帝最远的东西,就只能被命运牢牢地控制着。由于人们所谓

---

① 波爱修斯:《哲学的安慰》,第 4 卷,第 7 章。见洛布古典丛书:《波爱修斯》,第 375 页。

的恶只有在被命运控制的世俗世界才会产生,因此,一旦人们信仰上帝,就能获得神性,使自己从世俗世界进入天国,并获得适当的位置——这里原本是他的来源之地;就能挣脱了命运的束缚,达到与上帝极其接近的境地,就会得到至善,彻底与恶划清界限。因此,"你想要何种命运掌握在你自己的手中"。①

---

① 波爱修斯:《哲学的安慰》,第4卷,第7章。见洛布古典丛书:《波爱修斯》,第379页。

如同我们站在高处看低处的事物一样，上帝是站在世界的最高峰观察一切事物。——波爱修斯

我们应当远离邪恶，培养美德，使我们的心灵燃起正义的希望，引导卑下的祈祷者进入天堂。如果你不愿意欺骗自己，就注定应该行善，因为你的所作所为都处在预知一切的上帝的监视之下。——波爱修斯

第六章　上帝的预知与人的自由意志

波爱修斯对上帝的预知与人的自由意志的关系问题的论述，实际上是他在《哲学的安慰》中所探讨的最重要问题之一，也是最具形而上学思辨性的问题。波爱修斯第一次通过严密的逻辑分析，基于上帝的超时间性，证明了上帝的预知与人的自由意志的一致性。对中世纪哲学乃至整个基督教哲学史在该问题上的立场产生了决定性的影响。

第一节　对上帝预知问题的逻辑与历史考察

一、埃弗底乌斯的困惑

根据基督教的一般教义，全能的上帝无所不知。由此可以必然得出，人类过去、现在和未来的一切行为，包括善行和恶行，无一

不处在上帝的监视之中,就是说,上帝知道我们过去和现在,并且预知我们的未来。但基督教同时认为,人类的一切犯罪和恶行并非出于必然,并非由于上帝,而是由于自己自由选择的结果,罪恶的原因在于意志,人们应当对自己的所作所为负责。上帝的预知与人的自由意志的这种矛盾性和一致性,是基督教产生以来一直困扰人们的主要问题之一。以至有些信徒不得不相信,上帝与人建立关系时,在人未作选择前并不预先知道人的选择;上帝虽然知道某些未来的事,如复临、千禧年、地球的光复,但是对谁会得救,却毫无所知。他们以为,上帝若知道从永恒到永恒中所发生的每一件事,上帝与人之间活泼的关系就会遭受危险。还有人认为,上帝若从起初知道末后,就必厌烦。奥古斯丁是较早对这一问题足够重视并极力去解决它的基督教教父。他在《论自由意志》一书中,解释了埃弗底乌斯(Evodius)在该问题上的困惑,是波爱修斯之前对上帝的预知与人的自由意志的一致性论证得最有说服力的神学家。

埃弗底乌斯首先向奥古斯丁叙诉了一直深深地困扰他的问题:"上帝能够预知未来的所有事件,但人们的犯罪却并非出于必然,这怎么可能?"[①]埃弗底乌斯的困惑是完全有道理的。因为从一般的逻辑上看,如果上帝能够预知我们未来所做的一切事件,那么,我们将在未来所做的一切都只是在印证上帝的预知,人们在现世中只有完全依照上帝的旨意行事,才能通过上帝的指引,到达天堂。就是说,我们不能有任何改变,不能有任何与上帝的预知相悖的行为;否则,或者上帝的预知就是不正确的,我们就是在疯狂而

---

① 奥古斯丁:《论自由意志》,第3部,第2章,第4条。

恶毒地企图否定上帝的预知,甚至就是否定上帝;或者我们永远也不能得救,因为我们并没有按照上帝指引的道路行事。埃弗底乌斯当然不会否定上帝的预知,更不会否定上帝,同时他还必须承认人类的确能够通过上帝而获得拯救。因此,他就必须承认人类没有自由意志。他说:"若上帝预知头一个人会犯罪——凡与我同意上帝预知一切未来之事的人,都必须承认这一点——我不说,上帝不应当创造他,因为上帝造他是善的,也不说,他的罪使上帝处于不利地位,因为上帝造他是善的。绝不如此,在创造他上,上帝彰显了他的慈爱,在惩罚他上,上帝彰显了他的公义,在拯救他上,上帝彰显了他的怜悯。所以我不说,上帝不应当创造人。但我要说,上帝既已预知到人们会犯罪,这所预知的事就成为必然的了。这种必然性既然似乎是如此的不可避免,那么人们怎么会有自由意志?"①但如果人们的确没有自由意志,那么,人们的犯罪就不是意志自由选择的结果,而是一种注定了的和不可避免的必然。

二、奥古斯丁的解答

针对埃弗底乌斯的问题,奥古斯丁首先指出,并非任何被预知了的事件都是发生于必然。因为如果认为上帝已经预知的一切之发生都不是出于意志而是出于必然,那么就可必然得出,上帝做他准备做的事情(显然上帝预知了他将要做的事)也是出于必然,而不是出于意志。

其次,某些被预知了的事的确是出于必然,而非我们的意志。例如"我们变老了,是由于必然,而不是由于我们自己的意志;我们

---

① 奥古斯丁:《论自由意志》,第3部,第2章,第4条。

生病,是由于必然,而不是由于我们自己的意志;我们将死,是由于必然,而不是由于我们自己的意志;其他如此类推。"① 就是说,这些事是我们所预知的,它们也的确要必然发生,但即使是这样的事,其发生也不是由于我们预知到了。

再次,上帝虽然预知我们决定将要做什么事,但这并不是说,我们不能使用我们的意志。因为谁也不敢说,我们决定做什么事,不是由于我们自己的意志。"上帝预知你将来必有幸福,但并不抹煞你要有幸福的意志。同样,若你在将来有一个邪恶的意志,这意志也并不因上帝的预知而不是你的了。"② 能够凭自己的意志自由决定做某事与只能完全按照上帝的预知去行事,是有区别的。他说:"上帝若已预知我将要做什么,我就必须照他所预知的去决定做什么,因为凡事都不能有悖于他的预知而发生;那么我要你明白,我们这样说,便是多么瞎了眼。如果这是必然的,我就得承认我决定做某事,乃是出于必然,而不是出于我的意志。那是多么愚不可及!在那按照上帝的预知而毫无人意参与所发生的事,和那合乎上帝所预知的意志而发生的事之间,难道没有分别吗?"③ 就是说,那些只能完全按照上帝的预知而发生的事当然是必然的,不可能还掺杂着什么自由选择;但世俗世界的很多事,都在上帝的预知之中,但却是由我们自由决定去做的,只不过我们的决定恰好也在上帝的预知之中,而上帝并不干预我们的选择和决定的自由。奥古斯丁指出,那些以上帝的预知去否定人的自由意志者,实质上是以必然为借口,企图抹煞自由意志。如果认为人们是必然决定

---

① 奥古斯丁:《论自由意志》,第3部,第3章,第7条。
② 同上,第3章,第7条。
③ 同上,第3章,第8条。

或选择做某事,那实质上就没有什么决定或选择了。再者,如果一件事不在我们的能力范围之内,那么,我们对它就不是自由的。反之,若在我们能力之内,就是自由的。人们既然能够决定或选择去做某事,说明这种决定或选择在我们的能力之内,为我们所控制,因此,它就是自由的,即我们的意志是自由的。

奥古斯丁最后总结了他对上帝的预知于人的自由意志的关系的看法。他说,我们并不否认上帝预知一切未来,而我们也按照我们自己的决定去从事。既然上帝预知了我们的意志,他所预知的意志就必然存在。换言之,我们将来要运用这种意志,因为上帝预知了我们将要如此;而意志若不在我们的能力之内,就不能成其为意志。所以上帝也预知了我们对意志的控制能力。但我们的能力并不因上帝的预知而被剥夺,反而更确切地拥有这种能力,因为其预知不可能错误的上帝,已经预知我将拥有它。①

应该指出,对于人的"自由意志",奥古斯丁早期和后期的观点是不同的(但并不能认为就是对立的)。《论自由意志》是奥古斯丁最早的著作之一,写于388年。该著的目的在于反摩尼教,论证人类做恶的根源。他说:"如果人没有意志的自由选择,那么,怎能有赏善罚恶以维持公道的善产生出来呢?一种行为除非是有意而为之,否则就不算是罪恶或善行。如果人没有自由意志,惩罚和奖赏就不能说是公道的了。但是惩罚和奖赏,都必须是公道的,因为它来自上帝的善。所以上帝给人以自由意志。"②由此可知,奥古斯丁论证人有自由意志的目的仅仅在于证明人们应该为自己的恶行

---

① 参阅奥古斯丁:《论自由意志》,第3部,第3章,第8条。
② 同上,第2部,第1章,第3条。

负责,因为恶行是人们有意而为之。上帝曾赋予了人们自由选择的权利,并且并不干预他们的自由选择,他们原本可以选择从善,却最终去做恶了。因此,恶的根源在于人类自身,而不是上帝;"我们切不可因罪恶是通过人的自由意志而发生,便认为上帝赋予人以自由意志,是为了让他犯罪。"①既然善恶都是由于自身而起,因此,上帝对人们的赏善罚恶就是公正的。

但奥古斯丁晚年思想发生了很大变化,可以说基本否定了人有自由意志。其直接原因在于反佩拉纠派异端。后者主张,人可以通过自己的自由选择弃恶从善,无需上帝的恩典而获得拯救。奥古斯丁指出,"原罪"之后所有人都已被罪恶玷污,成为罪人,根本没有自由选择的权利,只能老老实实依靠上帝的恩典获得拯救。离开上帝而企图靠自己行为而获救,即使是行善也是无济于事的。他说:"他们能够靠自己的善行获救吗?自然不能。人既已死亡(指人已失去善的本性,没有自由选择的权利。——引者注),那么,除了从灭亡中被救出来以外,他还能行什么善?他能够由意志自行决定行善吗?我再说不能。事实上,正因为人用自由意志做恶,才使自己和自由意志一起毁灭。一个人自然是在当他还获着的时候自杀;当他已经自杀而死,自然不能自己恢复生命。同样,一个人既已用自由意志犯罪,为罪恶所征服,他就丧失了意志的自由。"②

奥古斯丁的这种"自由意志论"不能给期待一个完美宗教归宿的世俗的人们带来半点希望。尽管他并没有说上帝会干预人们选

---

① 参阅奥古斯丁:《论自由意志》,第3部,第3章,第8条。
② 奥古斯丁:《教义手册》,第30章。转引自赵敦华:《基督教哲学1500年》,第170页。

择具体的善行,但由于人们的善行对于自己的最终获救没有任何积极意义,所以,即使人们仍然能够不受干扰地从善,也是无济于事的。奥古斯丁一再强调,只有依靠上帝的恩典,人们才能获救。但事实上,人只有最终获救了,才算真正获得了上帝的恩典,并恢复自由意志。更重要的是,人没有恩典,便不能行善,人并非因行善而获恩典;相反,人们每一善的思想和行为都是恩典作用的结果。根据奥古斯丁的预定论,每一个人在出生之前,上帝就预先对他们的命运作了预定,被上帝挑选的人将获得永生,未挑选者将永远处于生死循环和罪恶的渊薮之中。而上帝的预先拣选是与个人的自由意志和选择完全无关的决定论和宿命,甚至人们的理性都无法追问其根据。由于排除了自由意志在拯救中的作用,善功被置于次要地位,信仰却被突出出来,因为对于那种个人意志无能为力的决定论和宿命,只能寄托于信仰。然而单纯的信仰永远只是惶恐的心灵对外在决定论的一种忐忑不安的诚服和期待,这种外在的决定论是超自由意志的、超理性的。① 因此,奥古斯丁实质上否定了亚当之后世俗世界中一切自由意志的存在。

尽管有的学者仍然坚持认为奥古斯丁承认人有自由意志,但那也仅仅是去做某种生活中具体事情的自由,而这并不是神学家或世俗的信徒对人是否有自由意志所关注的问题,因为问题的关键是,人是否有选择自己命运或归宿的自由。从这个意义上看,即使奥古斯丁后来对于人的自由意志的观点没有发生变化,我们也不能认为他承认"人"有自由意志。这样,奥古斯丁所谓的上帝的预知与人的自由意志的一致性就失去了意义。这大概也是包括波

---

① 参阅王晓朝:《神秘与理性的交融——基督教神秘主义探源》,第247页。

爱修斯在内的后世的神学家竭尽全力重新论证这一问题的原因之一。而波爱修斯的目的也正是为了证明人们可以不受上帝预知的支配（并非完全抛开上帝，而是要同时依靠上帝的恩典），自由选择弃恶扬善，达到对自身的拯救，对上帝的复归。因此，人们的命运掌握在自己的手中，想要何种命运由自己把握！对于世俗的圣徒来说，这是一个多么富有激励性的结论！

第二节 上帝的预知与人的自由意志的一致性

波爱修斯对上帝的预知与人的自由意志的关系的论证是他的善恶观的逻辑后续。他研究善与恶的目的在于劝戒人们放弃罪恶，重新回到上帝的至善的道路。但人是否具有选择善恶的自由意志，如果有，与上帝预知一切又是什么关系。这是他接下来所迫切需要论述的问题。波爱修斯对上帝的预知与人的自由意志等问题的探讨同时也表明他对包括奥古斯丁在内的古代神学家对于该问题的分析并不满意。为了彻底论述清楚这一问题，波爱修斯对偶然事件、自由意志、上帝的预知、上帝的超时间性以及它们之间的关系进行了深入的探讨，从逻辑和思辨的双重角度，雄辩地证明了上帝的预知与人的自由意志的一致性。

一、什么是偶然事件

偶然事件存在与否是关系到人是否具有自由意志的一个极其重要的问题。要回答此问题首先必须澄清什么是偶然事件。

波爱修斯说："如果确有人把偶然事件定义为由某一随机运动

而非由任何一连串的原因引起,那么,我敢断定偶然事件就会什么也不是,并且我认为,(在这种情况下)除了指称它自身外,没有任何意义,仅仅是一个声音而已。因为在一个上帝把一切事物纳入其统领之下的世界里,何处才是这种随机性的藏身之地?因为无物能从无中生,这是一条真理,古人不仅没有反对过,而且是把它作为关于对自然的一切争辩的基础,尽管他们并不把它应用于造物主,而是应用于服从于造物主的一切事物。然而,如果某物无因而起,那么它就是从无中生,否则按照我刚才的定义,甚至连偶然事件也都不可能存在了(因为随机运动也是一种事件,而不是'无',如果偶然事件是由于随机运动而产生,那就不可能是从无中生,因此,如果断定偶然事件是无因而起,那么,偶然事件将不复存在。——引者注)。"[①]这就是说,凡事都有原因,在上帝的世界里,没有无根无由的随机性,因此,任何因果联系都不是随机的,即任何事件的发生都不是随机性的,而有其必然的原因。没有绝对的偶然事件,即没有无因之果。但现实世界确实存在所谓的偶然事件或随机事件。正确理解了事件的偶然性或随机性的真正含义,就很容易解决这表面性的矛盾。

亚里士多德和西塞罗对偶然事件的定义对波爱修斯产生了很大的影响。但他继承和发挥了亚里士多德的思想,而批判和反驳了西塞罗的定义。

亚里士多德在《形而上学》和《物理学》中都对偶然事件(或偶然性)进行了分析。他并不否定偶然事件的存在:"既然我们看到

[①] 波爱修斯:《哲学的安慰》,第5卷,第1章。见洛布古典丛书:《波爱修斯》,第387页。

有些事物总是这样发生的,有些事物通常是这样发生的。显然,由于必然性而发生的或者说总是这样发生的事物和通常这样发生的事物,其中没有哪一种其发生的原因被说成是偶然性,也没有人说它们的发生是由于偶然性。但是,既然除了这两种事物而外还有别类事物发生着,并且大家都说它们是由于偶然性而发生的,可见是有偶然性和自发性的。"①但人们所说的这种偶然事件究竟是什么呢?亚里士多德解释是,首先,"一个东西被称为偶性(即偶然性——引者注),(是指它)既非出于必然,也非经常发生"。② 他举例说,一个人掘园种菜却发现了宝藏,对于掘园者来说,宝藏的发现就是偶性或机遇。因为首先,宝藏的发现并非必然源于掘园,或是其必然后果;其次,种菜的人不可能经常找到宝藏。这种既非必然、又非经常发生的事件,我们就说它们是"由于偶然性",并称之为偶然事件;再次,"机遇或偶性是没有确定的原因的碰巧,即不确定。……偶性或机遇确在发生着和存在着,不过不是作为自身而是作为他物"。③ "有些事是为了某事物的目的的,有些则否;有些事是按照意图的,有些则否。"④亚里士多德的意思是,偶然事件没有事先确定的原因,即偶然事件就是并非按照事先确定的意图而发生的事件,或者说,并非为了事先确定的某事物的目的而发生的事件。它的发生不是基于某种确定的因果联系,而是由于一些偶然的不确定的因果秩序。例如,一个人去了埃吉那岛却可能是偶然事件,如果这并不是由于他事先就想去这个地方,而是由于风暴

---

① 亚里士多德:《物理学》,196B。
② 亚里士多德:《形而上学》,1025A。
③ 同上。
④ 亚里士多德:《物理学》,196B。

或者海盗的俘获,而他原本是想驶向别的地方。再如,一个人因为别的原因去市场,却意外遇到了欠债人并收回了债款,则其收回债款就是偶然事件,因为要债不是他去市场的原因,并且要债通常不是或者未必要去市场的。

西塞罗也承认偶然事件的存在,但他把它定义为"由某种隐藏原因引起的事件"。[1] 他说,如同某一天我们很偶然地发现日食或月食便认为它们的发生是偶然的,但实质上它们也是某种必然原因的产物,而不是偶然性的,人们认为它们是偶然事件只是因为不知道它们的原因。波爱修斯明确表示反对西塞罗的这一定义,认为自己的这一反对是有根可寻的。他说西塞罗的这一定义并不完全,因为如果假定引起日食和月食的原因被隐藏了起来,那么,难道那些被宇宙的常规的运动所统辖的事物因此就偶然发生并且符合于其命运?难道那些不能找到日食和月食的原因的人们尽管仅凭其自身的判断就能断定它们的发生无论如何都不会是偶然的,但却会因此断定它们的发生是偶然的?西塞罗的这一定义仅仅说明了由偶然性引起的事件是什么,而没有说明对那些完全不懂其本质的人看来是偶然事件的东西是什么。西塞罗是按以下的方式定义由隐藏的原因引起的事件的:既然理性所知的一切事物都是因固定原因引起的,那么,从逻辑上看,它们的产生就不可能是偶然性的,但可以断定那些理性不能发现其原因的事物是因偶然性而起。因此,由偶然性引起的事件就是由隐藏原因引起的事件。[2] 波爱修斯认为西塞罗的这种定义是把偶然事件诉诸于人们的知识

---

[1] 转引自波爱修斯:《西塞罗〈论题篇〉注释》,第5卷,16.63—17.64。
[2] 参阅同上。

和信仰，而不是诉诸于事物本身。因为如果某人知道某事件发生的原因，他就不会认为它是偶然的，但如果有些人并不知道这一事件的原因，他就会认为这一事件是偶然的。同一事件既是偶然的，又不是偶然的，这显然是不令人信服的。

波爱修斯认为："人们按照某个既定的目标去做某个事件，却发生了另一事件，（这另一事件的发生）因为与既定的意图不一致而称为偶然事件。"①他也援引了亚里士多德同样的例子：一个原本意在挖地的人却挖到了财宝，这是偶然事件，因为这是事先没有预见，也没有期望的。但这一偶然事件同样是有原因的，即曾有人藏宝于这里，并且碰巧有人在这里挖掘。但波爱修斯并不满足于这一亚里士多德主义的定义。他根据前述的天命论指出，之所以认为偶然事件是非预期事件，只是因为人们不能像上帝那样，同时看到整个世界的因果链，不知道所有事件的发生都是因为天命这一共同原因，都是天命要把它们放在合适的地点，让它们在合适的时间发生。他举例说，底格里斯河和幼发拉底河尽管源于同一发源地，却很快分道扬镳，如果偶然在某一地点汇合而成为同一河流，人们就会称之为偶然事件，但那也是由于大地的陷落以及河水的流动这一一切河流形成的共同原因。同样，偶然事件也被表面原因之外的天命控制着，和其他所有事件一样来源于同一发源地。因此，波爱修斯的意思是，偶然事件实质上是由必然性（即天命）与偶然性（即导致某事件的直接动因）一起控制着，但必然性起决定性的作用，是根本原因。

---

① 波爱修斯：《哲学的安慰》，第5卷，第1章。见洛布古典丛书：《波爱修斯》，第387页。

二、凡理性实体都有自由意志

按照波爱修斯的观点,既然存在偶然事件,那么,人的自我意志就有可能在将来发生的事件中充当角色。但既然天命控制着一切事物,一切都处在上帝统领下的因果联系之中,那么,人的自我意志是否也处在这种因果链中,而被天命控制着,并且不是自由的?因此,人是否具有自由意志,这是波爱修斯所解决的另一个重要问题。

波爱修斯认为,如果一个事物具有理智,那么它就具有意志的自由;如果一个事物没有意志的自由,那么,就不能认为它有理智。因为理智表现在判断力,知道什么是自己所希望得到的,因而就会去追求;知道什么是自己不想要的,因而就会舍弃;也就是说,具有愿意做什么或不愿意做什么的自由。显然,所有人都有理智本性,因此,所有人都有自由意志。

自由意志具有不同等级。"神圣实体拥有最具智慧的判断力,永不枯萎的意志力,并且具有得到所希望的一切的能力。而当人们的心灵不断默祷上帝时,他们就会更加自由;当他们堕落为被肉体控制时,就会少一些自由;当他们的心灵完全被世俗的手脚束缚住时,就只有最少的自由。而当他们沉迷于恶中时,就只能成为(天命)的永远的奴隶,而失去了原本属于自己的理智(因而也失去了意志的自由)。"[1]按照波爱修斯的理解,意志的自由度与理智相关,越具有理智的东西越自由。上帝具有最高的理智,因为他能在

---

[1] 波爱修斯:《哲学的安慰》,第 5 卷,第 2 章。见洛布古典丛书:《波爱修斯》,第 391—393 页。

仅仅一瞥中,看到黑暗和光明中所发生的一切,看到世间现在、过去和将来所发生的一切,他是真正的太阳。[①] 因此上帝具有绝对的自由意志。尽管处在世俗中的人没有绝对的自由意志,但人的灵魂越远离肉体的欲望,越摒弃世俗的伪善和邪恶,越与上帝的心灵相感应,就越自由;而当人们信仰上帝并获得了完全的神性,使自己的心灵从世俗世界升华到天国时,他就具有像上帝一样的最大的意志自由。反之,当一个人沉迷于追求前述的那些伪善(实质上是邪恶)时,他就没有任何自由。由此观之,波爱修斯的自由观是一种典型的天人感应、天人合一的自由观。

三、上帝的预知与人的自由意志的一致性

既然上帝能在仅仅一瞥中看到世间过去、现在所发生的一切,甚至也预先看到了将来要发生的一切,那么,这就意味着上帝能预知世间所发生的一切事件,也意味着世间没有任何自由意志。西塞罗曾表达了同一看法。他说,自由意志与预知不可能是并行不悖的,肯定一个就是否定另一个。如果认为未来的一切都是预料之中的事,就是否定人的自由意志;如果承认人有自由意志,就是否定神能预知一切。他说,如果所有的事件都是预先知道的,那么这些事件就会按照预知的秩序而发生;如果这样,这种秩序就是被神的预知所决定了的。如果这些事件发生的秩序是被决定了的,那么这些事件发生的原因也是被决定了的;因为除非有一个前在的动因,否则任何事件都不会发生。如果这些事件的原因有着不

---

① 参阅波爱修斯:《哲学的安慰》,第5卷,第2首诗。见洛布古典丛书:《波爱修斯》,第393—395页。

变的秩序,并且决定了所有事件的发生,那么一切事件的发生都是命中注定的。若果真如此,就没有什么东西需要依赖我们,也就没有诸如自由意志之类的东西。① "如果我们承认这一点,那么所有人的生活就会遭到毁灭。就没有必要制定什么法律,惩戒、赞扬、责备或者鼓励都不会有任何作用;对善的褒奖和对恶的惩罚都没有公正可言。"②因为所有善恶的发生都是必然的,非人所能控制,而惩戒、赞扬、责备或者鼓励不可能使人们自主地弃恶扬善。因此,西塞罗拒绝承认任何预知,而坚持人有自由意志,并以此进一步否定前者的存在。他是这样论证的:"如果存在自由意志,那么,每一事件的发生就不是命中注定的;如果每一事件的发生不是命中注定的,那么,就不会有关于每一事件的原因的固定秩序;如果没有关于每一事件的原因的固定秩序,那么,也就没有关于每一事件的原因的固定秩序来印证神的预知,因为若没有前在的预知作为动力因,这些事件就不可能发生;如果没有固定秩序来印证神的预知,每一事件就不会是像神所预知的那样而发生。因此,如果每一事件不是照神所预知的那样而发生,神就没有关于未来一切事件的预知。"③

奥古斯丁批评西塞罗的这一结论是极不虔敬的,因为基督教既承认上帝预知一切,也认可人有自由意志,并且用虔诚的信仰去支持。他说,"我们反对(西塞罗的)这一亵渎而荒谬的观点,并断言上帝在一切发生之前就已知道它们的发生,而我们也凭自己的意愿做我们所知道的和所能感觉到的事,除非我们愿意,否则这些事就做不成。我们不说一切都是命中注定的,事实上,我们否定任

---

① 参阅奥古斯丁:《上帝之城》,v,9。
② 西塞罗:《论命运》(De fato),17,40。转引自奥古斯丁:《上帝之城》,v,9。
③ 西塞罗:《论命运》,10,20ff。转引自同上。

何事情都是因命运而发生的。"①

为了更好地反驳西塞罗,支持奥古斯丁的观点,波爱修斯再次重申并更加深入地分析了埃弗底乌斯以及一般基督徒所遇到的困惑:"如果上帝预见了一切并且绝对不会是错误的,那么,他所预见的一切一定会发生。因而,如果上帝在永恒中不仅预知了人类的一切行为,而且预知了人类的行动计划和意愿,那么,人类就不可能有自由意志;因为除了不可能会犯错误的天命所预知的一切外,人类不可能还有什么别的行动或意志。因为如果任何事件的发生能够与上帝的预知背道而驰,那么上帝的预知就不再是关于未来事件的确定无疑的知识,而只是不确定的没有必然性的意见,而我认为这对于信仰上帝的人来说是极不虔敬的"。② 因此,上帝的预知是确定无疑的真理,正如真理不会掺杂谬误一样,上帝预知的一切也绝不会掺杂背离它所预知的东西。这就是说,承认上帝预知一切,就必须或者承认人类没有自由意志,或者认为上帝的预知并非确定无疑。而上帝的预知不可能不是确定无疑的,因此,结论只能是:人类没有自由意志!

如果人类的确没有自由意志,那么人类的一切行为,无论善行或恶行,都不是出于人的自由意志,即都不是人类有意而为之,或者说,都是某种必然性使之如此,人们也就不应对自己的行为负责任,因而,任何对他们的奖赏或惩罚都是不公正的。而由于一切都是由于天命的必然性而起,因而,甚至恶也和善一样,是由于天命使然。这样,整个世界就无所谓善,无所谓恶,就是一个善恶不分、

---

① 奥古斯丁:《上帝之城》,v,9。
② 波爱修斯:《哲学的安慰》,第5卷,第2首诗。见洛布古典丛书:《波爱修斯》,第395页。

赏罚不辨、杂乱无章的混合体。

如果人类的确没有自由意志,那么,人的自我意志就没有任何作用。既然一切行为都是被先定了的,那么,人们对上帝的期望和祷告就没有任何意义,因为无论怎样的期望,怎样的祷告,都不能改变人们所处的现状。由于期望和祷告是人类与上帝进行交流的惟一途径,因此,人类实际上就断绝了与上帝的联系,永远也不能回到他的起点,就被上帝的世界彻底地遗弃,也就永远不能得救。这样的人生就会毫无意义。而上帝也就不能通过天命把整个世界统辖起来。

尽管单独考察人的意志和上帝的预知必然会得出,人的意志是自由的,上帝也一定能预知一切,但当把两个问题联在一起时,却出现了令人不可思议的矛盾和对立。这种对立显然不符合上帝的本性。仁慈的上帝在创造人类的同时,也赋予了人类应用其意志的自由。其目的就是要使人类能发挥其自我意志,祛除邪恶,实现对自我的拯救,达到对至善的复归。因此,上帝的预知与人的自由意志之间的矛盾必定是由于人类的误解所引起的。从上帝的本性来看,这种矛盾是不可能存在的;相反,上帝的预知与人的自由意志必定是和谐一致的。尽管波爱修斯承认人的理智不可能完全认识上帝的知识,但他还是在人的理性范围之内,从逻辑的观点出发,分析了产生这种矛盾的认识论根源,论证了上帝的预知与人的自由意志的一致性。

首先,波爱修斯承认,他并非是第一个发现上帝的预知与人的自由意志之间的这种表面上的矛盾。这个问题自古以来就存在。西塞罗、奥古斯丁曾着手解决这一问题,但分析得很不充分,结论也不令人满意。这充分说明,单凭人类有限的理智不仅很难理解上帝的问题,而且必然会把许多只属于人类领域的知识强加到神的世界。例如,上帝的预知与人的自由意志之间的矛盾,实质上就是人类把对世俗世界概念"预知"的理解应用于对上帝"预知"的理解,把上帝的预知当成世俗世界的预知。因此,须首先分析人的认识同上帝的认识之间的差别。

自然界有四种认识形式:感觉,想象,理智,智慧。"感觉只能于物质中察觉物质的形状,想象可以离开物质而认识它的形状;而理智则超越于这两者,凭藉对共相的思考,可以认识存在于每一单个个体中的特有形式本身。智慧的眼光则放得更高;因为它超越了对一个事物的全部关注过程,仅凭意志的一瞥便能看到纯形式本身。"①但并非任何东西都能同时拥有这四种认识能力,因为它们具有不同的层次,代表不同的认识水平,按感觉、想象、理智和智慧的先后顺序依次上升,从低级进到高级。但"较高层次的理解力包含较低层次的理解力,而较低层次的理解力则不能上升为较高层次的理解力。感觉不能认识物质之外的任何东西,想象不能认识普遍的特有的形式,理智不能认识纯形式;而智慧则是自上而下俯瞰世界,并通过理解纯形式,把一切隶属于纯形式的事物区分开来,而他理解纯形式的方式不被任何别的东西所知晓。智慧知晓理智所认识的共相,想象所认识的形状,以及感觉到的物质,但他不使用理智、想象和感觉,而是仅凭灵机一动就可认清事物的全体"。②

既然任何认识都是由认知者做出,因而认知者的本性决定了

---

① 波爱修斯:《哲学的安慰》,第5卷,第4章。见洛布古典丛书:《波爱修斯》,第411页。
② 同上,第411—413页。

他的认识能力,决定了他所能认识的对象的广度和深度。因此,感觉作为一种最低层次的认识能力,它属于那些不善行动的生物,例如海贝以及吸附于岩石上的生物。想象则为那些善于奔跑和觅食的四足动物所具有,理智是属于人类的一种认识能力。智慧则是一种最高形式的认识能力,它仅属于上帝。因此,感觉、想象和理智都无法认识上帝的知识的真实面目。对于人来说,尽管可以认识理智所能认识的东西,也能认识想象和感觉所能认识的东西,但对于那些即使是上帝仅凭一瞥所知的东西,也都是望尘莫及的。

然而,人们却总想用自己的理智去理解上帝的预知,这就极有可能带来对上帝预知的曲解。人们之所以认识不到自己对上帝的理解可能是错误的,乃是因为"每个人都认为他所认识的一切事物是根据这些事物本身的能力和本性而被认识。而情况并非如此,实质上人们认识事物不是根据事物本身的能力,而是根据认知者的能力"。① 因此,人们认识上帝时,也只能是根据自身的认识能力,而不能借用上帝的认识能力。上帝的世界超越了人的认识能力,因而,尽管人们总以为他们对上帝的认识就是上帝自身的样子,但实质上未必是,世俗世界对预知这类概念的理解仅仅具有人类理智领域的认识内涵,它未必符合最高层次的上帝预知的本性。

波爱修斯最后劝戒人们,尽管我们不能完全理解上帝世界的知识,但仍然要把自己的心灵从世俗世界中超脱出来,不要满足于理智、想象和感觉所能理解的东西,而要向上帝的智慧提升,以尽量接近他的知识,使得我们最终能在理性上类似于上帝。

---

① 波爱修斯:《哲学的安慰》,第5卷,第4章。见洛布古典丛书:《波爱修斯》,第409—411页。

然后,波爱修斯深入而富有创造性的分析了上帝预知的本质。他首先分析了与上帝预知密切相关的上帝的永恒性问题。他是这样定义什么是"永恒"的:"与处在时间中的事物明显不同的是,永恒(eternity)是全部、同时、完整地拥有无尽的生活。因为时间中的事物进行于现在,开始于过去,发展向未来,(因而)它们不可能同时拥有生活的全部过程,因为未来尚未把握,而过去已经过去。一天一天的生活只不过是流动变迁的时刻。因此,时间中的一切东西,尽管如亚里士多德所说,没有开端和结束,并且它的生命在无限的时间中延展,但都不能称之为真正的永恒。因为它们不能同时充分了解和拥有生活的全部过程,尽管也是无限的,但是未来尚未把握,而过去已经过去。而同时包含和拥有无限生活的全部过程的东西,既不缺少未来的任何东西,也不缺少过去已经流逝的任何东西,它所拥有的就是永恒,并且流逝着的无限的时间对它来说都是永不改变的现在(eternal present)。"①

这就是说,永恒与时间有着根本的区别。时间在过去、现在和未来中延展,本身是一个不断变动的过程;而永恒则同时完整地拥有过去、现在和未来的全部,时间中的一切流程对它来说,都是永不改变的"现在",时间是可变的,永恒则是不变的。总之,永恒是超时间性的。波爱修斯认为,只有上帝才具有这种超越于时间之外的永恒性,而一切处在世俗世界的事物都不具有这种永恒性。因此,对超时间的上帝而言,无所谓过去、现在和未来,只有永恒的"现在"。波爱修斯进一步指出,上帝的"现在"与我们的"现在"是根本不同。他是这样解释的:"(有人)说上帝'永远是'(ever is)

---

① 波爱修斯:《哲学的安慰》,第5卷,第6章。同上,第423页。

时,意味着一个统一的整体,如同他在一切过去是,在一切现在是——尽管这是一种可能——并且在一切将来是。根据哲学家的观点,我们可以这样来断定天国和其他不朽的事物,但对上帝就不能这么说了。因为当说上帝'永远是'时,只是由于'永远'(ever)对他而言就是一个表示一般现在时的概念。我们的'现在'与神的'现在'有着根本性的区别:我们的'现在'意味着一个变动的时间和变动的永恒,而上帝的'现在'是停滞的、不动的和不可变动的,是永恒。"[1]这就是波爱修斯对上帝永恒性的定义。这一定义是基督教哲学史上迄今为止明确把上帝的永恒性定义为超时间性的最详细最深刻的定义。但应该看到,波爱修斯并没有证明上帝何以是超时间性的,在他看来,这似乎是无须证明的最初的真理。

波爱修斯比较了处在时间中的某些事物的"无限"(infinity)与上帝的"永恒"之间的差别。他说,表面看来,时间中无限的事物也有一种类似于上帝的永恒性,但由于一切时间中的事物都在过去、现在和未来中流逝,因而同上帝的永恒性有着根本区别。"尽管这些时间中无限的事物也以其无限的运动竭力模仿(着重号为引者所加)上帝永恒现在的不动的生活,但不能与之等同,它们在不动与动之间沉浮,在单纯的现在、未来与过去的无限延伸中摇摆;由于它们不能同时拥有其生活的全部过程,正是从这个意义上讲,它从未得以终止。它们通过将自身束缚于稍瞬即逝的现在——一种披着与永恒现在极为相似的外衣的现在,竭力去模仿它们看起来不能完全表达的东西,并假定它所触及的一切事物都

---

[1] 波爱修斯:《三位一体是一个上帝而不是三个上帝》。见洛布古典丛书:《波爱修斯》,第 21—23 页。

是这样。但既然这些时间中的事物不可能成为永恒,它们就抓住无限的时间之旅,并通过这一方式以及不断地延续其生命来把握它们不能在同一瞬间拥有的生活的全部。因此,如果我们要给这两种情况各取一个名字,那么,按照柏拉图的说法,上帝是永恒的(eternal,指超越时间的永恒——引者注),世界则是永存的(perpetual,指处在时间中的无限延续——引者注)。"[①]这就是说,两者之间的根本区别在于,上帝是在其永远不动的现在同时完整地拥有全部的生活,而处在时间中的所谓永恒运动的事物,则是通过其无休止的运动和存在去分阶段地拥有其无限的生活,以此去模仿上帝的永恒性,然而,上帝的永恒既是它们永远也达不到的,也是他们永远也无法表达和理解的。

波爱修斯证明上帝的超时间性是为其论述上帝预知的本性服务的。他认为,由于上帝是超时间性的,因而,上帝的预知也是超时间性的。他是这样证明的:既然"上帝具有永恒性和'永远现在'的本性,他的知识也超越于一切流逝的时间,存在于其自身的永恒现在之中,并且包含无限的未来和过去,那么上帝就可以仅仅根据他的知识而观察和理解一切事物,好像它们都发生在现在一样。因此,人们不应把上帝的知识看作对未来的预知,更确切地说,应把它们当作是关于永恒现在的瞬间的知识。上帝的知识不是预知,而是天启。如同我们站在高处看低处的事物一样,上帝是站在世界的最高峰观察一切事物"。[②]

既然上帝的知识具有超时间的永恒性,因此,上帝就能预知世

[①] 波爱修斯:《哲学的安慰》,第 5 卷,第 6 章。见洛布古典丛书:《波爱修斯》,第 425—427 页。

[②] 同上,第 427 页。

间的一切,包括人的一切行动。但这是否意味着一切事件都是必然要发生的,即不存在偶然事件,人们没有选择的自由?波爱修斯认为并非如此,说上帝预知的一切都是必然要发生的,仅仅是因为上帝是超时间性的,因而他在其"永恒现在"中看到了一切事件的发生,既然上帝看到了该事件的发生,因此,其发生就是必然的。这正如亚里士多德所说的"存在的东西当其存在时,必然存在,不存在的东西当其不存在时,必然不存在"。① 他的意思是,一个事物的存在之所以称为必然,只是因为它已存在而不会同时又不存在,是就其已经存在而言是必然的,而不是说其存在的原因是必然的,或者说,有一种东西驱使它必然存在;一个事物的不存在之所以称为必然,也只是因为它不存在而不会同时又存在,是就其已经不存在而言是必然的,而不是说其不存在的原因是必然的,或者说,有一种东西驱使它必然不存在。亚里士多德所述的这种必然性也就是安塞伦所谓的后续必然性(consequent necessity):"并非有一个后续的必然性,就有一个先在的必然性(antecedent necessity),我们可以说'宇宙运转是必然的,因为它的确是运转的',但不可同样说'你在说话,因为有一种必然性在驱使你说话'。这种后续的必然性通过不同时态以这种方式发生:那些过去存在的东西必然已经过去,那些现在存在的东西必然是过去将要发生的东西,一切将要存在的东西必然将要存在。"②波爱修斯显然是在这个意义上理解上帝预知的一切都是必然要发生的。就是说,上帝看到了这些世俗未来事件的发生,这些事件(在上帝眼里)确实发

---

① 亚里士多德:《解释篇》,19a,22—23。
② 安塞伦:《上帝何以化为人》,第 2 卷,第 17 章。见戴维斯、伊万斯编:《坎特伯雷的安塞伦主要著作》,第 346 页。

生了,确实存在着,因此,其发生就是必然的,其存在就是必然的,否则我们怎能说上帝看到了它们的发生。但这种必然性仅仅是对于上帝看到了(也即我们所谓的预知)它们而言,仅仅是对于在上帝眼里它们是"已经"发生的事件而言。而并不是说,因为上帝看到了它们的发生,因而对这些事物本身而言,其发生就是必然的,上帝的看到迫使这些事件必然要发生。这同样印证了亚里士多德的另外两句话:"存在的东西当其存在时就必然存在,并不等于说,所有事情(自身)的发生都是必然的。关于不存在的东西也是如此。"①"并非所有的事件都必然地存在或必然地发生,而是存在偶然性。"②就是说,世间存在凭自由意志所发生的偶然事件,虽然对于上帝而言,它们是必然的,因为他看到了这些偶然事件的发生。但如果按这些事件的本性,则不会受到由于上帝看到了它们的发生而带来的那种特定的必然性的束缚,它们都是自由选择的结果,既可以发生,也可以不发生,即都是偶然的,上帝不会干预或规定其发生过程。同样,上帝虽在其永恒现在中预知了人的一切行动,但如同事物都是自由选择的结果一样,人也具有自由选择其行为的意志。

奥古斯丁也曾表达了类似的思想:"你预知一个人的罪,这并不强迫他犯罪,也并不是他犯罪的原因;不过他会犯罪无疑,否则你就不能预知其发生。所以你的预知,和别的自由行动并不互相冲突。照样,虽然上帝预知那些人凭自己的意志要犯罪,他却并不强迫人犯罪。"③"当你记得过去的事时,你并没有强迫它们发生,

---

① 亚里士多德:《解释篇》,19a,24—26。
② 同上,17—19。
③ 奥古斯丁:《论自由意志》,第3部,第4章,第10条。

同样上帝也并不因他的预知而强迫将来的事发生。你记得你所有的行动,但你所记得的一切行动,并不都是你的行动,同样上帝预知他自己的行动,但他不是他所预知的一切行动的原因。他不是恶行的原因,而是恶行的公义审判者。"① 我们还可以从如下的比喻中进一步地理解波爱修斯的意思:正如象棋大师能够预知一个棋手将要走哪一步,但这一步还得由棋手本人不受他人干预地走出,并且他完全可以改变走法;又如历史学家知道人们过去所做的,但他不会干扰或改变历史一样。上帝的预知看到未来,但并不改变它,也绝不妨碍人的自由。这样,波爱修斯就从上帝的超时间性出发,历史上第一次雄辩地证明了上帝的预知与人的自由意志的一致性。

尽管波爱修斯反复强调人的自由意志,但他并不是一个自由意志主义者。有人可能会说,诚然,我可以理解上帝预知了一切,人也同时具有自由意志,在这一点上两者并不矛盾;但我可以通过改变自己的意向而偏不去做自己想做的事,因而,我就能改变上帝的预知,从而使他的知识归于无用。对于这个问题,波爱修斯是这样回答的:"你当然可以改变自己的意向,但既然上帝确实在其现在看到了你有改变意向的能力,并且知道你是否会改变以及朝什么方向改变,那么,即使你能依自己的自由意志而改变行动的过程,你也不可能摆脱上帝的预知,正如没法逃避一只正注视着你的眼睛。"② 还有人会问,既然我可以在这一时刻做这件事,在另一时刻做另一件事,那么,是否上帝的预知会随着我的这种变化而改

---

① 奥古斯丁:《论自由意志》,第3部,第4章,第11条。
② 波爱修斯:《哲学的安慰》,第5卷,第6章。见洛布古典丛书:《波爱修斯》,第433页。

变,从而从一种预知变成另一种预知?波爱修斯同样认为这是不可能的。"因为上帝的感知超越于(世间)的任何未来事件,上帝可以把这些未来事件召回,而在其现在回忆关于这些事件的知识,并且不会改变它;而上帝的预知仍包含着你(所实施的行动的)变化,他能在瞬间的现在目击和理解一切事件,并非因为未来事件已经发生,而仅仅是因为其处在永恒的现在的本性。……我们不能认为我们未来的行动就是为了印证上帝的预知,因为正如已经论述过的那样,上帝预知的本质是依据其永恒现在中的一瞥就能知道一切事物,并通过此决定一切事物的存在方式,根本不需要考虑未来的事物。"[①]这就是说,既然上帝的预知是不可变动的,人们也就不可能改变或者逃脱上帝的预知,不可能彻底摆脱天命必然性的约束。

回到前述的问题。既然上帝预知一切并不能改变人具有自由意志的本性,人并不是天命必然性的奴隶,那么,人人都能把握自己的命运,能够凭自己的自由选择弃恶扬善。就是说,无论善行还是恶行,都是人们自己所为。因此,上帝对善行的奖赏与对恶行的惩罚也不会不公正,正如奥古斯丁所说:"上帝惩罚罪恶,是何等公义,因为他并没有迫使他所预知将要发生的事。若他不当惩罚罪人,只是因为他预知他们会犯罪;如果他不当赏赐善人,只是因为他预知他们将要行善。我们应当承认,上帝的预知,使他知道一切未来的事,上帝的公义,判断并惩罚罪恶,因为罪恶是人自动犯的,而不是由上帝的预知所造成的。"[②]同时,由于人们不可能完全独

[①] 波爱修斯:《哲学的安慰》,第5卷,第6章。见洛布古典丛书:《波爱修斯》,第433页。

[②] 奥古斯丁:《论自由意志》,第3部,第4章,第11条。

立于上帝预知一切的必然性,或者说,人们的一切行为都一览无余地显现在上帝眼前,人们不可能背着上帝而不受惩罚地做恶,因此,人们也只有遵从上帝,弃恶扬善。这一结论是波爱修斯在哲学女神的指引下得出来的,也是他写作《哲学的安慰》的最终目的。波爱修斯是这样告诫人们的:"上帝奖赏善者,惩罚恶人。把希望寄托在上帝身上并不是徒劳的,同样,把希望寄托给祈祷文也不会枉然,只要它们是正确的。因此,我们应当远离邪恶,培养美德,使我们的心灵燃起正义的希望,引导卑下的祈祷者进入天堂。如果你不愿意欺骗自己,就注定应该行善,因为你的所作所为都处在预知一切的上帝的监视之下。"①

第三节 波爱修斯的上帝"超时间论"的历史影响

上帝的永恒性是基督教神学的最重要问题之一。从历史上看,对于上帝的永恒性主要有两种解释。一种认为,上帝是处在时间之外不受时间控制的,即是超时间的(timeless),并以此为基础,讨论上帝的预知与人的自由意志。这就是所谓的上帝"超时间论"。另一种则认为,上帝的永恒性是指上帝无始无终,他一直存在着,并将永远存在下去,即上帝是永存的(everlasting,或 perpetual),本书称之为上帝"永存论"。相比较而言,第一种看法在中世纪哲学史上占有绝对主导地位。这是由于波爱修斯在论证上帝的

---

① 波爱修斯:《哲学的安慰》,第 5 卷,第 6 章。见洛布古典丛书:《波爱修斯》,第 435 页。

预知与人的自由意志的一致性的过程中,坚持上帝的超时间性,并对它进行了迄今最具逻辑性、最有说服力的分析,而波爱修斯的这一思想本身是对奥古斯丁的继承,它又被安塞伦和托马斯·阿奎那发扬光大,波爱修斯也因而与安塞伦、托马斯·阿奎那一起被称为中世纪"上帝永恒论(指超时间论——引者注)传统的三大支柱"。① 由于这一原因,上帝超时间论就成为基督教哲学在这一问题上的主流理论。直到中世纪晚期和近现代,才有哲学家对它提出质疑和挑战。

一、奥古斯丁论上帝超时间性

最早论述了上帝的超时间性的神学家是奥古斯丁。他说:"你(上帝)也不在时间中超越时间,否则你就不能超越一切时间了,你是在永永现在的永恒高峰上超越一切过去,也超越一切将来,因为将来的,来到后即成为过去;'你永不改变,你的岁月没有穷尽'。……你的今天即是永恒。"②因此,对上帝来说,无所谓过去和将来,时间的一切流程都是永恒的现在,时间中发生的一切都能在其永恒的现在中知道。

二、中世纪神学家对波爱修斯的上帝超时间论的辩护

中世纪早期和繁荣时期的神学家不仅继承了波爱修斯对上帝永恒性的定义,按自己的方式重新定义了上帝的永恒性,而且还对各种反对上帝"超时间论"的观点进行了驳斥,旗帜鲜明地为波爱

---

① 哈斯克:《上帝,时间与知识》,第146页。
② 奥古斯丁:《忏悔录》,第11卷,第13章。

修斯辩护。安塞伦和托马斯·阿奎那是其中主要代表。

安塞伦是经院哲学诞生时期坚持上帝超时间论的最著名的思想家。他明确指出上帝超时间论的思想是由波爱修斯最后建立起来的。在其著作《宣讲》(Proslogion)中,安塞伦讲了一段非常有名的话,描述了上帝的超时空性:"如果由于你(指上帝——引者注)的永恒性,你曾经是,现在是,并且将来是,但如果你的过去不同于将来,你的现在不同于过去,也不同于将来——那么,你的永恒将如何以一个整体而一直存在?否则,是否在你的永恒中没有过去,因而没有现在,也没有将来,如同没有'已经'一样?因此,你不是昨天,也不是明天,但昨天、今天和明天你都是。实际上,你既不存在于昨天,也不存在于今天和明天,而是完全超越于所有时间。因为昨天、今天、明天完全是处在时间之中;而尽管没有你万物将无以存在,你却不处在空间和时间之中,但所有事物都处在你之中。无物能包容你,而你却能包容万物。"① 这就是说,对上帝来说,无所谓昨天、今天、明天,无所谓此地、彼地,时空中所发生的一切都是"同时的和同地的",上帝是超时空的、永恒的。

波爱修斯曾在《三位一体是一个上帝而不是三个上帝》一文中定义了上帝的超空间性,他说:"说'上帝无处不在'并不意味着他在每个地方,因为他不可能在任何地方——但每一地方都展现在他面前,被上帝占有,尽管他不被任何地点所容纳。既然上帝无处不在,但不在任何地点,因此可以说,在空间上上帝不在任何地

---

① 安塞伦:《宣讲》,第19章。见戴维斯、伊万斯编:《坎特伯雷的安塞伦主要著作》,第98页。

方。"①即上帝是超空间的。显然,安塞伦对上帝超时间性和超空间性的定义并没有在内容上超越波爱修斯。

托马斯·阿奎那是上帝超时间论的集大成者,他首先对那些反对波爱修斯把永恒定义为在永不改变的"现在"中同时完整地完全地拥有无尽的生活的说法进行了驳斥,为波爱修斯的经典定义进行辩护。②这些反对意见主要有六条:

(1)波爱修斯在定义中使用了"无尽"一词,而"无尽"是一个否定性的语词,否定只属于那些有缺点的事物,而不适用于永恒。因此,在对永恒的定义中,不应出现"无尽"这一语词。

(2)永恒意味着一种持续,而持续应该使用"存在"一词,而不应使用"生活"一词,"生活"一词不应出现在对永恒的定义之中。

(3)完整意味着具有组成部分,若把它应用于永恒就是不妥当的,因为永恒是单纯而无组成部分的。

(4)即使是在《圣经》中,时间也是在复数的意义上使用的。如《圣经》所言,"他的根源从太初就有,从永恒的那些日子就有",③"自永恒的时间以来隐藏不言的奥秘。"④这说明不同时间不可能同时存在。因此,永恒不可能完全同时拥有所有时间的。波爱修斯在定义中使用"同时"一词也是欠妥的。

(5)完整的与完全的是同一,因此,波爱修斯用了"完整"一词,就不应再重复使用"完全"一词。

---

① 波爱修斯:《三位一体是一个上帝而不是三个上帝》。见洛布古典丛书:《波爱修斯》,第21页。
② 参阅托马斯·阿奎那:《神学大全》,第1部,第10个问题,第1条。见佩吉斯编:《圣托马斯·阿奎那的主要著作》,第1卷,第74—75页。
③ 《弥迦书》5:2。
④ 《罗马书》16:25。

(6)持续并不意味着"拥有",永恒是一种持续,因此,永恒并不意味着拥有。

针对以上六种反对意见,托马斯逐一进行了反驳:

(1)单纯事物有时也以否定的方式定义,例如,"一个点就是没有部分的东西"。但这并不意味着否定性就属于被定义的事物的本质,而只是由于我们的理智有时需要通过否定的方式去理解事物,例如我们是通过否定单纯事物的复合性而理解其单纯性的。

(2)那些存在于永恒中的事物不仅仅是存在的,也是活生生的。而生活意味着要有行动或运动,仅仅存在则不然。永恒是一种持续阶段,而持续阶段更主要体现在运动中,而不是在存在中。

(3)永恒之所以称为完整的,并不是因为它由部分构成,而是因为它是充满的,不再需要任何别的东西。

(4)正如尽管上帝是无形体的,但《圣经》仍用有形体的名字去称呼他;同样,尽管永恒是超时间的,我们仍可以用时间中的名字去指称它。

(5)关于时间有两种理解方式:时间本身是前后相继的完全的,而时间中的"现在"则不是完全的。因此,使用"同时完整的"一词去定义永恒,是为了避免把它理解为时间的前后相继性,而使用"完全"一词则是为了排除时间中"现在"的不完全。

(6)所谓拥有的东西就是牢牢握有、不可分离的东西,因此,为了表明永恒具有不可分离的不动性和恒久性特征,我们使用"拥有"一词。

托马斯的结论是:"与我们通过复合事物去理解单纯事物一样,我们必须通过时间去理解永恒。但时间仅仅是'关于前和后的运动的数'(亚里士多德:《物理学》220a,25——引者注)。……在一个没有运动的事物之中,只有永远相同,而无前后之别。正如时间的本质在于对运动中的前后计数,因此,永恒的本质在于它是完全超越于一切运动的。更进一步,'那些用时间来计量其存在的事物,都有一个在时间中的开始和结束'(参阅亚里士多德:《物理学》221b,28——引者注)。这是因为在任一运动的事物之中,都有一个起点和终点。但那些不可变动的事物不具有前后相继性,因而既无起点,又无终点。这样,可以从两个事实来理解永恒:第一,那些具有永恒性的事物是无尽的,即无始无终的;第二,永恒本身没有前后相继性,因而是同时的完整的"。① 托马斯进一步指出,尽管我们是在时间中理解永恒,并且使用一些具有不同时态的语词去指称它,但这只是因为我们生活在时间之中,而并不说明永恒本身也具有像时间一样的变动性;永恒是超时间的,不会在过去、现在和未来中发生变化。上帝是永恒的,意味着上帝无始无终并在其永恒现在中同时拥有一切时间的流程;只有上帝才具有这种永恒性,因为只有他才是不变和不可变的。因此,实际上不应说上帝具有永恒性(以免认为上帝是被其他某物度量而具有这种属性),而应该更准确地说上帝等同于永恒。② 这样,托马斯就通过对永恒与时间的对比,证明了永恒是超时间的,因而,上帝也是超时间的。从而就维护了波爱修斯对永恒的定义的正确性、合理性和权威性。

托马斯还用比喻的方式对上帝的超时间的永恒性做了进一步

---

① 托马斯·阿奎那:《神学大全》,第 1 部,第 10 个问题,第 1 条。见佩吉斯编:《圣托马斯·阿奎那的主要著作》,第 1 卷,第 74—75 页。
② 参阅托马斯·阿奎那:《神学大全》,第 1 部,第 10 个问题,第 2,3 条。同上,第 76—78 页。

的论述。他说:"上帝完全超越于时间的流逝,如同站在永恒的最高处。而永恒对他来说都是同一时刻。在上帝的一瞥中,时间的全部流程归于永恒的(现在),所以,在他的一瞥中,他看到了时间全部流程中发生的一切;而上帝是在每一事物的当下看它们,相对于上帝的视野,无所谓未来的事物。未来仅仅存在于事物原因的序列中——尽管上帝确实看到了这一序列。上帝完全是以一种永恒的方式看每一事物在任何时候的那个样子,正如人们看苏格拉底坐下时,是看他坐下本身,而不是看他坐下的原因"。① 托马斯在此提出了一个重要的思想,即对上帝来说,无所谓"过程"。他还做了一个生动的比喻:我们没法看到走在我们身后的行人,因为我们身处队列之中;而站在高处俯瞰整条路的人,却能在一瞬间看清走在路上的全部行人。② 上帝看每一事物就如同我们站在高处看路上的行人。

和波爱修斯一样,中世纪神学家认为上帝具有"超时间性"的目的在于证明上帝能预知世间的一切,并且上帝的预知与人的自由意志是不矛盾的。

天命(或上帝的预知)与人的自由意志的关系是基督教神学自古以来探讨的热门话题。奥利金反对那些否定意志自由的人,认为上帝的预知并不是人们行动的原因,人们自由从事,并对自己的行为负责。③ 奥古斯丁一方面承认上帝预知一切,一方面也承认

---

① 托马斯·阿奎那:《亚里士多德〈解释篇〉注释》,第1部,第1讲。转引自戴维斯:《宗教哲学导论》,第153页。
② 参阅托马斯·阿奎那:《神学大全》,第1部,第14个问题,第13条。见佩吉斯编:《圣托马斯·阿奎那的主要著作》,第1卷,第156页。
③ 参阅奥利金:《论祈祷》,6.3,29.13。见佩里坎:《基督教教义发展史》,第1卷,第282页。

人的自主选择。但他没有对这一问题做进一步的说明,尤其没有说明人何以有自由选择的权利和可能,因为他主要是一个"决定论"者。从他论上帝的恩典与自由意志的关系可见一斑:"在回答这一问题时,我虽尽力主张人类意志的自由选择性,但上帝的恩典还是占了上风。"①

如前所述,对上帝的预知与人的自由意志的一致性这一问题的最充分的论证是从波爱修斯开始并由他最终完成的。安塞伦和托马斯·阿奎那对波爱修斯这一思想进行了发挥。

安塞伦说:"表面看来,上帝的预知与人的自由选择的确不相容。因为那些上帝预知的事件必然要发生,而人们自由选择的事件都不是产生于必然性。如果上帝的预知与人的自由选择不可能并存,那么,能预见一切事物的上帝的预知,也不可能与那些由于自由选择而发生的事件并存。然而,如果可以证明这(后一种)'不可能性'只是表面性的,而非真实性的,那么,也就可以证明上帝的预知与人的自由意志之间的对立也不是真实性的。"②因此,关键是要证明上帝预知的事件(所谓必然性事件)与人们自由选择的事件(所谓偶然性事件)是可以并存的。

安塞伦引用了波爱修斯的观点,认为"必须懂得,'预知'(foreknowlege)与'预定'(predestine)这两个词并不是按字面意思应用于上帝,因为在上帝那里,没有时间中的前与后,一切事物都在一瞬间展现在他的面前。……尽管上帝在其永恒性中预知的

---

① 博雷:《奥古斯丁早期著作》,第 370 页。
② 安塞伦:《论和谐》,I,1。见戴维斯、伊万斯编:《坎特伯雷的安塞伦主要著作》,第 435 页。

一切都是不可变动的,但它们却要在时间中变动"。① 他接着对"预知"和"预定"做出解释:"很显然,上帝的预知与预定之间是没有冲突的,正如上帝预知了,他也同样预定了。……毫无疑问,那些因自由选择而发生的事件都在上帝的预知之中,并且其发生不会与上帝的预知有任何矛盾之处。因此,这一清楚明白的真理与理由告诉我们,那些因自由选择而产生的结果也被上帝所预定,并且不会与上帝的预定有任何的不一致。……那些我们用来证明自由选择与上帝的预知之间的不矛盾性的方法,也同样证明了自由选择与上帝的预定之间的相容。"②但上帝的预知与预定之间的关系并没有一个逻辑上或时间上的先后顺序,不是说,上帝之所以预定了,乃是因为他预知了,也不是说,上帝预知了世间所发生的一切,于是就把它们预定下来。如果上帝的预知与预定有先后顺序,那么,上帝就处在时间的过程之中。而安塞伦认为上帝是超越时间的,因此,上帝无所谓先知道,然后才决定。因此,上帝的预知与预定本质上是同一的,就是说,既然那些凭自由选择而发生的事件被上帝所预知了,并且不会有任何的变化,那么从这个意义上,这些事件也就是被上帝预定了。这就是安塞伦所谓的"因为预知了,所以预定了"的意义。

但我们不可因为上帝预知或预定了一切事件,就否定人有自由选择的权利和能力。因为"尽管被预知和预定了的事件都是必然要发生的,但并没有一种先在的原因促使它们必然要发生。……它们只不过是跟在某一事件之后而发生的。即使上帝预

---

① 安塞伦:《论和谐》,II,2。见戴维斯、伊万斯编:《坎特伯雷的安塞伦主要著作》,第450页。
② 同上,第450—451页。

定了人们的一切行动,但他并不是通过强迫或驱使(人们)的意志而使这些事件得以产生,而是让它们按照其自身的计划而产生"。① 因此,上帝预知和预定一切事件与人们按照自己的意愿去做任何他想做的事并不是不相容的。只是由于处在时间之外的上帝在其一瞬间看到了全部事件的发生,我们才说上帝预知了一切,并进而认为上帝预定了一切,而对这些事件本身而言,它们仍是按照自己的秩序,在时间中自由发生的,上帝并不会去干预和规定。安塞伦特别指出,尽管人们从善是由于上帝的恩典,从这个意义上讲,从善有其必然性,但具体善行还得靠个人自己去自由实现。同理,我们不能说人们去做恶是由于上帝的预知这一必然性引起的,并把自己的恶行归咎于上帝,从而为逃避上帝对恶行的惩罚寻找借口,因为说上帝预知了某人做恶仅仅意味着他在其一瞬间看到了此人的做恶,而恶行本身仍是像善行一样是由于人们自由选择的,人们同样要对自己的恶行负责。

安塞伦还认为,人们有自由选择的权力,但这并不意味着人们就可以摆脱天命必然性的控制。因为任何事件无论是否是人们自由选择的结果,都在上帝的预知和预定之中;当说某事是人们按照自己的自由意志去做时,上帝也在其一瞬间看到了人们自由地去做的这一事件。

托马斯同意波爱修斯和安塞伦的观点,认为上帝的"预知"其实并非我们所理解的预先知道,任何事件的发生对上帝来说实质上都是"过去"的事,上帝的知识实质上是关于"已经"发生了的事

---

① 安塞伦:《论和谐》,II,3。见戴维斯、伊万斯编:《坎特伯雷的安塞伦主要著作》,第451页。

的知识。既然上帝预知了的事件对他来说是既已发生的事件,从这个意义上讲,这些事件就必然会在时间中发生,即上帝预知的一切都必然会发生。但这并不会剥夺人的自由意志,也不会排除世间未来的偶然事件的发生。

未来偶然事件的性质是古代和中世纪哲学家始终感兴趣的话题。亚里士多德在其《解释篇》中,从纯逻辑的角度分析了关于未来的偶然事件的命题的真假。波爱修斯则在其《〈解释篇〉注释 II》中重述了这一问题。他认为,关于未来偶然事件的命题,并非像那些关于过去或现在发生的事件的命题那样,必定或者是真的,或者是假的,这种命题的真假的不确定性并不是由于人类的无知,而是这类命题自身的特征;既然这类命题并非要么真要么假,因此,偶然性和自由意志就能在未来事件是否发生中充当角色。这样,波爱修斯就从对模态命题真假的逻辑分析的角度,同样证明了人有自由意志。波爱修斯同时指出,我们是从上帝超时间性的角度说上帝预知的一切都是必然要发生的,而不是说这些事件就其本身的性质来说,其发生都是必然性的,世间就不存在偶然性的事件。从这个意义上讲,说上帝预知的一切事件都是必然要发生的事件其实是不正确的,因为世间的确有很多偶然性事件。

托马斯十分欣赏波爱修斯对何以上帝预知的事件都是必然要发生的事件所作的分析。他进一步证明,上帝预知的事件是必然要发生的事件,与世间存在偶然事件并不矛盾。他首先指出,尽管对上帝而言确实不存在偶然事件,因为"那些沦落于时间中实际发生的事物,我们也是在时间的前后相继中知道它们的,然而上帝却是在其永恒性中知道它们的,它们(对上帝来说)是超时间的。这些(偶然)事件对我们来说是不确定的,因为我们只是把未来偶然事件当作未来偶然事件;但它们对上帝来说却是确定的,因为上帝是在其超时间的永恒中理解它们"。① 也就是说,一切事件,即使是我们所谓的偶然性事件,对上帝来说都是必然的,在上帝那里,不存在未来偶然性事件。但这并不意味着对我们来说也没有未来偶然性事件,从而一切都是必然的,我们也因而没有自由选择的权利。因为"尽管终极原因是必然的,但结果却会因其直接的偶然原因而变得偶然;这正如某一植物的生长是由于其直接的偶然原因,但太阳的运动却是其第一原因,因而这一植物的生长又是必然的。同样道理,说上帝预知的事物是偶然的,是因为其直接的偶然原因,而上帝的预知却是第一原因,事物的发生又因为这第一原因而成为必然"。② 因此,说上帝预知的一切必然要发生,只是因为上帝是万物的终极原因,只是说"如果上帝预知了某事件将要发生,那么,该事件就会发生,这是必然的",而不是说"如果上帝预知了某事件,那么,该事件就必然会发生"。任何事件就其本身而言,其发生都是由于其最直接的偶然原因,就是说,在它发生之前,仍可选择不发生,上帝不会去干预它们何时发生,以及怎样发生等。因此,人仍然有自我选择的权利和自由。

三、中世纪神学家对上帝超时间论的否定

从奥古斯丁到托马斯,上帝"超时间论"是基督教神学家在上帝永恒性问题上的主流思想。托马斯之后,神学家们虽继续研究这一问题,但大多数都不承认上帝的超时间性,如约翰·邓斯·司

---

① 托马斯·阿奎那:《神学大全》,第1部,第14个问题,第13条。见佩吉斯编:《圣托马斯·阿奎那主要著作》,第1卷,第156页。
② 同上,第155页。

各托(Johannes Duns Scotus,1265—1308 年)、威廉·奥克汉姆(William Ockham,1285—1349 年)和路易斯·德·莫里那(Luis de Molina,1535—1600 年)等。

威廉·奥克汉姆是中世纪一位伟大的逻辑学家,特别是在模态逻辑方面作出了卓越的贡献。在宗教问题上威廉十分注重逻辑分析,他第一次详细地论述了时态命题(广义模态逻辑)三段论,并应用模态逻辑可能世界语义学,分析了上帝预知的性质。

奥克汉姆认为存在两种命题:"有些命题是从语言形式(vocaliter)和实际内容(secundum rem)两方面描述现在发生的事件,诸如'苏格拉底正坐着'、'苏格拉底正在散步'、'苏格拉底是正直的'等,这类命题都必然有一个关于过去事件的命题与此相关;而另一类命题则仅仅从语言形式上描述现在发生的事件,这类命题实质上等值于描述相关未来事件的命题,在这种情况下,上述规则就是不成立的。"①

奥克汉姆的意思是说,诸如"苏格拉底正坐着"、"苏格拉底正在散步"、"苏格拉底是正直的"等命题,若在某一时刻是真的,则在这一时刻之后,"苏格拉底曾经坐着"、"苏格拉底曾经在散步"、"苏格拉底曾经是正直的"就必然永远为真。这类命题具有或然的必然性。而另一类命题,如"X 知道 P 将要发生",其真值取决于"P 将要发生"这一命题的真值。若"P 将要发生"是或然的,则"X 知道 P 将要发生"就是或然的。但奥克汉姆又说,若 X 表示的是全知全能的上帝,则情况就不一样了,因为当说"上帝知道 P 将要发

---

① 奥克汉姆:《预定、上帝的预知与未来偶然事件》。转引自哈斯克:《上帝,时间与知识》,第 13 页。

生"时,人们是把它作为信仰的对象而理解的,即相信这一命题必然是真的。而此时,"上帝知道 P 将要发生"这一命题的真值仍取决于"P 将要发生"的真值,因此,"P 将要发生"这一命题就必然是真的。这就是说,若上帝知道某事将要发生,则该事件就必然要发生。这样,奥克汉姆就通过模态逻辑语义学得出了上帝预知的一切都是必然要发生的结论。

但奥克汉姆的这一结论的前提是上帝全知全能为人们一致信仰的真理。按照他的理解,上帝预知的一切之所以必然要发生,是因为上帝预知到了它们要发生,如果这些事件事实上不发生,则上帝的预知就是错误的,而这是不可能的,因为人们相信上帝的预知是不会错的;至于上帝何以能预知时间中未来的偶然性事件,奥克汉姆不同意波爱修斯从上帝的超时间性出发得出他能预知一切的推导,而认为这是由于上帝是全知全能的;他也没有证明上帝何以是全知全能的,只是简单地照搬基督教教义,认为这是人们一致相信的。因此,奥克汉姆的这一论证并不具有太大的说服力,因为如果人们并不相信上帝是全知全能的,则他所谓的"上帝预知的一切必然要发生"就是不成立的。即使按照他的推论可以得出上帝预知的一切必然要发生,他也不能解决上帝预知一切与人具有自由意志之间的一致性问题。因为他不承认上帝是超时间的,那么上帝就是处在时间之中;既然处在时间之中的上帝能预知人们未来的一切行动,那么人们就只能别无选择地按照上帝的预知行事,如果有什么改变的话,那么上帝的预知就是不正确的,而这是与人们的信仰相悖的,正如处在时间中的我们如果预知到了某人明天将会做什么,那么他就一定会去做这件事,否则就是自相矛盾的。

因此,对奥克汉姆来说,上帝的全知全能与人具有自由意志之间的矛盾实质上是不可解的。即使他确实承认任何事件就其本身而言并非都是必然要发生的,人仍有自由选择的权利,也无济于事。因为问题的关键是要讲清楚上帝何以能预知未来的偶然性事件。但即使是他自己也很无奈地承认,"我认为要讲清楚上帝怎样知道未来的偶然性事件是不太可能的。尽管如此,我仍要说上帝确实知道它们,但却是在偶然之中"。①

奥克汉姆等人热衷于承认上帝仅凭直觉并以一种偶然的方式预知世间的一切事件,包括偶然性事件,他们并没有对上帝预知的问题作出令人满意的解释,但这并不妨碍人们继续关注这一问题,奥克汉姆之后,人们对上帝永恒性的研究"越来越集中在'上帝的万能'与'自由意志'上"。② 16 世纪晚期,西班牙耶稣会著名哲学家路易斯·德·莫里那对这一问题提出了新的解释。

莫里那认为,上帝具有三种知识③:一是"本性知识"(natural knowledge),借以事先知道一切可能的事件;二是"自由知识"(free knowledge),即上帝在其意志的自由行动之后,不需任何条件和假设就知道在所有可能事件未来事件中,何者将会发生,何者将不会发生。三是"中间知识"(middle knowledge),这是关于未来偶然事件的知识,通过它们,上帝充分理解一切自由意志,知道每一自由意志在不同情况下将会做这么或不做什么,并由此决定让哪一种可能的生物变为现实,把它放在什么环境中,最后再由中

---

① 奥克汉姆:《预定、上帝的预知与未来偶然事件》。转引自哈斯克:《上帝,时间与知识》,第 15 页。
② 雅克·勒戈夫:《中世纪的知识分子》,第 117 页。
③ 莫里那:《论上帝的预知》(论和谐的第 4 部分)。转引自哈斯克:《上帝,时间与知识》,第 16—17 页。

间知识告诉它这些具有自由意志的生物都实际上做了什么。

借助于"本性知识"和"自由知识",上帝预知很多事件,这不难理解。例如上帝创造太阳,并让它按固定轨道运转,则上帝就可以"事先"知道太阳将会怎样运动。这就是上帝凭借其"本性知识"预知的事件。上帝通过观察,通过赏善罚恶,知道那些事物将按照他指引的道路发生变化,以及知道它怎样变化,这就是上帝通过"自由知识"预知的事件。但上帝何以有"中间知识"?"中间知识"又怎能知道每一现实的生物凭其自由意志所做的一切?这正是上帝预知问题的关键所在。按照中间知识论,似乎存在自由意志,但既然上帝能预知凭自由意志所做的一切,那么,按照一般理解,自由意志实际上就是不存在的了。由于莫里那不承认上帝的超时间性,因此,上帝的预知与人的自由意志的矛盾对他来说,同样是不可解的,他甚至还把上帝的预知问题推向了神秘主义。由此观之,不承认上帝的超时间性,将很难理解上帝的预知与人的自由意志的一致性。

四、当代基督教神学家对上帝超时间论的诘难

司各托、奥克汉姆等人不承认上帝的超时间性标志着人们反对这一理论的开始。尽管十六七世纪似乎在新教神学中重新掀起了一股倡导上帝超时间论的高潮,但并未对新教神学产生多大的影响。相反,自此以后,反对者越来越多。"……19 和 20 世纪对这一问题的研究几乎没有增加什么。"[①]特别是 20 世纪,基督教神学家充分应用逻辑工具和分析哲学的方法对上帝超时间的永恒性

---

① 肯尼:《哲学家的上帝》。转引自哈斯克:《上帝,时间与知识》,第 1 页。

提出异议和诘难。本书将应用波爱修斯及其继承者安塞伦和托马斯·阿奎那的观点,分析并驳斥其中几种主要的反对意见。

1. 上帝不可能同时拥有过去、现在和将来。

当代许多神学家认为,说上帝是永恒的,就是指上帝无始无终,他一直存在着,并将永远存在。而认为上帝同时拥有过去、现在和将来这本身就是矛盾的,因为既然有过去、现在和将来之分,就意味着不是同时的。安东尼·肯尼(Anthony Kenny)认为,过去、现在和将来不可能是同时发生的;否则,他在这张纸上写文章与当年罗马大火时尼禄(Nero,指罗马帝国皇帝——引者注)仍在宫中碌碌无为就是同时发生的,而这显然是不可能的。①

肯尼实质上是用世俗的时间观念去定义上帝的永恒性。可以援引托马斯的论述:(如前所述),上帝看一切过去、现在和将来的事物或所发生的事件如同我们站在塔顶上俯瞰塔下经过的一队行人一样,尽管行人经过塔时有一个前后相续的过程,但对于塔顶上的观察者来说,却如同一个整体是同时经过的。从一切事物的本身看,它们的发生都是前后相继的,在时间上有过去、现在和将来之分,但对于上帝来说,他们如同一个整体而同时发生,或者像波爱修斯所说的那样,都是在上帝的永恒现在中发生的。因此,对上帝来说,肯尼先生在这张纸上写文章与当年罗马大火时尼禄仍在宫中碌碌无为就是同时发生的,因为他们都发生在上帝的永恒现在中。

当代著名神学家保罗·海尔默(Paul Helm)在为波爱修斯及托马斯辩护的同时,也批评了肯尼等人的观点。海尔默认为,"说

---

① 参阅肯尼:《哲学家的上帝》。见戴维斯:《宗教哲学导论》,第153页。

上帝是永恒的,就是说上帝不在时间之中。对他来说,没有过去和将来。质问上帝存在了多长时间,或者把他的生活划分为时间中的若干阶段,都是没有意义的。上帝在一瞬间拥有生活的全部;而不是前后相继地生活着。"①对于饱受争议的上帝是否有"时间"观念,或者是否有关于世俗世界中暂时的事物的观念等问题,海尔默认为,"上帝仍然有'昨天'、'以前'、'现在'以及'然后'等代表暂时时间的概念。但如果上帝不处在时间之中,那么,这些概念就不能应用于他自身。"②正如一个单身汉知道他将要结婚,或者说有结婚的观念,但他仍是单身汉。同理,上帝有关于时间中万物多样性的观念,但他自身依然是单一的。我们既不能从时间上,也不能从空间上把他分为若干部分。肯尼等人所谓的若我们承认上帝是超越于时间之外,则就不能认为上帝现在存在,也不能认为上帝在1066年存在,也就不能说上帝在某时刻之前后之后存在,依此类推,就不能说上帝在任何时刻存在,这等于说上帝不存在,或者没有上帝。这种推论其实也是用人的时间观念去断言上帝。因为"上帝(超时间地)知道整个时间序列,如同我们无须回忆过去或展望未来,而在一瞥、顿悟或直觉中知道很多事物一样。我们还可以说,上帝仅凭'一瞥'就知道时间中的他的全部创造物,就像我们于瞬间之中解出一个纵横字谜游戏"。③ 因此,托马斯·阿奎那的话是没有任何问题的:对超时间的上帝来说,罗马的大火、1066年及其前后、我在纸上写字或者任何其他时刻都是同时的,都是永恒的现在。

对上帝超时间论的另一非常著名反驳来自阿瑟·普里奥

---

① 转引自戴维斯:《宗教哲学:指南与文集》,第519页。
② 同上,第520页。
③ 同上,第521页。

(Arthur Prior),并被诺曼·克里斯曼(Norman Kretzmann)、罗伯特·C. 科伯恩(Robert C. Coburn)、尼古拉斯·沃尔特斯托夫(Nicholas Wolterstorff)、里查德·A. 克里尔(Richard A. Creel)等人所发展,似乎形成了一个反对派。他们认为,如果承认上帝以及他的知识是超时间的,那么就有许多处在时间中的事实是他所不知道的,就会推出他不是全能的。① 例如,克里斯曼认为,上帝不知道现在是几点。因为如果上帝知道现在是十点四十五分,那么六分钟之后,他就应该知道是十点五十一分。再如,普里奥认为,上帝不知道 1960 年夏在曼彻斯特举行的那场决赛早已结束,因为如果他知道,就是承认这场决赛发生在 1960 年 8 月 29 日(普里奥论述该问题的日期)之前。但正如克里尔所指出的,这样一来,上帝就是变化的,因为"认识变化的事物要求认知者的注意力必须始终跟随该事物的变化。……在这一点上,上帝与其他所有认知者一样"。② 这同时意味着认知者也发生了变化。但上帝超时间论者认为上帝是不变的。如果认为上帝不知道这些事实,就是承认他不是全能的,这同样与上帝超时间论者的观点矛盾。

我们认为,上述论证同样是错误的。首先,如前所述,海尔默的辩护可以轻松对它进行反驳。此外,上帝是世界的创造者,也是世界的维护者。上帝直接或间接地创造了一切事物,并使它们存在于世俗世界,而且每一事物都有一个从产生、发展到灭亡的过程。同样,上帝也创造了时间,并赋予时间在世俗世界中的延展规律(按照上帝超时间论,时间只存在于世俗世界,上帝所处的世界

---

① 参阅哈斯克:《上帝,时间与知识》,第 158—160 页。
② 克里尔:《神不经苦难》。转引自哈斯克:《上帝,时间与知识》,第 159 页。

是不存在时间的,上帝超越于时间之外)。因此,上帝当然知道他所创造的一切事物及其在各个阶段的变化,如1960年夏在曼彻斯特举行的那场决赛,以及它在1960年8月29日已经成为过去。也当然知道时间及其延展的各个阶段,如某一时刻是几点几分等。因为一切事物的各个阶段以及时间延展的各个阶段都同时显现在上帝的永恒现在之中。诚然,对人或世间的其他认知者来说,知道了其他事物的变化同时就意味着自身的变化,但对上帝来说,情况就完全不一样。如前所述,上帝在其不变的永恒现在之中,看到了一切事物从产生、发展到消亡的全部变化过程,看到了时间在各个阶段的流逝,而他自己则处在永恒现在中,是永远不变和不可变的。

2. 上帝是超时间的与上帝是自由的以及人具有自由意志是不一致的。

上帝"超时间论"者认为,人虽具有自由意志,但人并非是完全自由的。因为人的行动在很大程度上是由其思想状况、所受到的教育以及环境因素决定的,而这些因素相当一部分在他出生之前很久就已经由上帝创造的世界的状况决定了;而且上帝创造人或其他事物时,同时赋予了他们易疲劳、饥饿,这些因素大大影响了人的自由选择。因此,即使表面看来,人的某些活动是自由选择的结果,人也绝无完全的自由意志。上帝则完全不同。因为世界的一切包括时间都是他创造的,上帝不会受其所创造物的影响而使其行动受到限制,全能的上帝具有完全自由的意志,是绝对自由的。这就是说,他的一切行动都是有意而为之,没有一种力量、规律、世界的某种状态抑或其他原因在任何程度上以任何方式使上帝产生做某事或不做某事的故意,他仅仅是根据自己的选择而为之,他自身即是其一切行动的原因。

反对者认为,如果承认上帝的超时间性,而这一理论由此推出上帝的不变性或不可变性,那么,上帝要么永远创造,要么永远不创造,则他就不是自由的。这一反驳表面看来似有道理,然而,如果从上帝超时间论者的本意出发,仍可证明该反驳是无效的。

诚然,若承认上帝的超时间性,则必然可推出他的不变性。奥古斯丁、波爱修斯和托马斯等著名神学家也都认为上帝是不变的,并且是不可变的。波爱修斯说,"上帝的'现在'意味着永无终止,意味着不变和不可变,意味着永恒。"[①]而上帝处在永恒的"现在"之中,因此,这也就意味着上帝是不变的和不可变的。托马斯指出,"永恒确实只属于上帝,也只有上帝才有理由拥有永恒性,因为永恒意味着不可改变性,……只有上帝才是完全不可改变的。"[②]因为如果上帝有变,则意味着他必然处在时间之中——因为一切变化都只能在时间中进行,并且时间中的一切都是变化的和可变的;而上帝是超时间的。这一思想可以在古希腊找到渊源。亚里士多德在其《物理学》中就表达过类似于任何事物是运动和变化的,当且仅当它是处在时间之中的思想。特别是对坚持上帝具有超时间的永恒性的新柏拉图主义者来说,变化着的事物要比不变的事物低一等,上帝是宇宙的最高等级,因而是绝对不变和不可变的;同时,变化着的事物都不是完美的,它们时时都会失去过去拥有的一切,而上帝是尽善尽美的,因而是不变和不可变的。

[①] 波爱修斯:《三位一体是一个上帝而不是三个上帝》。见洛布古典丛书:《波爱修斯》,第23页。

[②] 托马斯·阿奎那:《神学大全》,第1部,第10个问题,第3条。见佩吉斯编:《圣托马斯·阿奎那的主要著作》,第1卷,第77页。

上帝的不变和不可变意味着他的意志的不变和不可变。上帝超时间论的反对者认为，如果上帝不变，则他只能做其所意欲（will）做的事。既然上帝是世界的创造者，他意欲创造（这是基督教一神论者都认同的），由于他不变，则他的这种意欲就是必然的，即他只能永远创造，而不能选择不创造。就是说，上帝没有选择创造或不创造的自由，这就与上帝是自由选择其意欲相矛盾。

然而，这种反驳也是不成立的。因为上帝意欲创造，根据其不变性，只能推出他永远不变地意欲创造，但并不能推出他只能永远地创造；如果上帝不意欲创造，也只能推出他永远不变地不意欲创造，但并不能推出他只能永远地不创造。正如托马斯·阿奎那所说，"按照上帝的永恒性，承认上帝意欲做他所意欲的事，不能推出他意欲做该事就是必然的，除非凭想象。尽管上帝必然意欲（运用）他的善，但他的这种意欲并非因为他的善必然使然；因为没有别的东西它依然能够存在。上帝意欲创造其他任何他不必然意欲创造的事物也并非是由于他的本性；但也并非不符合上帝的本性，或与其本性背道而驰，而是上帝自愿的。"① 就是说，上帝的一切意欲都是自愿的或自由的，没有任何必然性或本性的驱使使他必须做某事。上帝有意欲或不意欲创造的自由，但他选择了意欲创造，这是他自由选择的结果，上帝仍有创造或不创造的自由，例如他选择创造善，而选择不创造恶。

许多神学家认为，承认上帝的超时间性因而不变性与《圣经》所述的上帝的可变性是矛盾的。约翰·卢卡斯（John Lucas）认

---

① 托马斯·阿奎那：《神学大全》，第1部，第19个问题，第3条。见佩吉斯编：《圣托马斯·阿奎那的主要著作》，第1卷，第199页。

为,所有经典都表明上帝是变化的:"上帝既关心又理解世界,……干预世事,行动,言语,聆听祈祷者的声音,且有时改变其意愿。"①"上帝的变化并非很自然地被排除在《圣经》之外,而按照关于上帝本质的哲学的解释,《圣经》恰恰把上帝理解为可变的。"②被西方哲学家誉为当代托马斯的著名分析神学家里查德·斯文伯恩(Richard Swinburne)则认为,"作为犹太教、伊斯兰教和基督教共同根基的《旧约》中的上帝,一直处在与人的互相影响之中。当人们祈祷时,上帝因此而受感动。上帝的行动通常并非事先就已预定。我们必须进一步作这样的理解:如果上帝没有任何变化,他不会一会儿想到这,一会儿想到那,他的思想将会永远一样。……而《旧约》并不认为上帝是这样。"③

但《圣经》中类似的描述是否就证明上帝是变化的?上帝超时间论的辩护者做了否定的回答。例如托马斯,他并不否认《圣经》确实把上帝描述为处在变化之中和处在时间之中,甚至在《反异教大全》和《神学大全》中,他还援引了《雅各书》中关于上帝变化的论述:"亲近和后退意味着运动,但《圣经》却把它应用于上帝:'你们亲近上帝,上帝就必亲近你们'(参阅《雅各书》4:8——引者注)。因此,上帝是可变的。"④"过去、现在、将来在永恒中是不存在的,正如我们所说,永恒是同时拥有(时间)的全部。但《圣经》在谈论上帝时,所使用的词却有过去、现在和将来时态。因此,上帝不是

---

① 卢卡斯:《论未来》。转引自戴维斯:《宗教哲学导论》,第150页。
② 同上。
③ 斯文伯恩:《一神论的一致性》,第214页。
④ 托马斯·阿奎那:《神学大全》,第1部,第9个问题,第1条。见佩吉斯编:《圣托马斯·阿奎那主要 著作》,第1卷,第70页。

永恒的。"①

但托马斯的真正目的是:《圣经》把描述运动的词应用于上帝,或使用过去、现在和将来时态的动词来谈论上帝,并不能必然地推出上帝是可变的和处在时间之中的。他认为,《圣经》同时也谈到了上帝的不变,例如,"因我耶和华是不改变的,所以你们雅各之子没有灭亡。"②所以,不能完全凭《圣经》中的表面文字去理解其教义。他认为,理解《圣经》有两种方式,如果《圣经》告诉我们所不知道的或与我们所知道的并非不相容的教义,我们可以对之作文字上的理解;反之,则要从表面文字所隐含或隐喻的意义上去理解——《圣经》中的很多描述都是以这种方式出现的。例如,《圣经》告诉我们上帝呼吸,但显然此处不能把它理解为像人一样的呼吸。再如,《圣经》把动词的各种时态应用于上帝,不是说上帝有从过去到将来的变化,而是因为其永恒性包含了时间的各个阶段。更重要的是,托马斯并不是把《圣经》当作僵死的教条。他认为要把《圣经》当作时代的经典,应用最新的材料去理解它,并不断增添新的内容。总之,要按我们所知道的去理解它。

尽管《圣经》中谈到了上帝的变化,但托马斯认为我们有理由否定上帝有变,正如尽管《圣经》中谈到了上帝呼吸,我们仍有理由否定上帝有嘴和鼻子一样。我们既要尊重《圣经》所传递的真理,又要信仰那些尽管与《圣经》不同的真理。

至于反对者从上帝预知一切推出人没有选择的自由,从根本上讲,仍是因为他们否定上帝的超时间性。其原因已如前述。

---

① 托马斯·阿奎那:《神学大全》,第 1 部,第 10 个问题,第 2 条。见佩吉斯编:《圣托马斯·阿奎那主要著作》,第 76 页。
② 《玛拉基书》3:6。

3. 认为上帝是超时间的则难以解释上帝的创造等行为。

斯文伯恩认为,超越时间的东西不能创造,乃至不能有任何行动。他说:"如果我们说 P 创造 x,我们就可以很理智地问 P 何时创造 x;如果我们说 P 惩罚 x,我们也可以很理智地问 P 何时惩罚 x。……如果 P 在 t 时刻创造 x,则 x 必然或者与 P 的创造行为同时发生,或者紧接 P 的创造行为之后而发生。如果 P 在 t 时刻宽恕 Q 做了事件 x,则 Q 做事件 x 必然在 t 时刻之前。如果 P 在 t 时刻警告 Q 不要做事件 x,同时 Q 也有一个遵从 P 的警告的机会,那么,t 时刻之后必然有另一段时间,在该时间中,Q 遵从 P 的警告。等等。因此,表面看来,上帝不在某时间之前或之后(按照人类的时间标准)创造、宽恕、惩罚、警告等等假定就是矛盾的。"①

尼尔森·派克(Nelson Pike)则从另一个角度驳斥了上帝的超时间性。他认为,当我们说上帝创造什么事物或维持某物而使之处于某种状态时,那些我们用来描述上帝这些行为的动词本身就意味着这些事物是具有暂时性的,并且上帝的创造和维持行为也是具有暂时性的,即是处在时间之中和具有先后次序的。②

以上两种观点均具有代表性,但并没有真正驳倒了上帝的超时间性。当说 P 创造、惩罚 x 或说 P 宽恕、警告 Q 时,如果 P 指的是处在时间中的实体,我们当然可以提斯文伯恩同样的问题。但如果 P 指的是上帝,则情况就完全不同了。承认上帝超时间性者认为,对上帝来说,无所谓 t 时刻,也无所谓 t 时刻之前或之后的

---

① 斯文伯恩:《一神论的一致性》,第 221 页。
② 参阅派克:《上帝与超时间》。见戴维斯:《宗教哲学导论》,第 144 页。

某个时刻。对"时刻"的界定,纯粹是人们按照世俗世界的时间标准的一种人为规定。如果真要问上帝何时创造某物,回答是在其永恒的现在中,在其"永恒的现在"中,上帝不仅创造了万事万物,还创造了时间本身。至于《圣经》中所谓的上帝第一天创造了什么。第二天创造了什么,……,第六天创造了什么,那也是人们按照世俗的时间标准对上帝创造行为的一种假定的解释。退一步说,当我们说某事物在星期日产生,并且它的产生是由于上帝带来的,或者说某人在星期日受到了惩罚,并且他所受到的惩罚是由于上帝带来的,这是否意味着上帝在星期日也经历了创造该事物或惩罚这个人的过程呢?当然不是。这仅仅意味着这两个事件的发生乃因为上帝的原因。说上帝创造万物,并且某事物必然会在某一时刻 t 出现,与说某事物在 t 时刻出现,并且它的出现是由于上帝的原因是两个不同的问题。斯文伯恩正是混淆了这两个问题。因此,对于上帝来说,我们就不能说他在某一时刻 t 创造了某事物,或者他在某一时刻 t 惩罚、宽恕、警告某人。

至于派克,他认为上帝创造一切事物都意味着他的创造性活动与所创造的事物一样,都是暂时性的,这也是错误的。如前所述,上帝创造的一切都是暂时性的和偶然性的,但上帝的创造行动并不是暂时性的,即并不是处在时间之中的,上帝是在其"永恒现在"中创造一切,对他来说,一切创造物都是在一瞬间完成的,根本不需要"过程";对上帝来说无所谓"过程",所谓过程,仅是世俗时间中的先后顺序。

4.认为上帝是超时间的与承认上帝是一个人格相悖。

卢卡斯在其著作《论空间和时间》(A Treatise on Space and Time)中指出:"如果像某些神学家所宣称的上帝是处在时间之

外,则就是否认上帝是人格。"①按照派克的解释,如果上帝被认为是超越时间的,则就意味着他没有任何变化,就不能认为上帝是生活着和行动着的人格。②格雷斯·简森(Grace Jantzen)也认为,"活生生的上帝不可能是静止的。生命意味着变化,因之,生命也意味着暂时性。"③即上帝不会是超越时间的永恒。保罗·蒂利希(Paul Tillich)和卡尔·巴特(Karl Barth)也表达了类似的观点。蒂利希说:"如果我们认为上帝是有生命的,我们就应确信,他具有暂时性,并因此而与时间具有某种联系。"④而科伯恩的观点则更具代表性,他认为,一个超时间的实体不能记忆,没有期望,不能对其他事物作出反应,不能思考和决定,不能有意地去做某件事,总之,就不能是一个真正的人格。⑤ 神学家查里斯·哈特肖恩(Charles Hartshorne)、尤尔根·摩尔特曼(Jurgen Moltmann)、琼·索伯里诺(Jon Sobrino)等则认为,若承认上帝是超时间的,则他就是不动的,就不会受到其他事物的影响,因而其自由就不会受到限制(因为不自由的本质是行动受到了其他事物的限制),就不曾经历过苦难(因为苦难就是自由受到了极大的限制),因而就不能有爱(因为爱总与经历苦难连在一起),这与上帝与我们同甘共苦是矛盾的,也就不能认为上帝是一个人格。

但以上论述是否驳倒了上帝是超时间的?回答是否定的。首先,上帝是一个人格并非《圣经》的经典教义,坚持上帝具有超时间

---

① 卢卡斯:《论空间与时间》。转引自戴维斯:《宗教哲学导论》,第143页。
② 参阅派克:《上帝与超时间》。见戴维斯:《宗教哲学导论》,第143页。
③ 里查德森、鲍顿主编:《新基督教神学词典》,第573页。
④ 蒂利希:《系统神学》,第1卷,第305页。
⑤ 参阅科伯恩:《马尔科伦教授论上帝》。见哈斯克:《上帝,时间与知识》,第150页。

性者也不一定要坚持上帝是一个活生生的人格,因为这与上帝是三位一体的信仰并不一致,也不是后者的基本要求。人的本质和人性是最容易引起困惑的,若认为上帝具有与人类似的人性或人格,则同样可以对上帝的本质产生困惑,把上帝比作人实质上违反了关于上帝的最基本教义,也为不信仰上帝的人留下了空子。这显然是信仰上帝的人们所不愿意看到的。其次,即使可以相信上帝确实是一个人格,也不一定要承认上帝具有像人一样的可变性、能回忆和期望等性质。简森假定没有一种不变的存在物具有生命,但信仰上帝超时间性者普遍承认上帝是一切变化之源,而他自己则不会由任何事物引起变化,即是不变的。说上帝生活着和行动着,就是说他不断的推动他所创造物的运动和变化。再次,上帝当然不必具有像人一样的记忆和期望;正因为上帝是超时间的,因而对他来说,就无所谓回忆与期望,上帝是在其永恒的现在中直接观察一切事物及其变化。最后,也是最重要的,对于人来说,确实存在具有爱心的人一般都有过苦难经历,而且真正的爱往往要为所爱者作出牺牲,即要承受最大的苦难。但正由于上帝是超时间的,他确实是不变的,不会受到其他事物的影响,因而他的自由也不会受到任何限制,他是绝对自由和完美无缺的,因此,上帝不曾经历苦难;否则,他就是脆弱的、不完美的、易受挫折的。但这并不意味着上帝没有爱,因为爱并不见得与经历苦难、因而与自由受到限制衍生在一起。实际上,爱只有在施爱者的自由不受任何限制时才可充分施与;上帝的自由就不受任何限制,因而他有无限的完全的爱。正如托马斯所指出的,上帝爱一切存在的事物,是至爱。上帝的至爱表现在他赋予任何事物以善。由此观之,上帝的超时间性和不动性不仅不能证明他没有爱,反而是他至爱的根本原因。

总之，波爱修斯和中世纪的神学家用上帝"超时间论"证明了上帝的全知全能、上帝的预知与人的自由意志的和谐一致等一系列神学问题，这符合基督教对上帝永恒性的基本要求。基督教哲学史表明，承认上帝的超时间性是证明上帝的预知与人的自由意志的一致性的最重要前提，而如果否定上帝的超时间性，就等于否定上帝的预知与人的自由意志的一致性，就等于否定人有自由意志。例如，如果主张上帝是永存的（上帝"永存论"），那么他必然处在时间之中，则或者上帝不能预知时间中未来发生的事件，这样一来，上帝就不能预知一切；或者上帝能预知人们未来的行为，这样一来，人就没有自由选择的可能。因此，上帝"超时间论"有着严密的论证体系，一切与之相悖的关于上帝永恒性的理论，在解释上述重要神学问题时，都会遭遇到种种不可克服的困难，最终也难以保证其理论体系本身的一致性。

> 这部黄金宝典不足以消耗掉柏拉图或西塞罗的闲暇时光。——爱德华·吉本

第七章 《哲学的安慰》的影响

第一节 《哲学的安慰》在中世纪

波爱修斯在狱中完成的《哲学的安慰》,是他一生中的最后一部著作,也是他最伟大的著作。它在中世纪流传极广,"在波爱修斯死后的一千多年里,几乎每一位受过教育的人都会去阅读它。"[①]这部交替使用诗歌与散文(散文用于哲学女神阐述自己的观点,或波爱修斯与哲学女神展开讨论,诗歌用于波爱修斯对哲学女神的话语的理解与表达自己内心的感慨)的巨著,无论在哲学、神学,还是在文学、音乐方面,都达到了极高的水平。大阿尔弗雷德国王(Alfred the Great,849—899年)和伊丽莎白女王(Elizabeth I,1533—1603年)都翻译过该著,前者更是对它进行了注释,为的是让他的国民从中受到教育和熏陶。大文豪格弗里·乔叟(Geoffry Chaucer,1340—1400年)翻译了文中的全部诗歌,而他自己的诗句处处显露出波爱修斯的深刻影响。人文主义先驱阿里

---

① 瓦伦、奥波伊尔:《新天主教百科全书》,波爱修斯词条。

基埃里·但丁(Alighieri Dante,1265—1321年)在其最重要著作之一《新生》(VitaNuova)中,明确指出他受到了来自波爱修斯的巨大影响,这使得该著在很多方面酷似《哲学的安慰》。历史学家爱德华·吉本(Edward Gibbon,1737—1794年)是这样评价这部著作的:"这部黄金宝典不足以消耗掉柏拉图或西塞罗的闲暇时光。"①更有学者认为,波爱修斯的《哲学的安慰》是仅次于《圣经》而对西方思想和文化产生最深刻影响的巨著,是西欧全部文化精髓的来源。② 这主要是因为波爱修斯在该著中提出或解决了令所有中世纪神学家都十分苦恼的基督教哲学核心问题,如命运与天命、上帝的预知与人的自由意志、上帝的永恒性与时间等等。可以说,《哲学的安慰》的中心问题就是那些吸引了波爱修斯之后一千多年来哲学家的全部注意力的问题,而波爱修斯的回答就是中世纪神学家的回答,也是基督教的回答。③

一、中世纪早期

和所有其他著作一样,《哲学的安慰》从波爱修斯逝世到公元八世纪晚期,很少有人读过或研究过。只是到了加罗林文化复兴时期,随着古典著作的重新抄载,人们才开始认识到波爱修斯著作的价值。阿尔琴第一个把《哲学的安慰》从欧洲大陆传入北欧。1950年发现的手稿(MS Orleans, Bibl. Munich, 270)作于820年左右,其中就包括波爱修斯的《哲学的安慰》,是作为教科书而编

---

① 爱德华·吉本:《罗马帝国衰亡史》(下册),第166页。
② 参阅伯内特:《随笔与演说》,第268页。
③ 参阅帕齐:《波爱修斯传统:论波爱修斯在中世纪文化中的重要性》,第41—43页。

辑的。这说明,在当时欧洲大陆仍然处在学术黑暗的年代,阿尔琴以及他所主持的宫廷学校实际上就成为第一批研究波爱修斯著作的人。而《哲学的安慰》也自然成为在北欧传播柏拉图主义的最主要著作。

阿尔琴从各个方面引用这部著作。或者用于论辩,或者是一种纯文体式的。他曾在一封给查理大帝的信中,援引了波爱修斯的话"上帝啊!正是你通过柏拉图的话语告诉我们,哪里有哲学家成为国王或者国王是哲学家,哪里的臣民就有幸福。还是你啊,告诉我们为什么哲学家应该参与政事,以免国家制度失去根基,遭到破坏,以免欺压蹂躏善者"[①]来奉劝国王学习哲学,并让哲学家参与国家事务。阿尔琴和波爱修斯、柏拉图一样,把哲学推到了至高无上的地位,认为哲学是一切美德的精髓,任何精通哲学的人在任何时候都不会被人抛弃。而精通哲学需要首先学习七门自由艺术(七艺),即辩证法(逻辑)、修辞、语法、算术、几何、天文、音乐;然后,需要有高尚的心灵和纯洁的动机:"要找到获得智慧的正确道路其实并不难,只要你热爱智慧,并且完全是为了上帝,为了知识、为了灵魂的净化,为了懂得真理,一句话,为了智慧本身,而不是为了得到人们的称赞或者世俗的奖赏,也不是为了得到财富带给人的虚假的幸福。"[②]把爱智慧作为获得真正幸福的途径,并且告诉人们什么才是真正的幸福,是波爱修斯在《哲学的安慰》第三卷第二、三章中所表达的思想。阿尔琴接受这一思想,并且特别强调,

---

① 波爱修斯:《哲学的安慰》,第1卷,第4章。见洛布古典丛书:《波爱修斯》,第147页。

② 比尤蒙特:《〈哲学的安慰〉的拉丁传统》。见吉伯森主编:《波爱修斯生平、思想及其影响》,第279—280页。

波爱修斯在哲学上的成就主要来自于他对"七艺"的精通以及他的这种动机,这对于一个主要受教于《圣经》和教父著作的基督教学者来说,是十分重要的。学习世俗知识特别是七艺,是一个基督徒达到福音完满的道路。他的这一看法迎合了查理大帝于789年颁布的法令:"在每一主教管区和每一修道院里,都必须讲授赞美诗、乐谱、颂歌、年历计算和语法。"[1]结果,修道院都把"七艺"作为必修课和学习神学的预备学科。

阿尔琴的引介使《哲学的安慰》名声大噪。就像对任何一部古典名著一样,人们也开始了对它的翻译或注释。首先有署名的注释者是费里雷斯的塞瓦图斯·卢普斯(Sevatus Lupus of Ferrieres,卒于862年)。卢普斯还专门写了一篇关于其中诗句的韵律的文章,以及写了一个波爱修斯小传。但在阿尔琴死后,对《哲学的安慰》的注释和应用似乎偏离了主题。波爱修斯为悲惨命运流下的泪水成了人们感慨不幸的工具,或者引用其中的诗句祭奠死去的孩子,或者告慰伟大皇帝查理曼的在天之灵。人们似乎到处都能看到哲学幽灵在指引他们的幸福之路。他们抄摘波爱修斯的诗篇作为名言警句,按照各自的需要尽情支解这部完整的巨著。而同样的情况也发生在某些别的著作上。造成这一局面的原因主要有两方面,其一,在阿尔琴去世的九世纪早期,尽管加罗林文化复兴已经开始,但还没有形成气候,整个社会学术风气远没有恢复到黑暗时代来临之前的状况,除了阿尔琴本人,并没有多少博古通今的哲学家。因此,人们对发掘古典著作的思想精髓并不十分有兴趣;其二,人们对柏拉图主义并不熟悉,波爱修斯之前,整个拉丁

---

[1] 转引自赵敦华:基督教哲学1500年,第206页。

世界除了西塞罗所翻译的半部《蒂迈欧篇》(Timaeus)外,人们几乎看不到柏拉图的作品。[①] 而从五世纪到九世纪,就更不可能看到。由于波爱修斯的著作通篇充满了柏拉图的影子,因而对于注释者而言,就不但晦涩难懂,而且对其内容兴趣不大。然而,他的著作中处处显现出来的华丽的词句、动人的节律、感人的篇章,的确能从一开始就抓住人们的心灵,使得他们很容易因动情而偏离主题,失去对思想本身的把握。在某种意义上,这也是中世纪《哲学的安慰》如此流行的一个原因。

加罗林文化复兴时期最著名的哲学家厄里根纳并没有被确认注释过《哲学的安慰》。一直到九世纪最后二十年,情况才有所改变。根据一些中世纪手稿,有两篇注释可以归于这一时期。一篇是不列颠岛的,手稿编号为(MS Vatican lat. 3363);一篇是欧洲大陆的,可能是来自圣戈尔的一位僧侣所做,名字不详。[②] 这位圣戈尔的无名氏主要关心的是如何把波爱修斯的思想与基督教教义协调起来,特别是对《哲学的安慰》第三章中著名的第九首诗做出不违背基督教信仰的解释(关于这首诗,本书稍后将详述)。尽管这些注释本的某些章节后来也为一些注释家所用,但它们注释得既不完全,又不准确,因此,人们很快就把它们遗忘了。

来自欧塞尔的雷米吉乌斯是加罗林王朝时期注释《哲学的安慰》的最重要的哲学家。大约在 902 年之后,当他在巴黎任教时,完成了这一注释。当代著名的波爱修斯问题专家皮埃尔·库塞尔

---

① 参阅查德威克:《波爱修斯:音乐、逻辑、神学和哲学的安慰》,导论,xiii。
② 参阅比尤蒙特:《〈哲学的安慰〉的拉丁传统》。见吉伯森主编:《波爱修斯生平、思想及其影响》,第 282 页。

(Pierre Courcelle)认为,这是雷氏最后一部重要著作。[①] 他充分利用了前人的注释,包括前述的圣戈尔僧侣的和所有他认为反映了波爱修斯真实思想的注释。因此,可以认为,他的注释代表了10世纪之前对该著进行研究的最高水平。库塞尔还认为,雷米吉乌斯是年迈而学识平庸的注释家,但他反而更乐于炫耀其学术水平,不太关心是否把握了原著的真实意思。他注释古典著作的一个特点是极重其语法结构和词句的意义,因为他的目的主要是为那些母语并非拉丁语的学生提供教科书,因此,他常常会为了让语句更加易读而重新调整其顺序。[②] 同时,由于加罗林王朝崇尚哲学和智慧,重视世俗知识,特别是"七艺",因此,身兼教学重任的雷米吉乌斯所编辑的教科书就不仅要重视语法、修辞等,而且要把其内容与基督教教义、社会的道德规范结合和协调起来,这就难免不在很多地方修改波爱修斯这部表面看来完全是一个异教徒所写的著作。但由于当时所正式出版的只是注释的节录本,现今保存下来的全文手稿虽然很多,但差别较大,很难断定到底哪一个是他的真正手稿。因此,就无法对他的贡献做出评价。不过从流传下来的注释文本的数量上可以推断,雷米吉乌斯在当时一定是波爱修斯研究的权威,而且当时对波爱修斯的研究也是十分兴盛的。

特别值得一提的是,雷米吉乌斯对《哲学的安慰》第三章的第九首诗进行了充分的评析。波爱修斯在这首诗中,既像一般的圣徒那样赞美了上帝创造世间万物的伟大,又用柏拉图的世界灵魂学说,构想了上帝如何用世界灵魂创造、推动万事万物的运动,使

[①] 比尤蒙特:《〈哲学的安慰〉的拉丁传统》。见吉伯森主编:《波爱修斯生平、思想及其影响》,第285页。

[②] 同上,第285—286页。

整个宇宙和谐统一并归于最高的善。前者反映了他作为一个基督徒的虔诚,这也是他全书中宗教色彩最浓的诗句。后者则反映了他作为一个新柏拉图主义者的本性,实际上新柏拉图主义者都把这首诗当作柏拉图《蒂迈欧篇》的翻版。波爱修斯借哲学女神的话语,祈求上帝给予他理解他的神秘和伟大的能力和力量,这又体现了他作为一个逻辑学家和理性神学家在信仰问题上的态度。现将这首诗翻译如下:[①]

啊!上帝
你在永恒秩序中统治宇宙,
你是天国和尘世的创造者,
你让时间永远流逝,
并赐予万物静止和运动;
无物驱使你创造流逝的物质,
你却慷慨地用最高的善,
按照天国的模式
总管世间一切流动的东西。
你创造出万物,
用你无限的公正
使它们都能自行圆满。
你用律令控制每一元素,
让寒冷后面是暖热,
让干旱与雨水共生。

[①] 波爱修斯:《哲学的安慰》,第3卷,第9首诗。见洛布古典丛书:《波爱修斯》,第271—275页。

第七章 《哲学的安慰》的影响

以免过烈的火焰蹿得太高,
以免压服的尘土遭受冲毁。
你让世界灵魂拥有三重属性,
并置于世界中央,
推动万物运动,
然后把它们分为和谐的部分;
这些因而被分割的灵魂,
就使其运动汇成两个圆环,
它们各自运转。
而理性深处灵魂之中,
并使天国像它一样运行。
然后你用同样的根基,
创造出人类灵魂,
让它乘着彩车,
适应天国的本性。
当世界灵魂播撒在天国与尘世,
你用慷慨的律令,
再让它们回到自己的身边,
就像万物簇向火焰。
啊!伟大的父神,
请允许我荣登你的宝殿,
让我注视着你,
好让我看到善的根源。
驱散世间厚厚的阴云,
我分明看到了你身上的亮光,

> 因为你是那么清晶透明，
> 又是我们安逸的避风港。
> 啊！上帝，
> 你这惟一的神，
> 你是我们的根源，
> 我们的车夫，
> 我们的向导，
> 我们的道路，
> 也是我们的归宿。

这是一首十分棘手的诗,既可把它理解成为赞美上帝的颂歌,而且稍不留神也可能会背上异端的罪名。

对这首诗一开始的"永恒秩序"(perpetual order)这一概念,雷米吉乌斯是这样解释的,"他(指哲学女神)把创造万物的上帝的智慧称为理性。因为基督是上帝的代表,上帝的儿子,上帝所说的话,上帝的理性与智慧。"[①]库塞尔认为,雷米吉乌斯把理性作为上帝创造万物的依据,这说明他对于"世界灵魂"(anima mundi)的理解借用了厄里根纳和前述的圣戈尔无名氏的一些哲学概念,并且基本观点与后者并没有多大区别。

雷米吉乌斯还讨论了世界灵魂的三重属性,他把波爱修斯的世界灵魂居于宇宙中央比做太阳处在六颗行星中间,又把世界灵魂比做人的理性灵魂(rational soul),认为理性灵魂处在人的灵魂(human soul)和天使灵魂(angelic spirits)之间,并认为这就是为

---

① 比尤蒙特:《〈哲学的安慰〉的拉丁传统》。见吉伯森主编:《波爱修斯生平、思想及其影响》,第291页。

什么希腊人把人称为小宇宙(micro-cosmos)或小世界的原因。然而,雷米吉乌斯避开了最根本的问题:灵魂是否是先在的,还是处在上帝之中?对这个问题的回答不小心就会与基督教义相矛盾。因为按照基督教经典,世界不可能先在地存在着什么世界灵魂,一切都是上帝创造的,即使灵魂处在上帝之中,并且是上帝用来创造世界并推动一切运动的东西,也是与教义并不完全一致的,因为,上帝是从"无"中创造世界的,也没有用一个所谓的世界灵魂来统领世界。

雷米吉乌斯的注释产生了很大的影响,以至于接下来的工作就是接受、修订或补充他的注释。这种工作从10世纪一直持续到14世纪。

雷米吉乌斯之后,凡注释这部著作者,都要对波爱修斯这首诗的本意做出解释,甚至出现了大量专门翻译、注释这首诗的文本。库塞尔甚至认为,除了对就这首诗说点什么外,雷氏注释的修订者已没有什么可增加的了。来自科尔维的萨克森修道院(the Saxon monastery of Corvey)院长波沃二世(Bovo II,900—916年在位)认为柏拉图的思想与基督教的信仰并不是相容的,例如就既不相信世界灵魂会降身于人的肉体,也不相信存在世界灵魂,因此,波爱修斯的这首诗是反基督教信仰的。他警告修道院的学生抵制来自波爱修斯的危险。他说,令人震惊的是,一个如此正确地论述过三位一体和基督的位格,并且撰写了专著的人,居然会同时写出《哲学的安慰》这样对柏拉图的教义不加任何防范的书。[①] 年轻时研究过波爱修斯的神学论文的波沃甚至说,如果不是该著与其论

---

① 参阅查德威克:《波爱修斯:音乐、逻辑、神学和哲学的安慰》,第247页。

文风格一样,我甚至会认为这根本不是他的作品。而 11 世纪初(大约在 1000 年),乌特雷克特的阿达尔博德(Adalbold of Utrecht)就持另一种观点,他用基督教术语去解释柏拉图的哲学。爱因西得伦(Einsiedeln)的无名氏,被认为是所有注释家中最注重波爱修斯本意的人,却避开基督教与新柏拉图主义是否一致的问题,而专注于波爱修斯与《蒂迈欧篇》的和谐。① 实际上,在对古典异教徒著作有着特殊的兴趣的整个 10 世纪,这种争论从没有停止过。而关于天命、上帝的预知与人的自由意志、善与恶,以及上帝的本性等波爱修斯研究得最透彻最精彩的篇章,则较少有研究。

二、11、12 世纪

从 11 世纪开始,世俗学问特别是"七艺"中的辩证法(逻辑)对于神学的重要性和必要性受到质疑,从而掀起了所谓辩证法和反辩证法的论争。在这种情况下,波爱修斯的著作至少会遭到那些反辩证法的人的抛弃或漠视。另一个问题是,还要不要反复阅读雷米吉乌斯的著作。

明确归于这一时期的《哲学的安慰》的注释只有一部,现保存在苏格兰格拉斯哥大学,大约做于 1120 年之前。该注释虽然还保留着受雷米吉乌斯影响的迹象,但在内容上是一部独立的注释。作者特别重视对其中的范畴和论证的研究,这说明他可能是一位拥护在神学研究中使用辩证法的人。注释显示出作者对《蒂迈欧篇》的熟悉。比如,关于波爱修斯在前述的第八首诗中所论及的上

---

① 参阅比尤蒙特:《〈哲学的安慰〉的拉丁传统》。见吉伯森主编:《波爱修斯生平、思想及其影响》,第 295 页。

帝创造万物,作者是这样解释的:"你按照你心中的影象和模型创造万物,就像一个准备盖房子的工匠事先在头脑里设计好房子的式样,而上帝在做任何事之前,在他的心中都永恒地存有世界的模样。柏拉图把它叫做'相',而厄里根纳把它叫做'生命'。"①

12世纪,又重新掀起了一股注释《哲学的安慰》的潮流。精通自然哲学的康克斯的威廉(William of Conches,1080—1154年)在1120年开始他的教师生涯后,也像他的前人那样阅读和注释这本书。他的注释本在整个12世纪是最具有学术价值和被别人引用次数最多的,这使他赢得了雷米吉乌斯在10世纪同样的地位。现今保存下来的至少有两个完整的手稿。但与雷氏不同的是,威廉是一位极具哲学修养的注释家,他不仅用柏拉图的学说,对波爱修斯的几乎每一个范畴和论断做了最充分的解释,而且非常重视其论辩和推理的全过程,并把这些东西写进了他最重要的著作《世界哲学》(Philosophia mundi)中。他认为只有这样才是真正的注释(glosa),而不是那种于字里行间圈圈点点的注解(commentum)。他把自己的诠释著作作为教授学生"七艺"的教科书,这也是12世纪之前注释的一个共同特点,即不仅要注释原著,而且要借以传授新的知识,探讨各种哲学话题。

威廉调和了《圣经》的《创世记》与波爱修斯在《哲学的安慰》第三章第八首诗中所论述的上帝如何创造世界。他说:"上帝是世俗的和天国的一切事物的播种者。或者'地'意味着两种较低级的元素,即土与水,而'天'意味着两种较高的元素,即气与火,正如摩西

---

① 比尤蒙特:《〈哲学的安慰〉的拉丁传统》。见吉伯森主编:《波爱修斯生平、思想及其影响》,第297页。

所在《创世记》中所说:'起初,神创造天与地。'上帝被正确地认为是一切元素的创造者,也是无形体事物的创造者,因为他没有通过任何物质创造它们。他之所以被称为'播种者',是因为他从这些基本元素中创造万物,就像从一粒种子中创造它们一样。他之所以被称为有形体的事物的制造者,乃是因为他是从物质中创造它们,亦即从四种元素中创造它们。还要注意的是,尽管在其自然秩序中,世界创造于它被统治之前,波爱修斯颠倒了其次序,但智慧的人总是首先看到事物被有序地统领着,然后才认识到是上帝使它们成为这样。"①

威廉表达了一个重要意思,上帝创造万物所通过的四种基本元素就是我们所看得见的土、水、气和火:土存在于人和爬行动物之中,水在水生动物中,气在鸟之中,火在飞行动物之中,它们既是单纯的元素,又是物质微粒。他指出,几乎所有的人都认为,肉眼所能见到的土、水、气和火(他称之为 elementata)不是作为一切事物来源的那四种基本元素(他称之为 elementa),也就是说,这些东西也不过是由四种元素结合而成的。但这是不正确的,因为上帝是从无中创造万物,如果还有比我们所看到的土、水、气和火更基本的无形体的四种元素作为事物的来源,请问这些元素是从哪里来的?是上帝创造的吗?显然不能,因为上帝是从无中创造一切,即使是无形体的东西也是从无中创造出来的。既然是从无中创造出万物,那么,就没有什么比看得见的土、水、气和火更基本的东西,是一切事物的来源。他认为,持这种观点的人是根据柏拉图所

---

① 比尤蒙特:《〈哲学的安慰〉的拉丁传统》。见吉伯森主编:《波爱修斯生平、思想及其影响》,第 299 页。

谓的作为世界本原的东西不可变,但这些肉眼看得见的东西能分解成部分而做出结论的,但这里的引用是错误的,柏拉图并没有说还有比这更基本的东西,他的意思是"泥土的东西"(terreum)不过是化成水的"土"(terra)的一部分。① 因此,波爱修斯所谓的上帝从至善的纯形式中创造出万物,包括土、水、气和火,就是把上帝创造世界的过程颠倒了,因为他没有看到上帝就是从这我们所见的这四种物质元素创造万物,而是认为我们所见的这四种东西还来源于某些更基本的东西。但他又指出,波爱修斯所犯的这种错误是完全正常的,因为它符合人的认识的逻辑过程,甚至只有具有智慧的人才能做这种推论。威廉小心翼翼地解释柏拉图的理论,惟恐不善分析的人们轻易接受或曲解权威,他的这种崇尚理性的精神其实也就是波爱修斯所追求的。

威廉对波爱修斯《哲学的安慰》的注释代表了一个时代的结束,即把对古代经典著作的注释作为传播知识的主要途径。从12世纪下半期开始,出现了很多基于阿拉伯和古希腊著作的天文、数学翻译著作和论文,亚里士多德的著作开始复兴,特别是其逻辑著作也被发现,人们所关注的主要是这些"新兴"的知识。因此,注释诸如波爱修斯的《哲学的安慰》、柏拉图的《蒂迈欧篇》等著作,就不可能再为这些新的知识的展现和发展提供舞台。尽管注释还在继续,但其重要性已局限在著作的本身。经院哲学家只是从波爱修斯的著作中抽取只言片语,为他们的某一论点服务。例如,关于灵魂的性质以及它在人类认识中所起的作用,人是否有自由意志的问题,是13、14世纪经院哲学争论的焦点问题,而波爱修斯对这个

---

① 参阅霍伊内恩、纳乌塔:《波爱修斯在中世纪》,第33—37页。

问题的看法,特别是对人的自由意志的看法,在全书中最具有逻辑力量,因而在中世纪产生了很大的影响,成为哲学家们引经据典的主要内容。多米尼克会僧侣尼古拉斯·特里维特(Nicholas Trevet)于1300年对《哲学的安慰》所做的那篇被认为是整个中世纪最流行的注释,就对上述问题做了极其精细的分析。① 此外,不同哲学家用本民族语言(以前主要是用拉丁语)翻译《哲学的安慰》,似乎是中世纪中后期一直到近代,对待这部著作的主流形式,包括古老的和中世纪的英文、法文、意大利文、荷兰文、西班牙文、德文、希腊文、希伯来文、挪威文、匈牙利文和波兰文在内的各种版本不计其数。② 除了该著的哲学意义外,人们对它的文学价值投入了更多的关注。不过,本书并不打算对这些问题做进一步的讨论。

第二节 《哲学的安慰》中的哲学和信仰问题

《哲学的安慰》留下了许多疑惑或令人深思的东西。本节考察波爱修斯在监狱中的思想变化过程,以及人们对波爱修斯在这部著作中所表现出来的哲学与信仰问题的争论。

一、囚禁中的波爱修斯

人们怀疑一个获得过无数功名利禄的身居高位的罗马执政官,能够对世俗的一切不再留恋,能够忍受这被常人看来是难以忍

---

① 参阅霍伊内恩、纳乌塔:《波爱修斯在中世纪》,第49—63页。
② 参阅帕齐:《波爱修斯传统:论波爱修斯在中世纪文化中的重要性》,第48—66页。

受的不幸,能够在平静中坦然面对死亡。的确,波爱修斯无论在心灵和肉体上,都曾经历过痛苦的煎熬,因为他清楚人们对他的控告是诬陷,他知道国王并非都相信身边大臣的话;知道他必将面对死亡,而他一生最眷恋的人,包括他亲爱的妻子,岳父以及尊敬的罗马教皇约翰一世都将生死未卜;他的一切财产,特别是辛勤耕耘一生的视为安全居所的图书馆,都将永远不再属于他。在监狱中,他以写诗打发时光,摆脱痛苦,却让他更加无法忍受。当哲学女神走进牢房,给他带来智慧,他却首先想到的是向她诉苦,向她解释自己何以被诬告,元凶是谁,向她诉说世态炎凉,恶人当道,善者遭殃,命运的变幻莫测。这说明面对这突如其来的打击,波爱修斯手足无措,百思不得其解,他的内心是极其痛苦的,因为他看不到任何希望,这种希望远不只是重新获得自由,而是找不到人生的寄托和归宿。

这时候,哲学女神对他进行了耐心的开导。在与她进行了长时间的论辩甚至心灵的抗争后,波爱修斯终于明白,人不应沉迷于世俗的东西。因为财富、权力或高位不是真正的幸福,声望与荣誉也只是虚名,肉体的快乐不仅永远无法满足,而且还会招致更加难以忍受的痛苦。真正的幸福和至善只存在于上帝之中,人们追寻幸福就是要追寻和信仰上帝。而罚善赏恶只是一种假象,无恶不会受到惩罚,罪恶的人绝不会有真正的幸福。因为整个宇宙都在上帝的有序的公正的管理之下,只有在心灵上向上帝靠近和复归,信仰上帝并由此获得神性,才能摆脱封锁理性的阴霾,最终获得真正的幸福和最高的善,得到最高的自足、最高的权力、最高的尊严、最高的荣誉和最大的快乐。在经历了一段短暂的痛苦和失望之后,波爱修斯幡然醒悟,他渴望与上帝靠近。诚如《哲学的安慰》第三章那首诗所说:"啊!伟大的父神,请允许我荣登你的宝殿,让我注视着你,好让我看到善的根源。驱散世间厚厚的云层,我分明看到了你身上的亮光,因为你是那么清晶透明,又是我们安逸的避风港。啊!上帝,你这惟一的神,你是我们的根源,我们的车夫,我们的向导,我们的道路,也是我们的归宿。"这时候,人们看到了波爱修斯平静如水的心境,和如释重负的感觉,在他即将面对死亡的时候,人们似乎看到了当年苏格拉底行刑前的淡漠与宁静。

二、对哲学与信仰问题的争论

许多人对波爱修斯在临死前不用《圣经》,而是用新柏拉图主义的哲学来安慰自己的心灵感到迷惑不解。有人据此认为他不是基督徒,也有人对《哲学的安慰》到底是一部赞美上帝的基督教著作,还是仅仅由一位信仰基督教的新柏拉图主义者所写的哲学著作,拟或根本就是一个异教徒反基督教教义的著作犹豫不决。本书结合波爱修斯所处的时代背景,和他的其他著作,做出如下解释:

首先,毫无疑问波爱修斯是一个正统的基督徒。因为公元6世纪,罗马上层社会几乎全民都信仰基督教正统教义,而"安尼修斯家族早在四世纪时,就已先于其他罗马贵族家庭而成为基督徒"。[①] 波爱修斯自然也不可能例外。在他生活的那个时代,一个非基督徒或异教徒是不可能取得如此高的政治地位的。特别是在一个正统教徒占绝对多数,而统治者本人又是一个异教徒的社会,狄奥多里库斯为了显示他对整个意大利的宽容政策,在起用罗马

[①] 汉斯·冯·坎本豪森:《拉丁教父传》,第291页。

人担任政府要职时,一定会选择虔诚的天主教徒。而且,波爱修斯一直以正统基督徒的身份,对阿里乌斯派、撒伯流斯派、聂斯托利派和尤提克斯派等异端教派进行了深入的批判。

再次,波爱修斯一生追求理性,希望能使理性渗透到信仰的每一个角落,反对基督教盲目崇拜。为此,他专心学习和研究逻辑学以及新柏拉图主义哲学。他在《哲学的安慰》中没有援引过《圣经》中的只言片语,也只字未提救世主耶稣基督,甚至没有提过《圣经》中任何人的名字。这或许是那些人认为波爱修斯不是基督徒的主要原因。对这一问题,哈佛大学著名学者兰德援引另一位波爱修斯问题专家乌森那尔的话说,"关于波爱修斯与基督教之间的关系,是一个古老但没有多大意思的问题,因为任何一个基督教神学家都可以写出像《哲学的安慰》这样的著作,即不是由自己而是由哲学给出对基督教主要问题的回答。"①

兰德的话代表了一部分人的观点。但这一结论显得过于草率。因为问题并不是基督教神学家能不能写出这样的著作,而是基于波爱修斯所处的那种背景。在他那个时代,几乎不会有一个神学家或信仰基督教的哲学家,像波爱修斯那样,当身陷监狱,知道自己即将受刑赴死,而不去乞求上帝的安慰,面对他所讨论的话题,而不从《圣经》中获得支持。我们认为,这绝不是一种巧合,波爱修斯是有意而为之。因为他认为人从本性上就是基督徒(类似于特尔图良),而无须总是把《圣经》捧在手上。更主要的是,他要告诉人们,一切信仰都要以理性为基础;而在生命的最后时刻,他

---

① 兰德:《论波爱修斯的〈哲学的安慰〉》。载《哈佛经典哲学研究》,第15辑,第1页。

的这一愿望更加强烈。他认为,通过哲学思考同样可以达到天启真理,理性与信仰实质上是殊途同归,只有理性才能真正让人们发自肺腑地追求至善的上帝。而循循善诱地启示波爱修斯的哲学女神实际上就是真理的化身,实际上就是上帝,接受哲学的教诲就是接受上帝的教诲,信仰哲学就是信仰上帝。因此,对波爱修斯来说,用基督还是用哲学去安慰心灵结果都是一样的,而后者乃是更必要的,是每一位有理智的基督徒都应该做到的。他用这一方法揭开基督的神秘面纱,不仅可以让基督教徒发自肺腑地追寻上帝,坚定自己的信仰,而且可以使异教徒甚至不信仰任何宗教的人理解他们的信仰。波爱修斯的这一做法具有重要历史意义。13世纪之前,哲学家和神学家虽不认为信仰与理性是绝对不可调和的,但谁也没有使二者真正统一起来。也许很少有神学家不希望哲学思辨能够证明宗教信仰,但当发现二者很难达成一致时,通常会认为天启真理是理性无法达到的,只有先信仰,而后才能理解。尽管波爱修斯并没有应用理性推导出所有基督教教义,但他至少为理性神学指出了一条道路。

再次,波爱修斯的著作中的确有许多地方表面显得与基督教信仰不一致,但这仍不足以说明他就是异教徒。因为作为其理论基础的新柏拉图主义,基本思想是符合基督教教义的。实际上所有在亚历山大里亚或在其他地方接受新柏拉图主义教育的人,都或者是基督徒,或者后来成为了基督徒,奥古斯丁就是最著名的例子,而斯蒂法努(Stephanus)甚至在612年应拜占庭皇帝赫拉克里乌斯(Heraclius)之邀,把新柏拉图主义的思想介绍到君士坦丁堡的教会学校。这说明,新柏拉图主义不仅不会使人们背离基督教,而且会起到感化人心的作用。新柏拉图主义者有着注重思辨和逻辑的传统,他们对每一个问题都喜欢探究其如何"是这个"(表现形式),如何"是其所是"(根源)。而基督教经典只是笼统地说了上帝从无中创造世界,上帝是整个宇宙的统领者,他让一切东西具有回到至善的本性,但并没有具体说明如何从无中创造世界,如何管理世界,并让一切如此和谐等等。这就给新柏拉图主义者留下了想象和推论的空间。波爱修斯正是通过这样的方法推出了三位一体、至善、上帝的永恒和人们可以自由地弃恶从善等基督教最基本的教义。推理过程中的许多话都是《圣经》上所没有的,但并不等于就是背离了基督教。波爱修斯在聆听哲学女神的教诲时,始终以极其敏锐的头脑与她论辩,并经常做出明显违背正统教义的反驳,而不是一味言听计从,唯唯诺诺。实际上,后一种态度也不是哲学女神所希望看到的。在波爱修斯看来,信仰上帝的过程就是展示真理的过程,这不可避免会有一个思想变化的历程,其间必然会有谬误,但只要他能最后归于最高的真理。而实际上,波爱修斯在与哲学女神争辩后,最终都以极其感激的方式(以诗歌的形式)接受了她的劝导,而这正是波爱修斯写下这部著作的重要目的,与圣奥古斯丁借助希腊哲学论证上帝并无质的区别,而与托马斯·阿奎那的方式则有着更多的相似性。因此,我们认为,这既是一位信仰基督教的新柏拉图主义者所写的哲学著作,又是一部赞美上帝的基督教著作,甚至是一本信仰指南。

诚然,波爱修斯也看到哲学(包括新柏拉图主义哲学)中有许多与基督教信仰不一致的东西,但他认为这正是哲学的特征之一,是哲学区别于基督教神学的地方。哲学并不完全等于神学,在哲学的范围内获得最高真理必然会经历一个把谬误排除在外的过程,这一过程有时甚至是很长并十分痛苦的。而当我们把这些谬误统统排除，就会豁然开朗，获得与基督教神学同样的真理，达到哲学与神学的殊途同归和完美统一。这是一个基督教徒的最高境界。

人们可以想象，如果波爱修斯能活得长一点，他一定会像当年调和柏拉图和亚里士多德的信仰一样，去写另一本著作，以彻底调和哲学和基督教神学。而这本著作的最佳名字就是《神学的安慰》。14世纪神学家达姆巴赫的约翰(John of Dambach)和15世纪神学家让·杰逊(Jean Gerson)的同名著作(Consolatio Theologiae)似乎就是为了完成波爱修斯的未竟大业。[①]

[①] 参阅帕齐：《波爱修斯传统：论波爱修斯在中世纪文化中的重要性》，第92，107—108页。

结　　语

　　作为罗马的最后一位哲学家和经院哲学的第一人，波爱修斯跨越了两个世界。他汇总了古代文化的几乎全部重要成就，并在古代文化和中世纪文化之间架起了一座桥梁，在这一点上，他超越了其他任何人。但正由于波爱修斯的著述如此之多，涉猎面如此之广，因而，人们很难对他的成就作出恰如其分的断定。

　　尽管人们毫不怀疑波爱修斯在神学史、哲学史、逻辑史甚至文学史上的重要地位，也一致肯定他对中世纪思想发展所作出的巨大贡献，但对波爱修斯思想的独立价值是有较大争议的。有些人仅仅把他作为古典文化的代言者和传承人，因而对他的研究只局限于作总体的一般性的介绍，而忽略对他本人思想的研究。这可能是由于波爱修斯的大部分思想看起来好像都被前人提及过：他的神学学说基本来自奥古斯丁，或者说，奥古斯丁在他之前已经研究过同样的问题；他的哲学思考始终没有离开新柏拉图主义的框架和传统，尽管在某些方面他并不完全同意柏拉图，如对于共相的本质有不同的理解，在善恶问题上也有自己的看法，但人们总以为这是受亚里士多德的影响；他的逻辑理论就是亚里士多德或斯多噶学派所研究过的那些东西，虽然不可否认他在逻辑术语和以假言逻辑为核心的命题逻辑方面的创造性。

　　我们认为，比起柏拉图、亚里士多德等哲学家，波爱修斯在思想的原创性方面当然稍逊一筹。但就对整个文化发展的影响而言，我们不应该过分拘泥于思想的原创性——对于像波爱修斯这样处在一个特别历史时期的思想家，这种态度或理念就更显重要。

波爱修斯对西方文化的贡献直接来自于他对希腊语和希腊文化的精通，特别是他把向罗马拉丁世界传播古代文明当作自己一生的任务和追求的目标。他也的确做到了，人们因而把他死后的五六百年的时间称为波爱修斯时代。历史没有假设，并且通常认为历史不会因为缺少了某一个人就会发生多大的改变。但我们仍然要说，如果没有波爱修斯对于古典文化的保留、移植和传播所做的一切，6至12世纪的欧洲文化史就极有可能是另外一个样子。我们甚至有理由相信，12世纪开始复兴的亚里士多德主义与波爱修斯的贡献的确有着内在的联系，因为当时人们对亚里士多德著作的翻译、研究和应用和波爱修斯所做的几乎一模一样。正如众所周知的，波爱修斯的著作对于中世纪人们理解新柏拉图主义起着最核心的作用，也代表若干世纪以来人们理解亚里士多德的全部内容。中世纪学生所学习的东西，以及经院哲学所研究的问题，几乎全部是由波爱修斯所提出来的，至少是他从古代哲学中所带来的，甚至人们所使用的哲学术语也无不出自于他。波爱修斯基于逻辑的研究方法对欧洲文化的发展产生了前所未有的冲击力，这从他的理性神学对中世纪神学类型和模式所产生的深刻影响可见一斑。而他的关于自由艺术的著作不仅是中世纪人们学习的指南，而且对现代西方教育产生了不可估量的影响。

事实上，如果真要谈到一种思想的原创性，那么，这种原创性至少应该包括两个方面：思想内容的原创性和在论证、描述上的独特性。在某个特定时期，后者比前者更加重要；特别是对于与逻辑学联系密切的科学尤为明显。如前所述,人们尊称波爱修斯为仅次于奥古斯丁的最重要的拉丁教父,绝不只是因为他研究了基督教神学最主要的问题,人们应该更多地看到波爱修斯是如何得出和述说其神学思想的,也就是他的研究方法。波爱修斯本人毫不掩饰奥古斯丁对他的重要影响和启发,但他却是从不同的角度研究主要的神学问题,并对整个教父学重信仰轻理性的思维方式提出了质疑,同时给出了自己的解决方法。他的这种研究方式也许是教父学的一个新的突破口或生长点。如果基督教能够发展出新的教义,如果波爱修斯能够再多活时日,并且致力于继续从事教父学的研究,也许今天的教父学理论就会是另一种模样。

一种思想,尤其是哲学思想或逻辑思想的价值并不只局限于其是否具有原创性;通过一种新的方法(例如逻辑方法)必然地得出某一思想,有时会比只是一般性地提出(尽管是原创)这一思想更有价值。诚然,单从传统观点看,也许现有基督教教义用不着那么多的理性思辨或分析,这大概也是人们认为中世纪神学的繁琐论证在相当大的程度上只会把神学引入歧途的主要原因。但从哲学的意义上看,对一个命题的逻辑分析本身也是哲学的一部分,或者也是一种哲学。这也是波爱修斯所谓逻辑是哲学的一部分的另一层含义,他不只一次特别强调地指出了这一点。而20世纪的主流哲学即分析哲学(analytic philosophy)——今天仍然是美国能够不断诞生出新观点的主流哲学——不能不说是波爱修斯的这一观点所结出的丰硕成果,也可以说是经院哲学所带来的意想不到的收获,而波爱修斯当然是影响经院哲学的主要思想家。

附录　波爱修斯年表

476 年　奥多亚克废黜了西罗马帝国的最后一位皇帝罗慕卢斯·奥古斯图卢斯，西罗马帝国灭亡，奥多亚克成为意大利的统治者。

480 年　波爱修斯在罗马出生。

482 年　拜占庭皇帝芝诺出于政治和教会统一的考虑，签发了赫诺提肯谕旨，旨在调和聂斯托利派的基督二性二位论和基督一性论。

483 年　菲力克斯三世当选罗马教皇。

484 年　菲力克斯三世反对赫诺提肯谕旨，并把君士坦丁堡主教阿卡西乌逐出教会，开始了长达 25 年的阿卡西乌分裂。

485 年　波爱修斯的岳父西马库斯当选为罗马执政官。
　　　　普罗克洛去世。

487 年　波爱修斯的父亲奥勒留·曼留斯·波爱修斯出任罗马执政官。

490 年　波爱修斯的父亲去世。波爱修斯被托付给西马库斯抚养，后来与西马库斯的女儿卢斯蒂希娅结了婚。
　　　　卡西奥多鲁斯诞辰。

493 年　东哥特王狄奥多里库斯杀死了奥多亚克，建立起了以拉文那为首都的东哥特王国，成为意大利新的统治者。

497 年　东罗马帝国皇帝阿纳斯塔修斯一世正式承认东哥特王国。

498 年　西马库斯当选罗马教皇。

500 年　狄奥多里库斯正式访问罗马，受到了元老院、教士和当地人民的盛大欢迎。并且第一次会见了在学术界享有名气的波爱修斯。

503 年　著述《论算术原理》、《论音乐原理》、《论几何学》和《论天文学》四篇论述"数"的论文。

504 年　狄奥多里库斯为与法兰克王国交好，请精通音乐的波爱修斯为法兰克国王克洛维选拔一位善弹竖琴的乐师。

504/5 年　第一部逻辑著作《论划分》。

505 年　第一次注释波菲利的《亚里士多德〈范畴篇〉导论》。

506 年　教皇西马库斯战胜他的对手劳伦修斯，夺得了对罗马教廷的控制权。罗马天主教会副主祭约翰表示服从于他的领导。

506/7 年　著述《论直言三段论》和《直言三段论导论》，后者未完成。

507 年　狄奥多里库斯请波爱修斯为他建造两座时钟，作为礼物送给勃艮第国王。

507/9 年　翻译并第二次注释波菲利的《亚里士多德〈范畴篇〉导论》。

509/10 年　翻译《范畴篇》及其注释。

510 年　当选为罗马执政官。

512 年　著述《反尤提克斯派和聂斯托利派》，参与讨论基督的本性与位格。

513 年　翻译《解释篇》并第一次对它进行注释。

513/4 年　翻译和注释《前分析篇》、《后分析篇》、《论辩篇》和《辨谬篇》。

514 年　霍米斯达斯当选罗马教皇。

515/6 年　第二次注释《解释篇》。

516 年之后　著述《假言三段论》。

518/22 年　完成西塞罗《论题篇》注释和著述《论论题区分》。

519 年　拜占庭皇帝查士丁一世重申查尔西登会议精神,阿卡西乌分裂结束。

519/23 年　完成《三位一体是一个上帝而不是三个上帝》、《圣父、圣子、圣灵是否从实体上指称上帝》、《实体如何因存在而善》和《论天主教的信仰》四篇论文。

522 年　其两个儿子弗拉维乌斯·西马库斯和弗拉维乌斯·波爱修斯被一起推选为执政官。同年 9 月,波爱修斯出任东哥特王国议会和政府的首席行政官。

523 年　约翰一世当选为罗马教皇。

523 年 8 月　波爱修斯以阴谋叛国罪被捕,囚禁在帕维亚监狱。

523 年　在狱中开始撰写《哲学的安慰》。

524 年 10 月 23 日　被处死。

525 年　岳父西马库斯被处死。

526 年 5 月 18 日　教皇约翰一世在狱中愤怒而死。

526 年 8 月 30 日　东哥特国王狄奥多里库斯病逝。

721 年　伦巴底国王卢特普兰德把波爱修斯的遗骨迁到帕维亚西尔多鲁的圣比特罗教堂。

996 年　萨克森王朝国王奥托三世下诏,将波爱修斯的遗骨迁入圣彼得大教堂陵墓。

参考文献

[说明]：

一、所列文献仅为本书所引用或参考过的，不代表本书研究范围内的全部书目。

二、波爱修斯的著作单独编排，首先列出神学和哲学著作，然后列出逻辑学和数学著作。

三、一般文献的编排：

1. 首先列出外文文献，然后列出中文文献。
2. 外文文献均按作者、书名、出版地（或出版社）、出版时间编排。
3. 中文原著文献按作者、书名、出版社、出版时间编排。
4. 中文翻译文献按作者、书名、译者、出版社、出版时间编排。
5. 外文文献按（第一）作者姓氏的字母顺序排列。
6. 中文文献（包括外文文献的中文译本）按（第一）作者姓名（外国人名按译者的实际中文译名）的拼音字母顺序排列。

四、所有外文文献均给出作者和书名的中译文。

五、本书援引的著作或论文若来自别的文献，均在方括号【】内注明出处。

波爱修斯的著作

(一) 神学、哲学著作

1. Boethius, *The Trinity Is One God Not Three Gods*.
   波爱修斯:《三位一体是一个上帝而不是三个上帝》
2. Boethius, *Whether Father, Son, and Holy Spirit Are Substantial Predicated of the Divinity*.
   波爱修斯:《圣父、圣子、圣灵是否从实体上指称上帝》
3. Boethius, *How Substances Are Good in Virtue of Their Existence Without Being Sustantial Goods*.
   波爱修斯:《实体如何因存在而善》
4. Boethius, *On the Catholic Faith*.
   波爱修斯:《论天主教的信仰》
5. Boethius, *A Treatise Against Eutyches and Nestorius*.
   波爱修斯:《反尤提克斯派和聂斯托利派》
6. Boethius, *The Consolation of Philosophy*.
   波爱修斯:《哲学的安慰》

【文献 1—6 均见：The Loeb Classical Library, *Boethius*, (English translation by Stewart, H. F., Rand, E. K., Tester, S. J.) Harvard, 1973.
洛布古典丛书:《波爱修斯》,斯图尔特,兰德,特斯特尔译】

（二）逻辑学著作

7. Boethius, *The Second Edition of the Commentaries on the ISAGOGE of Porphyry*.【in Mckeon, R. (ed., and trans.), *Selections From Medieval Philosophers* (Ⅰ): *Agustine to Albert the Great*, New York, 1929.】

   波爱修斯:《波菲利的〈导论〉注释》（第二篇）【见麦克基昂编译:《中世纪哲学著作选》（第一卷）】

8. Boethius, *On Division*.【in Kretzmann, N. and Stump, E. (ed.), *The Cambridge Translations of Medieval Philosophical Texts*, Vol I, Cambridge, 1988.】

   波爱修斯:《论划分》【见克里斯曼、斯汤普编译:《剑桥中世纪哲学著作》（第一卷）】

9. Boethius, *De Syllogismis Hypotheticis*.【in Campenhausen, H. V., *The Fathers of Latin Church*, London, 1964.】

   波爱修斯:《假言三段论》【见汉斯·冯·坎本豪森:《拉丁教父传》】

10. Boethius, *On the Categories*.【in McInerny, R., *Boethius and Aquinas*, Washington D.C., 1990.】

    波爱修斯:《亚里士多德〈范畴篇〉注释》【见麦克因纳尼:《波爱修斯与阿奎那》】

11. Boethius, *On de Interpretatione* (*Second Commentary*).【in Frede, M., and Striker, G. (ed.), *Rationality in Greek Thought*, Oxford, 1996.】

    波爱修斯:《亚里士多德〈解释篇〉注释》（第二篇）【见弗雷德、

斯特里克:《希腊思想的理性》

12. Boethius, *In Ciceronis Topica*, (English translation by Stump, E.) Cornell University Press, Ithaca and London, 1988.

   波爱修斯:《西塞罗〈论题篇〉注释》

13. Boethius, *De Topicis Differentiis*, (English translation by Stump, E.) Cornell University Press, Ithaca and London, 1978.

   波爱修斯:《论论题区分》

(三) 数学著作

14. Boethius, *Fundamentals of Music*, (English translation by Bower, C. M.) New Haven, 1987.

   波爱修斯:《论音乐原理》

15. Boethius, *De Institutione Arithmetica*.【in Masi, m., *Boethian Number Theory*, Amsterdam, 1983.】

   波爱修斯:《论算术原理》【见麦西:《波爱修斯的数论》】

一 般 文 献

1. Altaner, B., *Patrology*, (English translation by Graef, H. C.) Edinburgh, 1958.

   阿尔塔奈:《教父学导读》

2. Anselm, *Why God Become Man*

   安塞伦:《上帝何以化为人》

3. Anselm, *Proslogion*.
   安塞伦:《宣讲》
4. Anselm, *De Concordia*.
   安塞伦:《论和谐》
   【文献 2—4 均见:Davies, B., and Evans, G. R. (ed.), *Anselm of Canterbury: The Major Works*, Oxford, 1998.
   戴维斯、伊万斯编:《坎特伯雷的安塞伦的主要著作》】
5. Armstrong, A. H. (ed.), *The Cambridge History of Later Greek and Early Medieval Philosophy*, Cambridge, 1967.
   阿姆斯特朗主编:《剑桥晚期希腊和早期中世纪哲学史》
6. Augustine, *On Free Choice of the Will*, (English translation by Banjamin, A., and Hackstaff, L. H.) Macmillan Publishing Company, 1964.
   奥古斯丁:《论自由意志》
7. Augustine, *City of God*, (English translation by Baxter) the Loeb Classical Library, Harvard, 1963.
   奥古斯丁:《上帝之城》
8. Baird, F. E. and Kaufmann, W. (ed.), *Philospophic Classics: Medieval Philosophy*, Prentice-Hall, Inc., 1997.
   拜尔德、考夫曼编:《哲学经典著作选:中世纪哲学》
9. Bark, W., *Boethius' Fourth Tractate, the So-called De Fide Catholica*.【in *Harvard Theological Review* 39, 1946.】
   巴克:《波爱修斯的第四篇神学论文——所谓的〈论天主教的信仰〉》【载《哈佛神学评论》,第 39 辑】
10. Barnes, T. D., *Tertullian: A Historical and Literary Study*,

Oxford, 1971.

巴纳斯:《特尔图良》

11. Barret, H. M., *Boethius: Some Aspects of His Time*, Cambridge, 1940.

巴雷特:《波爱修斯时代》

12. Bettenson, H., *Documents of the Christian Church*, Oxford, 1967.

贝滕森:《基督教会的文件》

13. Bochenski, I. M., *A History of Formal Logic*, University of Notre Dame Press, Indiana, 1961.

波亨斯基:《形式逻辑史》

14. Brown, P., *Augustine of Hippo*, University of California Press, Berkeley, 1967.

布朗:《希波的奥古斯丁》

15. Burleigh, J. H. S., *Augustine: Earlier Writings*, Philadelphia, 1953.

博雷:《奥古斯丁早期著作》

16. Burnet, J., *Essays and Addresses*, Macmillan, 1930.

伯内特:《随笔与演说》

17. Campenhausen, H. V., *The Fathers of the Latin Church*, (English translation by Hoffmann, M.) London, 1964.

坎本豪森:《拉丁教会的教父》

18. Chadwick, H., *Boethius: the Consolation of Music, Logic, T, and Philosophy*, Oxford. 1981.

查德威克:《波爱修斯:音乐,逻辑,神学和哲学的安慰》

19. Chadwick, H., *The Authenticity of Boethius' Fourth Tractate De Fide Catholica.* 【in *Journal of Theological Studies* 31, 1980.】

    查德威克:《波爱修斯的第四篇神学论文——〈论天主教的信仰〉的真实性》【载《神学研究》,第 31 辑】

20. Copleston, F. C., *Aquinas*, Penguin Books Ltd., 1957.

    科普雷斯顿:《阿奎那》

21. Creel, R. A., *Divine Impassibility*, Cambridge, 1986.

    克里尔:《神不经苦难》

22. Courcelle, P., *Late Latin Writers and Their Greek Source*, (trans., Harry, E.,) Cambridge, Mass., 1969.

    库塞尔:《晚期拉丁著者及其思想的希腊渊源》

23. Davies, B., *An Introduction to the Philosophy of Religion*, Oxford, 1993.

    戴维斯:《宗教哲学导论》

24. Davies, B., *Philosophy of Religion: A Guide and Anthology*, Oxford, 2000.

    戴维斯:《宗教哲学:指南与文集》

25. Dumitriu, A., *History of Logic*, England, 1977.

    杜米特留:《逻辑史》

26. Ebbesen, S., *Manlius Boethius on Aristotle's Posterior Analytics*, Copenhagen, 1973.

    埃伯森:《波爱修斯论亚里士多德的〈后分析篇〉》

27. Edwards, P. (ed.), *The Encyclopedia of Philosophy*, New York, 1967.

爱德华兹主编:《哲学百科全书》

28. Eliade (ed.), *The Encyclopedia of Religion*, New York, 1987.

   埃利亚特主编:《宗教百科全书》

29. Ferguson, J., *The Religions of the Roman Empire*, London, 1970.

   弗格森:《罗马帝国的宗教》

30. Fuhrmann, M. and Gruber, J. (ed.), *Boethius*, Wissenschaftliche Buchgesell-schaft, Darmstadt, Germany, 1984.

   福尔曼、格鲁贝主编:《波爱修斯》(论文集)

31. Gibson, M. (ed.), *Boethius, His Life, Thought and Influence*, Oxford, 1981.

   吉伯森主编:《波爱修斯生平、思想及其影响》(论文集)

32. Gilson, E., *History of Christian Philosophy in the Middle Ages*, New York, 1955.

   吉尔松:《中世纪基督教哲学史》

33. Gilson, E., *The Christian Philosophy of St. Thomas Aquinas*, Indiana, 1956.

   吉尔松:《圣托马斯·阿奎那的基督教哲学》

34. Grant, R. M., *Gods and the One God: Christian Theology in the Graeco-Roman World*, London, 1986.

   格兰特:《诸神与一神:希腊罗马世界的基督教神学》

35. Grant, R. M., *Greek Apologists of the Second Century*, London, 1988.

   格兰特:《二世纪的希腊护教士》

36. Hamilton, E., and Huntington, C. (ed.), *The Collected Dialogues of Plato*, Princeton University Press, 1961.
   汉密尔顿、亨廷顿编:《柏拉图文集》
37. Harnack, A., *History of Dogma*, London, 1905.
   哈奈克:《简明基督教教义史》
38. Hasker, W., *God, Time, and Knowledge*, Cornell University Press, 1989.
   哈斯克:《上帝,时间与知识》
39. Helm, P., *Eternal God: A Study of God Without Time*, Oxford, 1988.
   海尔莫:《论超时间的永恒的上帝》
40. Hoenen, M. J. F., and Nauta, L., *Boethius in the Middle Ages*, Leiden, The Netherlands, 1997.
   霍伊内恩、纳乌塔:《波爱修斯在中世纪》
41. Hornblower, S., and Spawforth, A. (ed.), *The Oxford Classical Dictionary*, Oxford, 1996.
   霍恩布劳维尔、斯鲍福斯主编:《牛津经典词典》
42. Jones, A. H. M., *The Later Roman Empire*, Oxford, 1964.
   琼斯:《晚期罗马帝国》
43. Josephus, F., *The Works of Josephus*, translated by W. Whiston, Hendrickson Pulishers, 1995.
   约瑟福斯:《约瑟福斯著作全集》
44. Kelly, J. N. D., *Early Christian Doctrine*, New York: Harper Collins, 1978.

凯利:《早期基督教教义》

45. Kenny, A. , *A Brief History of Western Philosophy*, Oxford, 1998.
肯尼:《西方哲学简史》

46. Kenny, A. , *The God of the Philosophers*, Oxford, 1979.
肯尼:《哲学家的上帝》

47. Kretzmann, N. , Kenny, A. & Pinborg, J. (ed.), *The Cambridge History of Later Medieval Philosophy*, Cambridge, 1982.
克里斯曼、肯尼、平博格主编:《剑桥中世纪晚期哲学史》

48. Laistner, M. L. W. , *Christianity and Pagan Culture in the Later Roman Empire*, New York, 1951.
莱斯特纳:《晚期罗马帝国的基督教与异教文化》

49. Lane Fox, R. , *Pagans and Christians*, New York, 1986.
兰福克斯:《异教与基督徒》

50. Latourette, K. S. , *A History of Christianity*, London, 1926.
拉托瑞特:《基督教史》

51. Liversidge, J. , *Everyday Life in the Roman Empire*, London, 1976.
利佛西吉:《罗马帝国的日常生活》

52. Long, A. A. , *Hellenistic Philosophy: Stoics, Epicureans, Sceptics*, London, 1974.
朗格:《希腊化哲学:斯多噶学派、伊壁鸠鲁学派、怀疑学派》

53. Lucas, J. R. , *A Treatise on Space and Time*, London,

1973.

卢卡斯:《论空间与时间》

54. Lucas, J. R., *The Future*, Oxford, 1989.

卢卡斯:《论未来》

55. MaCmullen, R., *Paganism in the Roman Empire*, New Haven and London, 1981.

麦克姆伦:《罗马帝国的异教主义》

56. Magee, J., *Boethius on Signification and Mind*, Leiden, The Netherlands, 1989.

麦吉:《波爱修斯论意义与思想》

57. Marenbon, J., *Early Medieval Philosophy* (480—1150): *An Introduction*, Routledge & Kegan Paul, London, 1983.

麦伦本:《中世纪早期哲学导论》

58. Markus, R. A., *Christianity in the Roman World*, London, 1974.

马库斯:《罗马世界的基督教》

59. Marrou, H. I., *History of Education in Antiquity*, New York, 1956.

迈罗:《古代教育史》

60. McInerny, R., *Boethius and Aquinas*, Washington D. C., 1990.

麦克因纳尼:《波爱修斯与阿奎那》

61. McKim, D. K., *Theological Turning Points: Major Issues in Christian Thought*, Atlanta, 1988.

麦克金:《神学转折点:基督教思想的主要议题》

62. Nielsen, L. O., *Theology and Philosophy in the Twelfth Century*, Leiden, The Netherlands, 1982.

    尼尔森:《12 世纪的神学和哲学》

63. Patch, H. R., *The Tradition of Boethius: A Study of His Importance in Medieval Culture*, New York, 1935.

    帕齐:《波爱修斯传统:论波爱修斯在中世纪文化中的重要性》

64. Pelikan, J., *The Christian Tradition: A History of the Development of Doctrine*, Chicago, 1971.

    佩里坎:《基督教教义发展史》

65. Pike, N., *God and Timelessness*, London, 1970.

    派克:《上帝与超时间》

66. Rand, E. K., *Founders of the Middle Ages*, Cambridge, 1928.

    兰德:《中世纪的奠基者》

67. Rand, E. K., *On the Composition of Boethius' Consolatio Philosophiae*.【in *Harvard Studies in Classical Philosophy*, vol. xv, Harvard, 1904.】

    兰德:《论波爱修斯的〈哲学的安慰〉》【载《哈佛经典哲学研究》,第 15 辑】

68. Reese, W. L. (ed.), *The Reader's Adviser: A Layman's Guide to Literature*, vol. 4, New York & London, 1988.

    里瑟主编:《读者文学指南》

69. Reiss, E., *Boethius*.【in Economou, G. D. (ed.), *Twayne's World Authors Series: Boethius*, Boston, 1982.】

    雷斯:《波爱修斯》【见埃克诺莫主编:《特雷尼世界著者系列:

波爱修斯》】

70. Richardson, A., and Bowden, J. (ed.), *A New Dictionary of Christian Theology*, London, 1983.
里查德森、鲍顿主编:《新基督教神学词典》

71. Stump, E., *Boethius's in Ciceronis Topica and Stoic Logic*. 【in Wippel, J. F. (ed.), *Studies in Medieval Philosophy*, vol. 17, Washington, 1987.】
斯汤普:《波爱修斯的〈西塞罗《论题篇》注释〉与斯多噶学派的逻辑学说》【载韦伯尔主编:《中世纪哲学研究》,第17辑】

72. Stumpf, S. E., *Socrates to Sartre: A History of Philosophy*, McGraw-Hill, Inc., 1994.
斯汤普夫:《哲学史:从苏格拉底到萨特》

73. Swinburne, R., *The Coherence of Theism*, Oxford, 1977.
斯文伯恩:《一神论的一致性》

74. Taylor, H. O., *The Mediaeval Mind: A History of the Development of Thought and Emotion in the Middle Ages*, 4th edition, Harvard, 1959.
泰勒:《中世纪思想与情感的发展》

75. Tillich, P., *Systematic Theology*, London, 1953.
蒂利希:《系统神学》

76. Thomas Aquinas, *Summa Theologica*?. 【in Pegis, A. C. (ed.), *Basic Writings of Saint Thomas Aquinas*, vol. 1, Hackett Publishing Company, 1997.】
托马斯·阿奎那:《神学大全》【见佩吉斯编:《圣托马斯·阿奎那的主要著作》,第1卷】

77. Whalen, J. P., & O'Boyle, P. A., *New Catholic Encyclopedia*, Washington D. C. 1966.

    瓦伦、奥波伊尔:《新天主教百科全书》

78. Wheelwright, P., *The PreSocratics*, New York, 1966.

    威尔莱特:《前苏格拉底哲学家》

79. William of Ocknam, *Predestination, God's Foreknowledge, and Future Contingents*. (trans., Adams, M. M. & Kretzmann, N., New York, 1969.)

    奥克汉姆:《预定,上帝的预知以及未来偶然事件》

80. Wolfson, H. A., *The Philosophy of the Church Fathers*, London, 1964.

    沃尔富森:《教会教父的哲学》

81. 爱德华·吉本:《罗马帝国衰亡史》(下册),黄宜思、黄雨石译,商务印书馆,1997年。

82. 埃里希·卡勒尔:《德意志人》,黄正柏等译,商务印书馆,1999年。

83. 奥·符·特拉赫坦贝尔:《西欧中世纪哲学史纲》,于汤山译,中国对外翻译出版公司,1985年。

84. 奥古斯丁:《忏悔录》,周士良译,商务印书馆,1963年。

85. 巴洛:《罗马人》,黄韬译,上海人民出版社,2000年。

86. 比德:《英吉利教会史》,陈维振、周清民译,商务印书馆,1991年。

87. 波波夫、斯佳日金:《逻辑思想发展史——从古希腊罗马到文艺复兴时期》,宋文坚、李金山译,上海译文出版社,1984年。

88. 北京大学哲学系外国哲学史教研室编:《古希腊罗马哲学》,三联书店,1957年。

89. 北京大学哲学系外国哲学史教研室编:《西方哲学原著选读》(上册),商务印书馆,1981年。

90. 柏拉图:《柏拉图全集》(第一、二、三和四卷),王晓朝译,人民出版社,2002—2003年。

91. 车铭洲:《西欧中世纪哲学概论》,天津人民出版社,1982年。

92. 策勒:《古希腊哲学史纲》,翁绍军译,山东人民出版社,1996年。

93. 丹皮尔:《科学史及其与哲学和宗教的关系》(上册),李珩译,商务印书馆,1989年。

94. 迪特尔·拉夫:《德意志史:从古老帝国到第二共和国》,波恩1987年。

95. 范明生:《晚期希腊和基督教神学:东西方文化的汇合》,上海人民出版社,1993年。

96. 范明生:《柏拉图哲学述评》,上海人民出版社,1984年。

97. 菲利普·李·拉尔夫、罗伯特·E.勒纳、斯坦迪什·米查姆、爱得华·伯恩斯:《世界文明史》(上卷),赵丰等译,商务印书馆,1998年。

98. 弗里曼特勒:《信仰的时代》,程志民等译,光明日报出版社,1989年。

99. 格雷戈里(都尔教会主教):《法兰克人史》,寿纪瑜、戚国淦译,商务印书馆,1981年。

100. 汉斯孔:《基督教大思想家》,包利民译,香港卓越书楼,1995年。

101. 亨利希·肖尔兹:《简明逻辑史》,张家龙、吴可译,商务印书馆,1977年。

102. 胡景钟、张庆熊主编:《西方宗教哲学文选》,上海人民出版社,2002年。

103. 胡龙彪:《从逻辑的观点看波爱修斯的共相论》。【载《自然辩证法研究》(逻辑学增刊),2002年9月。】

104. 胡龙彪:《波爱修斯》。【载陈村富主编:《宗教与文化:早期基督教与教父哲学研究》,东方出版社,2001年。】

105. 胡龙彪:《论建立统一的逻辑科学体系》。【载《自然辩证法研究》(逻辑学增刊),1997年9月。】

106. 黄华新、胡龙彪:《逻辑的内在机制与研究对象》。【载《哲学动态》,2001年12月。】

107. 黄华新、胡龙彪:《逻辑学教程》,浙江大学出版社,2000年。

108. 杰拉尔德·亚伯拉罕:《简明牛津音乐史》,顾犇译,上海音乐出版社,1999年。

109. 克莱因:《古今数学思想》(第一册),张里京、张锦炎译,上海科技出版社,1979年。

110. 陆扬:《欧洲中世纪诗学》,上海社会科学院出版社,2000年。

111. 罗斯:《亚里士多德》,王路译,商务印书馆,1997年。

112. 罗素:《西方哲学史》(上卷),何兆武、李约瑟译,商务印书馆,1963年。

113. 马克斯·布劳巴赫等著:《德意志史》(第一卷),陆世澄、王昭仁译,商务印书馆,1998年。

114. 马玉珂:《西方逻辑史》,中国人民大学出版社,1985年。

115. 穆尔:《基督教简史》,郭舜平等译,商务印书馆,1981年。

116. 尼科洛·马基雅维里:《佛罗伦萨史》,李活译,商务印书馆,

1982年。

117. 唐纳德·杰·格劳特、克劳德·帕利斯卡：《西方音乐史》，汪启璋、吴佩华、顾连理译，人民音乐出版社，1996年。

118. 汤普逊：《中世纪经济社会史》（上册），耿淡如译，商务印书馆，1961年。

119. 王晶、郭民：《鲍埃蒂》。【见叶秀山、傅乐安主编：《西方著名哲学家评传》，第二卷，山东人民出版社，1984年。】

120. 王路：《理性与智慧》，上海三联书店，2000年。

121. 王路：《逻辑的观念》，商务印书馆，2000年。

122. 王晓朝：《基督教与帝国文化》，东方出版社，1997年。

123. 王晓朝：《教父学研究——文化视野下的教父哲学》，河北大学出版社，2003年。

124. 王晓朝：《神秘与理性的交融——基督教神秘主义探源》，杭州大学出版社，1998年。

125. 汪子嵩、范明生、陈村富、姚介厚：《希腊哲学史》（第一卷），人民出版社，1997年。

126. 汪子嵩、范明生、陈村富、姚介厚：《希腊哲学史》（第二卷），人民出版社，1993年。

127. 汪子嵩、王太庆：《关于"存在"和"是"》。【《复旦学报》社会科学版，2000年，第1期。】

128. 威尔·杜兰：《世界文明史》之《信仰的时代》（上卷），台湾幼狮文化公司译，东方出版社，1999年。

129. 威廉·涅尔、玛莎·涅尔：《逻辑学的发展》，张家龙、洪汉鼎译，商务印书馆，1985年。

130. 文德尔班：《哲学史教程》，罗达仁译，商务印书馆，1987年。

131. 雅克·勒戈夫:《中世纪的知识分子》,张弘译,商务印书馆,1996年。
132. 亚里士多德:《范畴篇、解释篇》,方书春译,商务印书馆,1986年。
133. 亚里士多德:《范畴篇》,《解释篇》,《前分析篇》,《后分析篇》,《论辩篇》,《辨谬篇》。【见苗力田主编:《亚里士多德全集》(第一卷),中国人民大学出版社,1990年。】
134. 亚里士多德:《尼各马可伦理学》。【见罗斯:《亚里士多德》,王路译,商务印书馆,1997年。】
135. 亚里士多德:《形而上学》。【见苗力田主编:《亚里士多德全集》(第七卷),中国人民大学出版社,1993年。】
136. 亚里士多德:《物理学》,张竹明译,商务印书馆,1982年。
137. 叶秀山:《前苏格拉底哲学研究》,人民出版社,1997年。
138. 杨真:《基督教史纲》(上册),三联书店,1979年。
139. 张家龙:《数理逻辑发展史——从莱布尼兹到哥德尔》,社会科学文献出版社,1993年。
140. 赵敦华:《基督教哲学1500年》,人民出版社,1994年。
141. 郑文辉:《欧美逻辑学说史》,中山大学出版社,1994年。

人名、地名对照表

A

Abailardus, P. 阿伯拉尔
Abraham 亚伯拉罕
Acacius 阿卡西乌
Adalbold of Utrecht 乌特雷克特的阿达尔博德
Adoptionism 嗣子论
Alaric II, King of Visigoths 阿拉里克二世
Albinus 阿尔比努斯
Alcuin 阿尔琴
Alexandria 亚历山大里亚
Alexander of Aphrodisias 阿弗罗迪西亚斯的亚历山大
Alexander of Hales 哈里斯的亚历山大
Alfred the Great, King 阿尔弗雷德
Amalafrida, Queen 阿马拉弗里达
Ambrose, St. 圣安布罗斯
Ammonius 阿莫纽斯
Anastasius I, Emperor 阿纳斯塔修斯一世
Andronicus 安得罗尼库斯

Anselm of Laon 拉昂的安塞伦
Anselmus, St. 圣安塞伦
Antioch 安提克
Antoninus 安东尼
Apollinarianism 阿波利那里乌斯派
Apollinarius 阿波利那里乌斯
Apuleius 阿普莱乌斯
Archimedes 阿基米德
Arianism 阿里乌斯派
Aristotelianism 亚里士多德主义
Aristotle 亚里士多德
Aristoxenus 阿里斯托克塞努斯
Arius 阿里乌斯
Asclepius 阿斯莱庇乌斯
Aspasius 阿斯帕修斯
Athens 雅典
Atlas 阿特拉斯山
Atticus, T. C. H. 阿提库斯
Anglo-Saxons 盎格鲁-撒克森人
Augustine, St. 圣奥古斯丁
Aurelian of Reome 莱奥梅的奥勒良
Auxerre 欧塞尔
Aventicum 阿文提克

B

Barnes, J. 巴内斯
Barth, K. 巴特
Basil 巴西尔
Bernard de Clairvaux, St. 圣伯纳尔
Bobbio 博比奥
Boethius, A. M. S. 波爱修斯
Bovo of Corvey 科尔维的波沃
Brandt, S. 布兰得
Britian 不列颠
Burgundians 勃艮第人
Byzantium 拜占庭

C

Campania 坎帕尼亚
Capella, M. 卡培拉
Carolingian 加罗林
Cassiodorus, F. M. A. 卡西奥多鲁斯
Celestine, Pope 西莱斯丁
Charlemagne, Emperor 查理大帝
Chartres 夏特尔
Chaucer, G. 乔叟
Chrysaorios 克里绍里奥斯
Chrysippus 克里西普
Cicero 西塞罗
Cieldoro 西尔多鲁
Cillica, E. 希里卡
Clarembaldus de Arras 阿拉斯的克拉伦巴尔德

Cleanthes 克林塞斯
Clovis, King of Franks 克洛维
Coburn, R. C. 科伯恩
Constantinple 君士坦丁堡
Corbie 科尔比
Council of Chalcedon 查尔西登公教会议
Council of Nicaea 尼西亚公教会议
Courcelle, P. 库塞尔
Creel, R. A. 克里尔

D

Dante, A. 但丁
David 大卫
Decker, B. 迪克尔
Demosthenes 德谟斯提尼斯
Diodorus 第奥多鲁斯
Diogenes Laertius 第欧根尼·拉尔修
Dominicans 多米尼克会
Dumitriu, A. 杜米特留

E

Elizabeth I, Queen 伊丽莎白
Ephesus 以弗所
Euclid 欧几里得
Eudemus 尤德慕
Eusebius of Caesarea 凯撒利亚的尤西庇乌斯
Eusebius of Doryleum 多里伦的尤西庇乌斯
Eutyches 尤提克斯

Eutychians 尤提克斯派
Euphrates 幼发拉底河
Evodius 埃弗底乌斯
Exiguus,D. 埃克西古

F

Felix III,Pope 菲力克斯三世
Flavian 弗拉维
Frankfort 法兰克福
Franks 法兰克人
Fredegisus 弗雷德基修斯

G

Gaudentius 高登提乌斯
Gaul 高卢
Gerasa 杰拉什
Gerbert of Aurillac 奥里拉克的吉尔伯特
Gibbon,E. 吉本
Gilbert de la Porree 拉波利的吉尔伯特
Gondebaud,King 贡都巴德
Gottschalk 哥特沙尔克
Goths 哥特人
Gregory the Great,Pope 大格列高利

H

Hartshorne,C. 哈特肖恩
Heiric 海里克
Helias,P. 希里亚斯
Helm,P. 海尔莫

Henotikon 赫诺提肯谕旨
Heraclius 赫拉克里乌
Hermas 荷马
Hilary of Poitiers 波梯尔的希拉利
Hilderic 西尔得里克
Hincmar of Rheims 兰斯的辛克马尔
Hippo 希波
Hormisdas,Pope 霍尔米斯达斯
Hucbald of St. Amand 圣阿芒的于克巴尔
Hugh of Cluny 克吕尼的休
Hugh of Saint-Cher 圣切尔的休
Huns 匈奴人

I

Iamblichus 扬布利科
Ignatius of Antioch,St. 安提克的圣依格纳修
Irenaeus of Lyons,St. 里昂的圣伊里奈乌
Italians 意大利人

J

James of Venice 威尼斯的詹姆士
Jantzen,G. 简森
Jerome,St. 圣杰罗姆
John,Pope 约翰
John of Salisbury 萨里斯伯利的约翰
Joshua 约书亚
Justin,Emperor 罗马皇帝查士丁

Justin Martyr, St. 圣查士丁
Justinian, Emperor 罗马皇帝查士丁尼

K

Kelly, J. N. D. 凯利
Kenny, A. 肯尼
Kretzmann, N. 克里斯曼

L

Lactantius 拉克唐修
Laodicea 劳底细亚
Laurentius 劳伦修斯
Leo I, Pope 利奥
Lucas, J. R. 卢卡斯
Luitprand, King 卢特普兰德
Lupus, S. of Ferrieres 费里雷斯的卢普斯

M

Macrobius 马可罗比乌斯
Mainz 美茵兹
Manchester 曼彻斯特
Manichaeans 摩尼教
Marcian, Emperor 马谢安
Marius 马里乌斯
Mary 玛利亚
Matthews, J. 马修斯
McKinlay, A. P. 迈克金雷
Megarians 麦加拉学派
Minio-Paluello, L. 米尼—巴罗洛
Modalism 模态论

Molina, L. 莫里那
Moltmann, J. 摩尔特曼
Monophysitism 基督一性论
Moses 摩西

N

Neoplatonism 新柏拉图主义
Neopythagoreanism 新毕达哥拉斯主义
Nero, Emperor 尼禄
Nestorians 聂斯托利派
Nestorius 聂斯托利
Nicomachus of Gerasa 杰拉什的尼科马库斯

O

Ockham, W. 奥克汉姆
Odoacer, King 奥多亚克
Opilio 欧庇利奥
Origen 奥利金
Ostrogoths 东哥特人
Otto III, King 奥托三世

P

Papinian 帕皮尼安
Parmenides 巴门尼德
Paul of Samosata 萨摩萨塔的保罗
Paul, St. 圣保罗
Pavia 帕维亚
Pelagius 佩拉纠
Pelagianism 佩拉纠派
Peter Lombard 彼得·伦巴底

Petra of Arabia　阿拉伯的帕特拉
Philo of Megara　麦加拉的菲罗
Philoponus　菲洛波努斯
Pike, N.　派克
Plato　柏拉图
Platonism　柏拉图主义
Plotinus　普罗提诺
Porphyry　波菲利
Porphyrian tree　波菲利树
Prior, A.　普里奥
Ptolemy　托勒密
Priscian　普里西安
Proclus　普罗克洛
Procobius　普罗库比乌斯
Pulcheria　普尔切莉娅
Pythagoras　毕达哥拉斯
Pythagoreanism　毕达哥拉斯主义

R

Rand, E. K.　兰德
Ratramnus　拉特拉姆努斯
Ravenna　拉文那
Reginbert of Reichenau　莱欣那乌的雷根伯特
Remigius of Auxerre　欧塞尔的雷米吉乌斯
Rheims　兰斯
Richard of St. Victor　圣维克多的里查德
Roma　罗马
Rusticiana　卢斯蒂希娅娜
Rusticus, Deacon　卢斯提库

S

Sabellianism　撒伯流斯派
San Pietro　圣比特罗
Saxon　萨克森
Segeric　塞格里克
Seneca　塞涅卡
Severinus of Cologne　科隆的塞弗里努斯
Sextus Empiricus　塞克斯都·恩皮里可
Schurr, V.　舒尔
Scipio　西庇阿
Scotus, J. D.　司各托
Simplicius　西姆普里修斯
Sobrino, J.　索伯里诺
Socrates　苏格拉底
Spain　西班牙
St Gall　圣戈尔
Stephanus　斯蒂法努
Stilpo　斯蒂波
Stoics　斯多噶学派
Swinburne, R.　斯文伯恩
Sylvester II, Pope　西尔威斯特二世
Symmachus, Pope　罗马教皇西马库斯
Symmachus, Q. A. M.　西马库斯
Syrianus　西里亚努斯

T

Tertullian　特尔图良
Theocritus　狄奥克里特

Theodoricus, King　狄奥多里库斯
Theodosius I, Emperor　狄奥多修斯一世
Theodosius II, Emperor　狄奥多修斯二世
Theodotus　狄奥多图斯
Thierry of Chartres　夏特尔的狄尔里
Thomas Aquinas　托马斯·阿奎那
Thrasamund, King　特拉萨蒙德
Thuringians　图林根人
Tigris　底格里斯河
Tillich, P.　蒂利希
Trajan, Emperor　图拉真
Trebatius　特雷巴提乌斯
Trevet, N.　特里维特

U

Usener, H.　乌森那尔

V

Valla, L.　瓦拉

Valesii, A.　瓦勒西
Vandals　汪达尔人
Varro　瓦罗
Victorinus, M.　维克多里努
Vigilius, Pope　维吉留斯
Visigoths　西哥特人
Vivarium　维瓦里翁
Vogel, C. J.　沃格尔

W

William of Auxerre　欧塞尔的威廉
William of Champeaux　香普的威廉
William of Conches　康克斯的威廉
Wolterstorff, N.　沃尔特斯托夫

Z

Zeno, Emperor　芝诺
Zeno of Citium　西蒂姆的芝诺

术语译名对照表

[说明]
1. 以下术语以中文、英文和拉丁文三种语言对照列出(有些现代术语没有拉丁文,有些拉丁文术语没有英文,或英文与拉丁文相同)。
2. 条目按中文术语的汉语拼音顺序编排,但类似的内容(次一级术语)列在一起,并以缩进方式标示。

中文	英文	拉丁文
按照偶然性的推论		consequentia secundum accidens
本性	nature	natura
本质	essence	essensia
必然性,必要性	necessity	necessitas
变格	figure	figura
变化的,可变的	changeable	mutabilis
辩证法,论辩术	dialectic	dialectica
并置	by juxtaposition	cata parathesin
柏拉图性		Platonitas
不合式	incoherent 或 irregular	asystaton
不变性	immutability	inmutabilitas
不确定性	uncertainty	incertum

不稳定性	instability	mobilitas
抽象	abstraction	notio
词项的位置	position of term	position terminorum
存在	being	esse
非存在	non-being	non ens
单称,不可分割的	individual	individuus
当……时候	when	cum
定义	definition	definitio
断言,指称	predicate	praedicatio
多样性	plurality	pluralitas
多元性	multiplicity	multitudo
恶	evil	malus
范畴	category	categoria
分有	participation	participatio
否定	negation	negatio
概念	concept	conceptus
感觉	sense	sensus
共性	common nature	natura commonis
公正	justice	iustitia
关系	relation	relatio
何地	where	ubi
何时	when	quando
互相矛盾的	contradictory	contrarius
划分	division	division
活动	act	facere
假的	false	falsus
可变换的	convertible	convertitur
可能	possible	possibilis
肯定	affirmation	adfirmatio
空间	place	locus
理念,相	idea	idea

理智	reason	ratio
灵魂	soul, spirit	anima
理性灵魂	rational soul	anima rationalis
人的灵魂	human soul	anima humanus
天使灵魂	angelic spirit	anima angellus
世界灵魂	world soul	anima mundi
流溢	emanation	fluere
论题	topic	topica
逻辑	logic	logica
旧逻辑	old logic	logica vetus
新逻辑	new logic	logica novellas
美德	virtue	virtus
命题	proposition	propositio
直言命题	categorical proposition	propositio categorica
假言命题	hypothetical proposition	propositio hypothetica
命运	fate	fatum
模仿	imitate	imitatio
偶性	accident	accidens
（上帝的）全能	omnipotence	omnipotentia
权力	power	potestas
缺乏	privation	privation
人	human	homo
人性	humanity	humanitas
如果……那么……	if	si
三段论	syllogism	syllogismus
假言三段论	hypothetical syllogism	syllogismis hypotheticis
直言（范畴）三段论	categorical syllogism	syllogismis categoricis
三科	trivium	trivium
三位一体	trinity	trinitas

上帝，神	God	Deus
善	good	bonum
源善	primal good	bonum primigenus
至善	highest good	summum bonum
神性	divinity	divinitas
神学	theology	theologia
圣父	Father	Pater
圣灵	Holy Spirit	Spiritus Sanctus
圣子	Son	Filius
时间	time	tempus
是这个的事物	things-that-are 或 thing-that-is	id quod est
实质	subsistence	subsistentia
实体	substance	substantia
属	genus（复数 genera）	genus（复数 genera）
共相，全称	universal	universale
殊相，特称	particular	particulare
属性	property	proprietas
最高的属	the first genera	prima genera
数	number	numerus
超级特数	superparticular	
超级分数	superpartient	
后续数	follower	comes
前数	leader	dux
数量	quantity	quantitas
数学	mathematics	mathematica
四艺	quadrivium	quadrivium
几何	geometry	geometria
算术	arithmetic	arithmetica

天文	astronomy	astronomia
音乐	music	musica
所有	possess	habere
所处	situation	situs
太一	the One	unum
天命	providence	providentia
推论	consequence	consequentia
自然推论	natural consequence	consequentia naturae
完整的	whole	totalis
谓词	predicate	attributum
位格	person	persona
未来偶然事件	contingent future	contingenti futuro
五旌	the five predicates	quinque voces
无限	infinite	infinitum
无形实体	incorporeal	incorporeae
想象	imagination	imagination
幸福	happiness	felicitas 或 beatitudo
形式	form	forma
纯形式	simple Form	simplicem formam
性质	quality	qualitas
意欲	will	volo
影像	image	imago
永恒的	eternal	aeternus
永恒现在	eternal present 或 eternal now	aeterno praesenti
永存的	perpetual 或 everlasting	perpetuum
有形实体	corporeal	corporeae
预定	predestine	praedestino

预知	foreknowledge	praescientia
元素	element	elementa 或 elementata
蕴涵	implication	indicium
实质蕴涵	material implication	
形式蕴涵	formal implication	
严格蕴涵	strict implication	
真值蕴涵	truth-functional implication	
遭受	suffer	pati
真的（逻辑真值）	true	verus
真理	truth	veritas
证明	demonstration	demonstratio
直观，直觉	intuition	intutio
智慧	intelligence	intellegentia
支撑	to stand under	substare
质料	matter	materia
知识	knowledge	scientiae
自然	nature	natura
自由意志	free will	arbitrii libertas
自足的	self-sufficient	ipse sufficiens
种	species	species
种差	difference	differentia
主体，主词	subject	subiecto

后 记

拙作是在我的博士论文的基础上经两年的潜心修改而成。

选择波爱修斯作为博士论文的研究对象,最初是我的导师王晓朝教授的主意。考虑到我比较熟悉逻辑学,并对教父哲学有着浓厚的兴趣,他建议我研究既是伟大的逻辑学家,又是杰出的拉丁教父的波爱修斯。不久,我就与他在研究的基本思路上达成了一致。

研究教父学,收集资料是一项艰巨的工作。虽然常说这些资料浩如烟海,但往往是大海捞针。不过我在这项工作上还是比较顺利的。借助于王老师和他在香港的朋友,以及澳大利亚莫多克大学(Murdoch University)的科林·比斯利(Colin Beasley)先生(我读博士阶段的英语老师)所提供的第一批波爱修斯的原著和研究资料,我很快完成了波爱修斯的评传。

2001年5月,我应北美华人基督教学会(CCSANA)之邀,赴芝加哥三位一体国际大学(Trinity International University)参加了学会的年会,并就上帝的永恒性和超时间性问题作了发言。我的论文中涉及了很多逻辑问题。对这一本来古老的话题,与会者兴趣浓厚,提出了许多宝贵的意见,并为我补充了相关资料。会后,我又到马萨诸塞州和加利福尼亚州参加了一个夏季基督教学术论坛,并与多位知名学者进行了广泛的交流。其间,在波士顿大学姚志华博士（Ph. D）、哈佛燕京学社访问学者姜生教授的帮助下，我去哈佛大学图书馆查阅了大量的资料。在圣何塞（San Jose）南湾爱修葡萄园教会（Chinese Agape Vineyard Christian Fellowship）的帮助下，去加州大学伯克利分校（Berkeley）查找了相关书目。这次旅行成为论文写作的转折点，不仅收齐了所需要的一切资料，而且聆听和吸收了许多极具启发性的建议。为此，我要向为我提供帮助和资助的北美华人基督教学会及其会长王忠欣博士（Th. D）、波士顿沃克中心（Walker Center）以及南湾爱修葡萄园教会表示最诚挚的谢意。

波爱修斯评传完成之后，陈村富教授马上把它吸收到了由他主编的《宗教与文化——早期基督教与教父哲学研究》，这是对我的研究的肯定与鼓励。由衷地感谢陈老师。

清华大学哲学系王路教授，始终关心我的论文。在他来浙大讲学期间，多次进行过当面指导。他的很多思想，特别是关于逻辑的内在机制是"必然地得出"的观点，对我研究古代逻辑学产生了决定性的影响。对他的关心与指导，我十分感激。

我还要感谢浙江大学黄华新教授，我的前期研究工作都是在他的带领下完成的。在我写作博士论文期间，他承担了许多本应由我去完成的工作。没有他的理解和支持，我不知要到何时才能完成论文。

这篇论文始终是在与我的同事或同学王志成博士、周展博士、张新樟博士、戴月华博士、王瑜琨博士和思竹博士等的讨论和争论中写作并完成的，他们的赞同与质疑对我的研究同样重要。多年来，我们始终保持着这种良好的学术讨论氛围，并彼此受益匪浅。

我要特别感谢浙江大学罗卫东教授和楼含松教授，没有他们的帮助和大力支持,拙作不可能被幸运地列入浙大精品丛书。他们的鼓励是我今后在学术上不断进步的动力。

　　责任编辑常绍民先生以敏锐的学术眼光和热情的态度支持本书的出版,做了大量的工作,特致谢意!

　　我的导师把我引入教父哲学研究的学术殿堂。多年来,他在各方面都给予了我无微不至的关怀,他的治学态度的严谨,为人处事的正直,给我留下了深刻的印象,并对我以后的学习和工作产生了积极的影响。谨以拙作献给他,以表达最高的谢意!

作　者

2004年4月20日于浙江大学西溪